Fernando Mires
Die Militärs und die Macht
Rotbuch 143

D1993880

Brigitte Reuter

II '76

1

Fernando Mires
Die Militärs und die Macht

Thesen zum Fall Chile

Aus dem Spanischen
von Axel Franke

Rotbuch Verlag Berlin

Dieses Buch ist all denen gewidmet, die sich mit dem Kampf des chilenischen Volkes solidarisieren.

Bitte verlangen Sie vom Verlag den kostenlosen Almanach »Das kleine Rotbuch«

© 1975 Rotbuch Verlag Berlin 30, Potsdamer Straße 98
Umschlaggrafik Stefan Siegert
Druck Georg Wagner Nördlingen
Printed in Germany. Alle Rechte vorbehalten
ISBN 3 88022 143 x

Inhalt

Vorbemerkung

Das Problem der Militärs ist das Problem des Staates, und das Problem des Staates ist zu einem großen Teil das Problem der Revolution. Die militärische Intervention darf keine Zuflucht werden für die chilenische Linke in dem Sinne, daß sie sich gegen Kritik von innen oder außen abschirmen oder auch in der Situation und den Aufgaben des Widerstandes auf Machtpositionen beharren könnte. Im Gegenteil: Der Militärputsch von 1973 war mit all seinen tragischen Auswirkungen kein »Unfall«, sondern die objektive Folge der strategischen und taktischen Fehler der *Gesamtheit der Unidad Popular.*

Der fehlenden Einschätzung der Rolle der Militärs, die begriffen wurden als etwas, was außerhalb des Klassenkampfes stand, oder auch als »Überbau«, liegt die gefährliche »Lücke«, nicht nur der chilenischen Linken, gegenüber dem Problem des Staates zugrunde.

Die Militärs waren nicht ein »äußeres Wesen«, das plötzlich den Prozeß von seinem grundsätzlich richtigen Verlauf abbrachte. Sie nahmen Teil am Klassenkampf und waren Teil der Klassen. Nicht aus Zufall wurden sie zur Militär-Partei der Gesamtheit der Bourgeoisie als Höhepunkt eines Prozesses, den wir auf den folgenden Seiten in seinen allgemeinen Linien untersuchen wollen.

Es geht uns hier also nicht darum, den Militarismus oder die Rüstungsentwicklung in Lateinamerika zu analysieren, wie dies unter Anwendung der Theorie der Abhängigkeit auf die militärischen Institutionen des Staates unternommen worden ist. Das Ziel dieser Arbeit ist vielmehr eine Analyse der Militärs zur Zeit der Regierung Allende und eine kurze kritische Darstellung der Entwicklung der Konterrevolution in Chile. Im letzten Kapitel versuchen wir, das Problem der Militärs über den Rahmen Chiles hinaus in den lateinamerikanischen Zusammenhang zu stellen.

Fernando Mires

Erstes Kapitel
Die Keime des Putsches

Zwei Ereignisse ließen die chilenischen Streitkräfte vor dem Wahlsieg Allendes von 1970 in Erscheinung treten. Das eine war der sogenannte »Tacnazo«, die Einquartierung des Panzer-Regiments Tacna in Santiago am 21./22. Oktober 1969, das andere die Ermordung des Oberkommandierenden des Heeres, General René Schneider, am 22. Oktober 1970.

Das erste Ereignis war Ausdruck einer tiefen sozioökonomischen Krise im Innern der chilenischen Streitkräfte, die sich zur Zeit der Regierung des Präsidenten Eduardo Frei und der Christdemokratischen Partei entwickelte. Umfassender war es Ausdruck der Krise im Inneren des Staatsapparats. Es zeigte, daß die Streitkräfte dem Klassenkampf gegenüber nicht undurchlässig waren.

Das zweite Ereignis war eine geplante Aktion der Ultrarechten, ausländischer Agenten und Militärputschisten, die verhindern wollten, daß Allende an die Regierung kam. Es zeigte, daß wichtige Sektoren der Streitkräfte sich mit der politischen und ökonomischen Rechten des Landes identifizierten.

Beide Ereignisse wurden von ein und derselben Person getragen: General Roberto Viaux Marambio.

Es soll hier nicht geklärt werden, ob General Viaux über den Weg des »Tacnazo« zur Ermordung des General Schneider gelangte, oder ob der Tacnazo nur das erste Glied einer Kette war, die – planmäßig – einen ultrareaktionären Staatsstreich provozieren sollte. Außer Zweifel steht jedoch, daß beide Ereignisse, vielleicht unabhängig vom Willen ihrer Urheber, *objektiv* in ihrer Entwicklung mit dem blutigsten und verbrecherischsten Staatsstreich verknüpft waren, den die Geschichte Lateinamerikas kennt, mit dem Staatsstreich vom September 1973 in Chile, ausgeführt von jenen Militärs, die als die verfassungstreusten des gesamten Kontinents galten.

Heute, Anfang 1975, während das Echo der sogenannten »chilenischen Tragödie« weiterhin zu hören ist, beginnen diese beiden Ereignisse, die bislang isoliert schienen, sich deutlich zu verschränken. Heute wird offenkundig, daß der Putsch von 1973 zum großen Teil eine Fortsetzung der beiden gescheiterten Putschversuche ist, die der Regierung Allende vorausgingen.

Der Tacnazo war eine Bewegung der Militärs mit sozialer Unterstützung und schwachen Merkmalen einer politischen Verschwörung. Die Ermordung des Generals Schneider war eine politische Verschwörung mit schwacher sozialer Unterstützung. Die chilenische Bourgeoisie machte ihre ersten Erfahrungen mit Staatsstreichen; ebenso die Militärs. Aber in beiden Ereignissen steckt der Keim des Ungeheuers, das heranwachsen sollte.

1. Der politisch-soziale Rahmen

Das spezifischste Merkmal der Regierung Frei war unserer Meinung nach nicht ihr historisches Projekt, das mit den Zielen der abhängigen Entwicklung identisch war, wie es von den USA[1] gefördert wurde, sondern der Versuch, diese Ziele über eine populistische Plattform zu erreichen. Das soll nicht heißen, daß die Christdemokratie nur ein Instrument des Imperialismus gewesen sei. Es ist zwar richtig, daß die Christdemokratische Partei mit ihrem politischen Projekt den historischen Zielen des Imperialismus diente. Aber es ist eine andere Frage, ob ihre Mitglieder bewußt im Dienst des ausländischen Kapitals standen, auch wenn kein Zweifel besteht, daß es in der Christdemokratie solche gegeben hat.

Innerhalb der »ideologischen Sektoren« der Christdemokratischen Partei gab es zwei Gruppen: diejenigen, die das Hauptziel in der integrierten Entwicklung des Kapitalismus sahen, und diejenigen, für die das Wichtigste die Festigung der bürgerlichen politischen Demokratie war. Der historische Moment der Christdemokratie bestand darin, daß diese beiden Ziele keine Gegensätze waren. Beide lagen im selben Bett oder in derselben Partei, manchmal in denselben Köpfen. Die große Mehrheit des »modernisierenden« Flügels der industriellen Bourgeoisie, die am entschiedensten proimperialistisch eingestellt war, unterstützte mit allen Kräften die Christdemokratie, die ihr – gerade weil sie Unterstützung im Volk fand – weitaus nützlicher war als die alten klassischen Parteien der Rechten.[2] Ebenso waren die wiederholten Fraktionierungen der Christdemokratie während ihrer Regierungszeit Folgen der Auseinandersetzungen dieser beiden Tendenzen, d. h. des Widerspruchs zwischen dem wirtschaftlichen und dem politischen Projekt. In dem Maße, in dem diese Tendenzen »ideologisch« zum Ausdruck kamen, entwickelten sie sich mehr an der Spitze als an der Basis der Partei.

Nach der Hälfte der Regierungszeit Freis stellte sich den Anhängern und den Mitgliedern der Christdemokratischen Partei eine »Hamlet«-Frage: entweder mit der Partei oder mit dem »Volk«, weil Landarbeiter, Arbeiter und Angestellte sich gegen die Regierung stellten. Anfangs konnten die Christdemokratie und Frei ihre Pläne verwirklichen – getragen von der Begeisterung des Wahlsieges und der Niedergeschlagenheit der Massen, die die Linke unterstützt hatten. Die Christdemokratie begann in den beiden ersten Regierungsjahren, ihre weitgespannte und heterogene soziale Basis mit kooperativistischen Formeln und Organisationsstrukturen –

wie den »Nachbarschafts-Versammlungen« (Juntas de Vecinos) – »von oben« zu organisieren. Gleichzeitig versuchte sie mit großem propagandistischem Aufwand, Programme »sozialen Aufstiegs« durchzuführen, deren Grundlage von der »Randgruppentheorie« geprägte soziologische Studien waren.[3]

Auf dem Lande wurden die Organisationspläne der Christdemokratie am weitestgehenden verwirklicht. Die Landarbeiter betraten dank der Regierung der Christdemokratie als Block die politische Bühne. Diese Partei brachte die Agitation aufs Land. Sie versuchte, die Entwicklung der kapitalistischen Verhältnisse auf dem Land durch die Schaffung von Produktionseinheiten, den sogenannten »asentamientos«, zu beschleunigen, die ein agrarisches Bürgertum und Kleinbürgertum, sowie eine Steigerung der Produktion hervorbringen sollten, um eine zu starke Verteuerung der Agrarprodukte zu vermeiden und damit die Löhne des städtischen Proletariats niedrig zu halten.

Aber die Organisierung der Landarbeiter zog auch organisierte Forderungen nach höheren Löhnen nach sich. Die größere Anhäufung technischer Mittel und die größere Konzentration der Arbeitskraft in den »asentamientos« bewirkte auch, daß die Landarbeiter in einen schnellen Proletarisierungsprozeß gerieten – nicht nur wegen der Einführung monetärer Entlohnungsformen, sondern hauptsächlich wegen ihrer direkten Eingliederung in den Produktionsprozeß.

Allgemein beschleunigte die Christdemokratie mit der Entwicklung des Agrarkapitalismus auch die Widersprüche auf dem Lande, insbesondere in der Form des Kampfs zwischen Arbeit und Kapital. In den ersten Phasen des Kampfs stellten die Landarbeiter nur wirtschaftliche Forderungen, etwa nach höheren Löhnen. Später ging der Kampf in eine höhere Phase über: gewaltsame Besetzungen von Landgütern, eine allgemeine Erscheinung in Chile seit der zweiten Hälfte der Regierungszeit Freis. Diese Kampfform konfrontierte die Forderungen der Landarbeiter unmittelbar mit dem Staatsapparat, was unbestreitbare politische Folgen nach sich zog.

Ein anderer Eckpfeiler des christdemokratischen Projekts war die sogenannte »Chilenisierung des Kupfers«, die in Form der »Assoziierung« von Kapitalen die nordamerikanische Vorherrschaft im chilenischen Bergbau sichern sollte.

Die getroffenen Vereinbarungen brauchten zu ihrer vollen Erfüllung die Zustimmung der Arbeiter des Kupferbergbaus, die diese von Anfang an verweigerten. Es kam zu Auseinandersetzungen in Form von Streiks, deren tragischer Höhepunkt das Massaker an den Bergarbeitern von El Salvador war. Hier wurde das Bild der »Revolution ohne Blut« der Regierung Frei zu Grabe getragen.[4]

Den letzten Eckpfeiler des christdemokratischen Projekts bildete das Kapitalakkumulations-Modell auf der Grundlage eines Nationalen Kapitalisierungsfonds.[5] Zu seiner Verwirklichung wollte die Regierung eine restriktive Politik bei Lohn- und Gehaltserhöhungen der Arbeiter und Angestellten des öffentlichen und privaten Sektors durchsetzen. Diese Maßnahmen, in Form von Projekten der Minister Molina und Saez, wurden durch die koordinierten Aktionen der Zentralen Einheitsgewerkschaft CUT und der Konföderation der Privatangestellten CEPCH (Confederación de Empleados Particulares) verhindert.[6]

Ab Beginn des zweiten Jahres der Regierung Frei brach in Chile ein wahrer Sturm sozialer Mobilisierung los. Diese Bewegungen wurden zum großen Teil erst durch die Christdemokratische Partei ermöglicht, die den Anstoß zur Organisierung der Massen gab und als bürgerlich republikanische Partei genötigt war, gegenüber einer wirtschaftlichen Opposition der Arbeiter die Spielregeln einzuhalten, einer Opposition, der sich in wachsendem Maße große Teile des Volks anschlossen.

Die Anzahl der Streiks von 1960-70 macht deutlich, wie stark ab 1964 – dem Beginn der Regierung Frei – die soziale Bewegung zunimmt:

1960: 267 Streiks	1966: 1075 Streiks
1961: 262 Streiks	1967: 1115 Streiks
1964: 566 Streiks	1968: 1215 Streiks
1965: 723 Streiks	1969: 977 Streiks

Das zeigt sich auch am Verhältnis von legalen und illegalen Streiks. Zwischen 1960 und 1962 lag die durchschnittliche Zahl der legalen Streiks bei 84, der illegalen bei 223. Von 1967-69 betrug der Jahresdurchschnitt der legalen Streiks 27, der illegalen 844. Viele illegale Streiks beinhalteten Teil-Besetzungen der Arbeitsstätten. Gegen Ende der Regierung Frei waren die Besetzungen zu einem allgemeinen Mittel des Klassenkampfs geworden.

Noch auffallender ist die wachsende Teilnahme der Landarbeiter an der sozialen Bewegung:

1964: 39 Streiks	0 Landbesetzungen
1965: 142 Streiks	7 Landbesetzungen
1966: 586 Streiks	14 Landbesetzungen
1967: 655 Streiks	7 Landbesetzungen
1968: 447 Streiks	23 Landbesetzungen

In die gleiche Zeit fällt die Mobilisierung des städtischen Proletariats und der »Armen der Stadt« für das Grundrecht auf Wohnung.[7] Die Krise des Bausektors war der Grund dafür, daß sich die Bewegung der »pobladores«, der Obdachlosen, bezüglich der Häufigkeit und der Form der Kämpfe radikalisierte. Die Landbesetzungen verallgemeinerten sich, sogar gegen die Politik der Parteien, die die unmittelbaren Interessen des organisierten Proletariats vertraten.

Folglich war der wirtschaftliche Kampf des Proletariats und des Volks das Haupthindernis, das das Projekt der »integrierten Wirtschaftsentwicklung« der christdemokratischen Theoretiker zum Scheitern brachte. *Dies bewies zwar nicht die Undurchführbarkeit des wirtschaftlichen Projekts der Christdemokratie, wohl aber die Unfähigkeit ihres politischen Modells, dieses wirtschaftliche Projekt zu realisieren – oder, was dasselbe ist, es bewies, daß eine stärkere Integrierung in das imperialistische System sich mit demokratischen und die Interessen des Volkes widerspiegelnden Formeln nicht verwirklichen ließ.*

Die Eigendynamik des Klassenkampfs brachte es mit sich, daß die Regierung Frei zwischen zwei Wegen zu entscheiden hatte: sie mußte entweder das politische Modell oder das Projekt der integrierten Wirtschaftsentwicklung aufgeben. Beides geschah, wenn auch nur teilweise. In dem Maße, in dem die Opposition des Volks und des Proletariats wuchs, trennte sich die Regierung Frei von den Organisationen des Volks, auch von denen, die sie selbst geschaffen hatte, und ergriff zunehmend bürokratische und repressive Maßnahmen. Aber da die Christdemokratische Partei eine bürgerlich-demokratisch-republikanische Partei mit einem bestimmten Massencharakter war, konnte sie die bürgerlich-republikanische Ordnung nicht ohne die Zustimmung ihrer Mitglieder und Wähler abbauen, und diese waren nicht bereit, sie zu geben. Außerdem war die Lage der Partei, trotz beträchtlichen Abnutzungserscheinungen – wie das Ergebnis der Präsidentschaftswahlen 1970 zeigte – keineswegs katastrophal, so daß sie sich mit gewissem Optimismus als Alternative zur traditionellen Rechten und Linken darstellte.

Um ihr Wirtschaftsprojekt zu verwirklichen, hätte die Christdemokratie auf jede populistische Manipulation verzichten müssen. Aber gerade in dieser Manipulation lag ihre Stärke. Entschlossen, sich als künftige politische Alternative zu behaupten, mußte die Christdemokratie darauf verzichten, ihr »integralistisches« Projekt bis zu den letzten Konsequenzen durchzuführen.

Nach 1967 wird die Christdemokratie aus einer »politisch-ideologischen« zu einer »politisch-administrativen« Kraft im Staat. Der wirtschaftliche Kampf der Arbeiter, ihre Weigerung, sich den Zielen der Überausbeutung zu unterwerfen, verhinderte die volle Verwirklichung des christdemokratischen Wirtschaftsmodells. Angesichts der Unmöglichkeit, ihr eigenes Programm zu entwickeln, blieb der Regierung nur der Versuch, durch administrative und repressive Maßnahmen zu verhindern, daß der Kampf des Volks und der Arbeiter sich weiter ausdehnte.

Die Unfähigkeit der Regierung Frei, ihre soziale Basis zu erweitern und ihr Programm aufrechtzuerhalten, wirkte sich wiederum auf die »sozialen Zwischenschichten« aus, die das Vertrauen in die

Regierung zu verlieren begannen. Ein großer Teil dieser sonst nur schwer mobilisierbaren Schichten machte sich, ideologisch losgelöst von der Regierung, das beispielgebende Verhalten der Arbeiter- und Landarbeiterbewegung zu eigen. Größere Bedeutung erlangte dies, als die Funktionäre des Staatsapparats wirtschaftliche Forderungen zu erheben begannen: die Beamten und Angestellten des Nationalen Gesundheitsdiensts (SNS-Servicio Nacional de Salud), der Post, der Sozialversorgung, des öffentlichen Erziehungswesens und bei einer Gelegenheit sogar des Justizapparats.

Die Mobilisierung dieser Periode zeigte sich auch in der Studentenbewegung; hier waren die spezifischen Forderungen der Studenten (Erweiterung der Matrikel, Demokratisierung der Universitätsstrukturen, Reform der Studiensysteme und -programme) von ideologischen Inhalten geprägt, die auf den starken politischen Einfluß zurückzuführen sind, welche die Kubanische Revolution auf die Studentenschaft ausübte. Es kam also zu einer historischen »Begegnung« zwischen den Mobilisierungen der städtischen und ländlichen Massen und der Studentenbewegung, eine Begegnung, die häufig eine Politisierung der wirtschaftlichen Forderungen mit sich brachte.

Besonders starke Auswirkungen hatte die Studentenbewegung in der proletarischen Provinz Concepción. Die Universität von Concepción war Privateigentum einiger Unternehmer der Provinz, die den Logen angehörten. Die Vereinigten Staaten hatten dort zahlreiche Investitionen getätigt.

Die Verbindung der Kämpfe der Arbeiter und Landarbeiter mit der Studentenbewegung und die Unfähigkeit der traditionellen Linken, diese Bewegung in den Rahmen begrenzter Forderungen zu kanalisieren, führte zur Entstehung des MIR (Movimiento de la Izquierda Revolucionaria), der Bewegung der Revolutionären Linken. Der MIR unternahm ab 1967 eine Reihe von »direkten Aktionen«, wie z. B. Bankenteignungen, die indirekt den repressiven Charakter hinter der demokratischen Fassade der Regierung Frei enthüllten, ohne daß diese Aktionen mit den Formen der überwiegend wirtschaftlichen Kämpfe der Arbeiter und Landarbeiter identisch gewesen wären.[8]

Die Regierungspartei, außerstande, die Zustimmung der breiten Massen aufrechtzuerhalten, trat in einen Prozeß innerer Spaltung ein, der sie häufig politisch lähmte. Aus den linken Fraktionen kristallisierte sich 1968 die Bewegung der Einheitlichen Volks-Aktion, MAPU (Movimiento de Acción Popular Unitaria) heraus. Der MAPU versuchte später, die Teile der Landarbeiter und der Bevölkerung der Elendsviertel, die von der Christdemokratie im Stich gelassen worden waren, zu einem Bündnis mit den Arbeiter- und Volksparteien zu bewegen, die den größeren Teil des gewerkschaftlich organisierten Proletariats führten.

Die modernisierenden Fraktionen der Bourgeoisie begannen, der Regierung ihre Unterstützung zu versagen, als diese sich wegen des scheiternden »politischen Modells« nicht in der Lage zeigte, die Wirtschaftsprojekte durchzuführen. Vor allem bot ihnen eine Regierung, über die sich die Massen häufig hinwegsetzten, nur geringe Garantien. Sie versuchten daher, das taktische Bündnis mit der traditionellen und oligopolistischen Bourgeoisie zu erneuern, der sie zuvor, über die Christdemokratische Partei, schwere Schläge versetzt hatten, wobei der schwerste die Agrarreform war.
Nachdem die Christdemokratie auch der Unterstützung des modernisierenden Flügels der Bourgeoisie beraubt war, blieb sie eine Regierung ohne strategische Substanz. Als die modernisierenden Flügel der Bourgeoisie den alten »Sozialpakt« mit der »oligarchischen« Bourgeoisie in Form des »alessandristischen« Wahlbündnisses wieder aufleben ließ, versuchte die Regierung Frei mit allen Mitteln, diesen Verlust mittels einer repressiven Politik wieder rückgängig zu machen, die Frei selbst als Politik der »harten Hand« bezeichnete.[9] Aber jetzt waren die Rollen vertauscht. Während die modernisierenden Industriellen anfangs hinter Frei gestanden hatten, stand nun Frei gegen Ende seiner Regierungszeit hinter ihnen.
Trotz den Spaltungen der Christdemokratie gab es in ihrem Innern Sektoren, die das Modell der »populistischen« Manipulation wieder auffrischen wollten, das ihnen 1964 zum Wahlsieg verholfen hatte. Im Gegensatz zu Frei versuchten Tomic und einige Gruppen der Christdemokratie die Wahlunterstützung der Linken zu gewinnen oder zumindest ihr die Wählerschaft abspenstig zu machen. Am Ende kam weder Frei noch Tomic ans Ziel. Vor den Wahlen von 1970 war die Christdemokratie politisch paralysiert. Dies hatte wenn nicht ein Machtvakuum, so doch zumindest einen Verfall der Autorität des Staats zur Folge.
In dieser Situation bildete sich die Militärbewegung des sogenannten »Tacnazo«.

2. *Der »Tacnazo«*

Am Morgen des 21. Oktober 1969 verschanzten sich in Form einer »Besetzung« der General Viaux und eine Gruppe von Offizieren, die ihn bedingungslos unterstützte, im Panzer-Regiment Tacna. In der Umgangssprache nannte man diese Aktion den »Tacnazo«.
Wie es damals hieß, lag der Hauptgrund für die Aktion des Generals Roberto Viaux sowie für die große Popularität, die seine Bewegung innerhalb wie außerhalb des Heeres fand, in den schlechten militärisch-technischen und wirtschaftlichen Bedingungen der Streitkräfte unter der Regierung Frei. Aber dies war nur ein

sekundärer Grund. In wirtschaftlicher und militärisch-technischer Hinsicht ging es den chilenischen Streitkräften zur Zeit der Regierung Frei weder besser noch schlechter als vorher. Wir glauben, daß die Hauptursache des Tacnazo in der *allgemeinen sozialen Krise und der Lähmung der Regierung* zu suchen ist, die die Bedingungen dafür schufen, daß sich diese Krise auch innerhalb der Streitkräfte auswirkte. Wir werden aufzuzeigen versuchen, daß die Militärs, als sie die Ausstrahlungen der sozialen und politischen Krise zu spüren bekamen, geschichtlich kein neues, sondern ein im zeitgenössischen Chile normales Verhalten an den Tag legten.
Die Meuterer des Tacna sagten in einer Erklärung, die sie am Morgen jenes 21. Oktober herausgaben:

»Die Aktion, die heute morgen von den verschiedenen Einheiten der Garnison Santiago unternommen worden ist, bezieht sich auf die militärisch-beruflichen Aspekte. Wir erklären gegenüber Seiner Exzellenz, dem Präsidenten der Republik, und den anderen Verfassungsgewalten unsere absolute Treue. Wir haben nie daran gedacht, uns gegen die Verbände, Gewerkschaften oder irgendeine Organisation unseres Volkes zu wenden, weil das Heer das Volk selbst ist.«

Was können wir aus dieser Erklärung schließen?
Erstens war *die Militärbewegung*, unabhängig von den Zielsetzungen Viaux', *»ideologisch« nicht reif für einen Putsch, wohl aber als Verband reif für einen »Streik«*. Was für ein Heer ungewöhnlich erscheinen mag, ist es dann nicht, wenn man berücksichtigt, daß das Heer lediglich die damals vorherrschende Form des Klassenkampfs für sich aufgriff. General Viaux hat den Tacnazo nicht erfunden, sondern sich nur an die Spitze einer vorhandenen Bewegung gestellt. Schon im September hatte man gerüchteweise von der Bewegung gehört, als am 19., dem Tag der Militärparade zum Nationalfeiertag, einige Militäreinheiten verspätet zur Parade kamen. Mit einigem Recht sagte Viaux später, daß viele ihn verraten, ihn im Stich gelassen hätten.
Weiterhin muß man berücksichtigen, daß die Militärbewegung Viaux' die Unzufriedenheit vieler Offiziere darüber ausdrückte, daß sie im öffentlichen Leben keine Rolle spielten. Die Tatsache, daß ihre Kollegen in anderen lateinamerikanischen Ländern schon seit längerem an der Macht waren, war für sie ein wichtiger Faktor. Die anfängliche Sympathie für Viaux beruhte auf dem brennenden Wunsch der Militärs, im Staat sichtbar präsent zu sein, wenn schon nicht um ihn zu führen, so doch wenigstens um ihre Macht und Bedeutung zu zeigen. Dieses Bewußtsein der *korporativen Selbstbestätigung* war desto stärker, je mehr sich die Regierung in ihrem Handeln als ohnmächtig erwies.
Wichtig ist in diesem Zusammenhang auch, daß die sozialen Bewegungen gegen den Staat zur Zeit der Regierung Frei nicht nur einen proletarischen und Volkscharakter trugen, sondern daß sich ihnen

auch Teile des Kleinbürgertums und sogar des Bürgertums angeschlossen hatten. Angesichts einer so allgemeinen Welle gab es zwei Faktoren in den Streitkräften: 1. Das Gefühl, weder vom Bürgertum noch vom Kleinbürgertum gerufen worden zu sein, um die »nationale Ordnung« gegen das Proletariat zu verteidigen, machte in der Praxis einen Putsch unmöglich; 2. die Richtungslosigkeit der Bourgeoisie forderte die Militärs heraus, ihre autonome Präsenz zu zeigen. Diese Faktoren ließen die Militärbewegung die eigenartige Form eines »Verbandes« annehmen.

Aber ein Streik von Arbeitern oder Angestellten ist etwas ganz anderes als ein Streik bewaffneter Militärs. Die Regierung und die Christdemokratische Partei sahen voraus, daß diese Verbandsbewegung der Militärs sich tatsächlich in einen Staatsstreich verwandeln und sie von der Regierung ausschließen könnte. Dies war nicht sehr wahrscheinlich, aber *auch nicht ganz unwahrscheinlich*.

Andererseits trug die Bewegung – unabhängig von dem geringen politischen Bewußtsein unter den Militärs – Merkmale wenn nicht eines Putsches, so doch zumindest einer *Herausforderung*. Wenn die Regierung widerstandslos den Forderungen der Militärs nachgegeben hätte, hätte sie ihre Hegemonie im Staatsapparat verloren und *objektiv* an die Militärs abgeben müssen.

Die Christdemokratie und die Regierung handelten relativ gewagt. Den Forderungen der Militärs stellten sie den *Grundsatz der Verteidigung der Legalität* entgegen, um sie an dieser damals noch sehr festen Barriere zerschellen zu lassen. Auch wenn die Forderungen der Militärs einige Zustimmung bei den Streitkräften fanden, so war doch die Verteidigung der Legalität für sie ein viel stärkerer Grundsatz. Wenn sich einerseits durch die offensichtliche Schwäche der Regierung im Staat die Gelegenheit für eine Militärbewegung geboten hatte, war andererseits die Militärbewegung nicht nur legal, sondern auch *politisch* zerstört, sobald dieselbe Regierung legal zur Verteidigung des Staats aufrief. Denn für die Militärs bedeutete ein Aufstand gegen die Legalität einen Aufstand gegen sich selbst. Die Militärs hatten ihre Forderungen im Rahmen und zur Verteidigung der Legalität stellen wollen – und nun setzte Frei diesen Forderungen die Legalität entgegen.

Die Christdemokratie und Frei spielten damit die sicherste Karte aus. Außerdem kannten sie die Schwäche der Militärbewegung. So sehr diese Bewegung Ausdruck der sozialen Krise war und viele Teile, auch der Linken, den »Militär-Streik« mit Sympathie betrachteten, war sie doch mit keiner spezifischen sozialen und politischen Kraft organisatorisch verbunden.

Schließlich war der »Militär-Streik« ein »Himmelsgeschenk« für die verzweifelte Lage Freis. Indem er die Gefahr des Staatsstreichs beschwor, scharte er taktisch die Arbeiter und ihre gewerkschaftlichen wie politischen Organisationen um sich, die wußten, daß ein Putsch sich nicht so sehr gegen die Regierung als gegen sie selbst richten würde. Was Frei mit seiner Politik nicht erreichen konnte, erreichte er durch Erpressung: »Wenn ihr mich angreift, schwächt ihr mich, wenn ihr mich schwächt, wird es einen Militärputsch gegen euch selbst geben« – das schien die Formel des taktischen Bündnisses zu sein, das die Regierung vorschlug. Der von den Arbeitern geschwächte Staat sollte von ihnen nun wieder gestärkt werden – ein Paradox, das sich in nicht allzu ferner Zukunft verhängnisvoll offenbaren sollte.[10] So erklärt sich der öffentliche Aufruf der Christdemokratie:

»Chilenen, lähmen wir das Land, lähmen wir die Fabriken, lähmen wir die Industrien, lähmen wir das Transportwesen – verteidigen wir die Freiheit.«

Die Kommunistische Partei Chiles antwortete:

»Wir rufen die Arbeiterklasse, die Landarbeiter, die Bewohner der Elendsviertel, die Studenten und alle Chilenen auf, ihre Rechte zu verteidigen.«

Die Sozialistische Partei suchte ihre Politik zu differenzieren und gelangte zu einem eigenartigen Mischmasch:

»Wir rufen die Arbeiter auf, nicht die bürgerlichen Institutionen zu verteidigen, sondern ihre politischen und sozialen Forderungen durchzusetzen.«

Die Zentrale Einheitsgewerkschaft CUT formulierte in ihrem Aufruf:

»Gehen wir auf die Straßen, um die Rechte der Arbeiterklasse zu verteidigen, darunter auch das Recht unseres Volkes, sich morgen eine Volksregierung zu geben.«

Andererseits war auch die traditionelle Rechte von der Militärbewegung überrascht. Möglicherweise war sie an der Vorbereitung der Bewegung nicht unbeteiligt, vor allem mit dem Ziel, den Klassenkampf zu polarisieren und ihn für ihren Kandidaten Alessandri als Führer der gesamten Rechten auszunutzen. Aber der Tacnazo zeigte, daß die Fäden des Putsches zwischen der traditionellen Rechten und den Streitkräften noch nicht fest verknüpft waren. Diese Rechte glaubte noch an ihre Demokratie, weil sie ihr noch von Nutzen war.

Als die Militärs ihre Forderungen nicht nur gegen den Staat, sondern auch gegen die Massen gerichtet sahen, zogen sich viele von ihnen zurück und ließen Viaux und die Seinen im Stich. Für eine solche Konfrontation waren sie politisch nicht vorbereitet, auch wenn sie *bereits feststellten, daß das Volk militärisch nicht vorbereitet war.* Das Problem lag für sie nicht darin, unbewaffneten Massen auf den Straßen und an den Arbeitsplätzen gegenüberzustehen, sondern sich *gegen sich selbst* stellen zu müssen. Außerdem hatte sich die Bewegung nur im Heer zu erkennen gegeben;

die beiden anderen Waffengattungen hatten abseits gestanden, wenigstens sah es so aus.
Der Preis, den Frei zahlen mußte, um einige Köpfe aus dem Heer zu entfernen, war ziemlich gering. Er erfüllte die technischen und beruflichen Forderungen der Militärbewegung, stimmte auch zu, den Verteidigungsminister, General Tulio Marambio, durch eine Zivilperson zu ersetzen, Ossa Pretott. Trotzdem stärkte er seine Stellung im Staat für die kurze Regierungszeit, die ihm noch verblieb.
Außerhalb des Heeres versuchte Viaux, allein weiterzukommen. Er wurde zum erklärten Putschisten und entlarvte sich damit. Wie ein Wahlkandidat reiste er durch alle Provinzen des Landes: offensichtlich suchte er politische Unterstützung für seine Putsch-Pläne. Wie ein Abenteurer lief er der Rechten hinterher, um sie für seine Ziele zu gewinnen. Die Rechte jedoch erwartete optimistisch den Sieg ihres Kandidaten Alessandri bei den Präsidentschaftswahlen. Der »parlamentarische Kretinismus« kann zuweilen auch eine Krankheit der Rechten sein, obwohl die Geschichte zeigt, daß sie sich weit schneller von ihr erholt als die Linke. Viaux wurde zu einem terroristischen Verschwörer. Dieser General, der um die Unterstützung der Rechten warb, rechnete nicht damit, daß wenige Jahre später die vereinigte Rechte die Militärs um einen Staatsstreich bitten würde.

3. Die Ermordung des Generals Schneider

Am Morgen des 23. Oktober 1970 wurde der Oberbefehlshaber des Heeres, General René Schneider, ermordet. Wie die Mörder später selbst berichteten, hatte es sich um ein weitverzweigtes Komplott gehandelt, dessen wahre Verästelungen niemals bekannt wurden, weil die reaktionäre chilenische Justiz den an dem Verbrechen Beteiligten Schutz gewährte.
Das eigentliche Ziel war nicht die Ermordung gewesen. Der Plan hatte darin bestanden, den Oberbefehlshaber zu entführen, um die Streitkräfte zu provozieren, sie aus ihren Kasernen zu locken und die Ernennung Salvador Allendes zum Präsidenten der Republik durch den Kongreß zu verhindern.
Die Hauptangeklagten waren General Viaux und eine kleine Zahl gedungener Mörder. Damit wurde der Fall trotz seiner aufsehenerregenden Bedeutung auf den *polizeilichen Rahmen* beschränkt und nicht auf seinen übergreifenden *politisch-sozialen Rahmen* hin untersucht.
Die Ermordung des Oberkommandierenden zeigte, daß Teile der chilenischen Bourgeoisie bereit waren, ohne jeden Skrupel innerhalb eines Tages einen Rechtsstaat hinwegzufegen, den zu achten sie seit mehr als anderthalb Jahrhunderten geschworen hatten.

Selten ist durch ein Ereignis der Klassencharakter der Legalität so deutlich enthüllt worden. Ein Arbeiter konnte hier das Problem der bürgerlichen Legalität ebenso gut oder noch besser verstehen als durch die Lektüre von Lenins »Staat und Revolution«.

Die Ermordung Schneiders trug alle Merkmale einer *politischen Verschwörung* und machte deutlich, daß die Rechte nicht darauf verzichten, sondern sie so weit vervollkommnen würde, bis der individuelle Terror-Akt zu einer Massenerscheinung geworden wäre.

Der Wahlsieg Allendes überraschte die Bourgeoisie. Das Ziel der politischen Rechten und des rechten Flügels der Christdemokratie, insbesondere der mit der Regierung und nordamerikanischen Interessen verbundenen Gruppen, bestand darin, die Wahl Allendes zum Präsidenten der Republik zu verhindern. Dafür genügte ein einfacher legaler Mechanismus: am 4. November sollte die Christdemokratie nicht Allende, sondern Alessandri ihre Stimmen geben. Das war möglich und legal, da die chilenische Verfassung für den Fall, daß kein Kandidat die absolute Mehrheit erreicht, vorsieht, daß der Kongreß zwischen den beiden ersten Mehrheiten zu wählen hat. Wenn also Tomic auf den zweiten Platz gewählt worden wäre, hätte ihn die Rechte unterstützt, was jedoch im Falle der Christdemokratie bei Alessandri schwieriger gewesen wäre. Sicher ist, daß es eine solche Situation in der Geschichte Chiles noch nie gegeben hatte: üblicherweise wurde der Kandidat mit der größten relativen Mehrheit gewählt; wäre diese Gewohnheit durchbrochen worden, so hätte dies eine mißliche Kluft zwischen den Stimmen des Volks und den Stimmen des Parlaments aufgerissen. Diesmal freilich hatte der Kongreß nicht zwischen zwei Regierungen der Bourgeoisie zu wählen, sondern zwischen einem Kandidaten der Rechten und einem Kandidaten des Volks.

Die Rechte wählte ebenfalls eine legale Taktik, um den Sieg Allendes zu verhindern. Alessandri kündigte an, daß er die Wahl nicht annehmen würde, falls er gewählt werde. Gemäß der Verfassung müßten in einem solchen Fall Neuwahlen stattfinden. Bei solchen Neuwahlen wollte die Rechte den Kandidat der Christdemokratie unterstützen. So hätte die Christdemokratie, die an letzter Stelle stand, plötzlich mit der Möglichkeit eines Wahlsiegs rechnen können.

Warum nahm die Christdemokratie das Angebot nicht an? Wahrscheinlich hätte sie die Neuwahlen mit der Unterstützung der Rechten gewonnen. Aber in einem solchen Falle hätte sie die Regierung in einer äußerst brenzligen Situation übernommen: einerseits mit einer Hypothek von seiten der Rechten, andererseits im Volk geschwächt.

Die Rechte arbeitete an zwei Verschwörungen zugleich, einer legalen und einer illegalen. Die Verbindung beider Kampfformen –

für die Linke zu einem Gemeinplatz oder einem rhetorischen Mittel geworden – wandte die Rechte ohne lange Diskussionen an. Aber keine der beiden Verschwörungen hatte Erfolg, weil sie dem wirklichen Stand des Klassenkampfs nicht entsprachen.
Der rechte Flügel der Christdemokratie und Frei setzten auch auf die Möglichkeit eines Staatsstreichs und arbeiteten sogar daran, ihn im Rahmen eines relativ synchronisierten Plans zu provozieren.
1. Bestimmte Mitglieder der Regierung, insbesondere der Innenminister, Patricio Rojas, sollten sich gegenüber den Putschvorbereitungen ruhig verhalten, angebliche Aktionen der »Ultralinken« denunzieren. 2. Es sollten Gespräche mit den Putschisten-Gruppen stattfinden (der Anwalt Guillermo Carey war Verbindungsmann zwischen Frei und Viaux). 3. Der Wirtschaftsminister, Andres Zaldivar, sollte einen Bericht über die Rundfunk- und Fernsehanstalten verlesen, in dem die durch den Wahlsieg Allendes hervorgerufene chaotische wirtschaftliche Lage dargestellt würde. 4. Viaux und seine Söldner sollten Schneider entführen und das Heer zum Eingreifen veranlassen.
Die Mitglieder der Regierung Frei wußten von dem Komplott, ebenso wie – und das ist entscheidend – führende Vertreter der Streitkräfte. Eine aktive Rolle bei dem Komplott spielten der General Camilo Valenzuela, Kommandeur der II. Division des Heeres, der Admiral Hugo Tirado Barros der Marine, der General Joaquin Garcia der Luftwaffe und der General Vicente Huerta, Oberbefehlshaber der Polizei – praktisch eine potentielle Junta. Beteiligt war auch der Leiter der Kriminal- und Sicherheitspolizei, Luis Jaspard.[11]
Alle bürgerlichen Institutionen sahen sich für einige Tage brutal bloßgestellt: Minister, Parlamentarier, Generäle waren in das Komplott verstrickt, aber die Justiz stellte den Beschuldigten Bescheinigungen über ihre »weiße Weste« aus.
Es stimmt nicht, daß der Staatsstreich aus technischen Gründen scheiterte, wie die Linke glaubte. Wenn ein Staatsstreich eine Technik braucht, wird diese letztlich nur wirksam in einem ganz bestimmten Rahmen der sozialen Kräfteverhältnisse. Der Tacnazo Viaux' konnte zu einer Gefahr für die Regierung Frei werden, weil er Ausdruck und Teil eines allgemeinen Prozesses des Klassenkampfs war. Die Ziele, mit der diese Militärbewegung begonnen hatte, waren erreicht worden. Der Staatsstreich-Versuch, der ein Jahr später stattfand, scheiterte nicht wegen der vielleicht unbeabsichtigten Ermordung Schneiders, sondern weil die Macht im Staate nicht »unbesetzt« war, obwohl Allende noch nicht die Regierung übernommen hatte. Eine gewaltige soziale Kraft, die zu jener Zeit die institutionelle Legitimität stützte, bewegte sich in Richtung auf die Regierung. Unter diesen Voraussetzungen hätte ein Staatsstreich unvermeidlich zu einer Spaltung der Streitkräfte

geführt; in die Anhänger des gewaltsamen Bruchs einerseits und die der Aufrechterhaltung der bürgerlichen Institutionen andererseits, wobei letztere von den Massen unterstützt wurden, die dem Gesetz *soziale Kraft* verliehen. Das Volk erkannte das Gesetz als legitim an, denn sein Sieg war legitim gewesen.

4. Einige Folgerungen

Als Bedingung für die Unterstützung Allendes im Parlament forderte die Christdemokratie von dem zukünftigen Präsidenten und der Unidad Popular die Unterzeichnung eines politischen Paktes, der »Verfassungsgarantien«. In diesem Abkommen verpflichtete sich die Regierung, die bestehende Legalität und Verfassung zu achten und den professionellen Charakter der Streitkräfte nicht anzutasten.

Unabhängig von diesem Abkommen *hatte die Christdemokratie gar keine andere Wahl, als Allende im Kongreß zu unterstützen*, wenn sie nicht eine soziale Konfrontation auslösen wollte, die sie als politische Kraft der Mitte nicht hätte kontrollieren können. Die Regierung zu diesem Pakt zu verpflichten, war zudem eine Konzession, die die demokratischen Teile der Christdemokratie dem rechten Flügel ihrer Partei machten, um die innere Einheit zu wahren.

Das Spiel der Christdemokratie war geschickt. Mit dem Dokument des Pakts hatte sie ein Mittel in der Hand, mit dem sie die Regierung jederzeit erpressen konnte. Desgleichen erhob sie den Anspruch, während der Regierungszeit der Unidad Popular die Rolle des *Schiedsrichters der Verfassung* zu spielen. Viele Mitglieder der Christdemokratie meinten – in ihrer mehr juristischen als politischen Denkweise –, daß die Legalität eine »bloße Angelegenheit der Gesetze« und nicht bestimmter Kräfteverhältnisse sei, die, wie später die Praxis bestätigte, das Legale als illegal und das Illegale als legal bezeichneten.

Mit dieser Schiedsrichterrolle versuchte die Christdemokratie nicht nur, wie es auf den ersten Blick scheint, die Regierung ins »Gefängnis der Legalität« zu sperren – obwohl dies das wichtigste Ziel war, das sie zu verfolgen schien. Es ging ihr auch darum, die eigene *Hegemonie* innerhalb der politischen Rechten zu wahren, um eine starke institutionelle Opposition gegen Allende betreiben zu können, von der Bastion des Parlaments aus, wo sie als stärkste Partei sowohl der Rechten als auch der Linken gegenüber ihre Politik durchsetzen, d. h. die *Bedingungen der Opposition* diktieren konnte.

Die Christdemokratie hatte während ihrer Regierungszeit erfahren, daß die Partei ein *unveräußerlicher Teil der bürgerlichen Verfassung und ihrer Institutionen* war. Das bedeutete, daß die *politischen*

Interessen häufig den *unmittelbaren Klasseninteressen* vieler ihrer Mitglieder zuwiderliefen, vor allem dann, wenn die bürgerlichen Institutionen für die Gesamtheit der Bourgeoisie zu einem Hindernis geworden waren. Mit den »Verfassungsgarantien« wollte die Christdemokratie einen möglichen revolutionären Prozeß eindämmen und eine mögliche *Konterrevolution institutionell unter Kontrolle halten.*

Die Unidad Popular und die Regierung unterzeichneten den Pakt. Innerhalb der Linken brach eine kurze und scharfe Polemik darüber aus, ob die »Garantien« unterzeichnet werden sollten oder nicht. Nachträglich erscheint diese Polemik sinnlos. Diejenigen, die sich gegen die Unterzeichnung wandten, sprachen von der Notwendigkeit, das »Volk« nicht der Bourgeoisie unterzuordnen. Jene, die sich für eine Unterzeichnung aussprachen, beriefen sich auf die Kompromißtaktik Lenins und gingen sogar so weit, an den berühmten Frieden von Brest-Litovsk zu erinnern.

Es ging aber weder um eine Kapitulation noch um einen taktischen Kompromiß. Wie die bestehenden Kräfteverhältnisse die Christdemokratie gezwungen hatten, der Regierung Allende zu weichen, so waren die Unidad Popular und Allende, ob sie nun unterzeichneten oder nicht, der bürgerlichen Verfassung verpflichtet. *Die Unterschrift war eine Frage der Form und nicht des Inhalts.* Die Verpflichtung gegenüber der Verfassung fand sich im Programm der Unidad Popular, in der bürgerlichen Hegemonie innerhalb der Allianz und in der Form, wie Allende an die Regierung gekommen war: nicht von außen, sondern innerhalb der bestehenden Legalität, wie auch die Parteien der Unidad Popular und vor allem Allende selbst nicht von außen, sondern von innen kamen. Es ist ein ideologischer Witz, zu behaupten, daß eine politische Kraft etwas aus revolutionärer Taktik tut, was sie ihrer eigenen Natur nach ohnehin tun muß. So ist es auch unangemessen, von politischen Kräften, *die ein Teil des Systems* sind, zu verlangen, dieses System zu stürzen, wenn die Teile der Bevölkerung, die diese politischen Kräfte, hier die Unidad Popular, unterstützen, noch keine Anzeichen einer politischen Emanzipation zeigen (im Laufe des Entwicklungsprozesses hat sich das später geändert).

Auch die Militärs unterlagen zu Beginn der Regierung Allende dem *institutionellen Druck.* Dieser Druck war wirksam, weil er eine *soziale Basis* hatte – die Unterstützung des Volks für die Regierung –, und weil die Bourgeoisie in ihrer Gesamtheit desorientiert war. Wahrscheinlich wären viele hohe und mittlere Offiziere bereit gewesen, sich einem Putsch anzuschließen; zu diesem Zeitpunkt jedoch zogen sie es vor, ihre große Ergebenheit gegenüber der Verfassung zu beschwören.

Seit Beginn der Regierung der Unidad Popular stand somit fest, daß die Demarkationslinie, die die Militärs gegen oder für die

Regierung votieren ließ, deren institutionelle Stärke oder Schwäche war. Doch hing diese institutionelle Stärke oder Schwäche der Regierung gleichzeitig von den sozialen Kräften ab, auf die sie sich stützen konnte. Anders gesagt: *die mögliche Demarkationslinie* im Innern der Streitkräfte nahm die Form *Verfassungstreue–Verfassungsfeindlichkeit* an und nicht *Volk–Bourgeoisie.* Der allgemeine Handlungsrahmen der Militärs war im wesentlichen ein *innerbürgerlicher.*

Man könnte darauf verweisen, daß es die geschichtliche Aufgabe der Regierung und der Unidad Popular gewesen wäre, den Handlungsrahmen von der Ebene des innerbürgerlichen Kampfs auf die Ebene des offenen Klassenkampfs zu verlagern. Diese geschichtliche Aufgabe war jedoch nicht nur begrenzt durch *das Ziel* der Unidad Popular, das – wie die spätere Entwicklung zeigt – auf die Festigung des Staats hinauslief, und nicht nur durch die in der Unidad Popular vorherrschende Ideologie, die eine Unterordnung des Proletariats unter die Bourgeoisie in ihrer politischen Form oder ihrer Staatsform suchte; sie war vor allem begrenzt durch die Institution der Regierung, die sie an die Verfassung band und nicht erlaubte, sich neben sie oder gar gegen sie zu stellen. Das Problem der Streitkräfte war und ist das Problem des Staates.

Der Tacnazo sowie die Ereignisse um die Ermordung des Generals Schneider offenbarten die Passivität der Massen; besser gesagt: ihr Handeln bestand darin, vollendete Tatsachen zu billigen – gleich einem griechischen Chor hinter den in das Komplott verwickelten »Helden«. Die Massen hatten sich noch nicht befreit von der Manipulation ihrer eigenen sozialen und politischen Vertretungen. Diese Passivität der Massen ermöglichte es, daß die Konflikte in privaten Zirkeln verhandelt und der politische Charakter der Ereignisse durch den polizeilichen Charakter verdrängt werden konnte. Es entstand keine organisierte Volksbewegung als Reaktion auf den Tacnazo und die Ermordung des Generals Schneider, nur eine gewisse blinde Mobilisierung, die jedenfalls die Wirkung hatte, der institutionellen Macht den Rücken zu stärken, die, auch wenn sie eine bürgerliche war, damals der Regierung von Vorteil schien.

Die Passivität der Massen spiegelte sich im Innern der Streitkräfte im Fehlen einer bewußten Beteiligung der Mannschaften wider, die blind ihren Vorgesetzten gehorchten. Es besteht hier eine enge Beziehung zwischen Massen und Mannschaften. Die Massen äußern sich nicht, handeln nicht, wenn die Mannschaften keine Autonomie zeigen, sondern einfach hinter Generälen stehen, mögen diese auch Zivilpersonen sein. Dies geschieht, wenn die Dinge sich verkehren, wenn nicht die Massen durch ihr Verhalten ihren Führern den Schlüssel zur Orientierung geben, sondern wenn die Praxis der Führer das Verhalten der Massen prägt oder an dessen Stelle tritt. Für die Mannschaften, die in der Welt der Kaserne geformt und unterdrückt werden, ist die Gesellschaft nur das erweiterte Bild ihrer Kasernenordnung: es gibt Befehlshaber und Befehlsempfänger. Die innere Ordnung ist gesichert durch die äußere Ordnung und umgekehrt. Für die Mannschaften sind die Massenbewegungen, wenn sie manipuliert sind, nicht Ausdruck wirtschaftlicher oder politischer Interessen, sondern einfach Probleme der Eingliederung in diese oder jene Einheit, unter dieses oder jenes Kommando. Der Mechanismus ist immer derselbe: das Handeln in der Passivität.

Andererseits zeigt sich in den Ereignissen die Empfänglichkeit der Streitkräfte für die sozialen Bewegungen, insbesondere beim mittleren und höheren Offizierskorps, hauptsächlich dann, wenn die Konflikte von verschiedenen Klassen getragen sind, die Kräftekonstellation sich in *eine* Richtung bewegt und das Kleinbürgertum und Fraktionen des Bürgertums einschließt. Unter diesen Bedingungen tendiert das mittlere und höhere Offizierskorps dazu, die *vorherrschenden Formen* des Klassenkampfs zu *reproduzieren.* In diesem Sinn ist der Tacnazo ein beispielhaftes Ereignis. Durch eine »Streik«-Bewegung zeigten die Offiziere, daß sie *politisch zur Verfügung standen.* Nach diesen beiden Ereignissen müssen die vielen, meist ausländischen »Beobachter« (z. B. CIA) das »Gespräch mit den Gewehren« begonnen haben.

Die Ereignisse zeigten auch, daß das mittlere und höhere Offizierskorps zur Verschwörung bereit war. Diese Bereitschaft enthüllte die Klassenverbundenheit der großen Mehrheit der Offiziere mit den reaktionärsten Teilen der Bourgeoisie. Wie jede vertikal hierarchische Organisation verschleiert die Militärstruktur einen lautlosen Kampf um die Macht, der selten außerhalb der Kasernen sichtbar wird. Innerhalb der Streitkräfte bilden sich »Kamarillas«, Gruppen aus persönlichen Anhängern bestimmter »Führer«, die einen höheren Rang besitzen, Kamarillas, die sich ständig entwikkeln und nebeneinander bestehen. Das erklärt auch die Tendenz hoher Offiziere, sich geheimen Sekten wie den Logen und dem Opus Dei einzugliedern, die ihrerseits als Macht-Vehikel benutzt werden. Die Abhängigkeit von der zivilen politischen Macht bei den militärischen Vertrauensposten hatte dazu geführt, daß die hohen Militär-Hierarchien ein Verhalten der Unterwürfigkeit an den Tag legten und ihre persönliche Ehrfurcht vor dem Staat auf dessen Regierungen projizierten.

Das hohe Offizierskorps *befiehlt* zwar in einer streng hierarchisch gegliederten Organisation, *schlichtet* aber zwischen den verschiedenen Kamarillas, die innerhalb der Streitkräfte vertikal nebeneinander bestehen. Wenn diese beiden Aspekte auf die Gesellschaft in ihrer Gesamtheit übertragen werden, zeigt sich deutlich ihre Ähnlichkeit mit faschistischen Ideologien: eine nicht mehr nach Rangabzeichen, sondern nach Klassen vertikal strukturierte, einer strengen Disziplin unterworfene Gesellschaft, in der soziale Mobilität nur von oben her möglich ist und in der auch, gleichsam föderal, Körperschaften und/oder Verbände nebeneinander bestehen wie die Kamarillas und Sekten des Militärlebens, über denen der Militärstaat als Schiedsrichter waltet.

Bezeichnend ist auch – beim Tacnazo stärker als bei der Ermordung des Generals Schneider –, daß das Heer die führende, aktive Rolle spielte, während die beiden anderen Waffengattungen passiv blieben. Das hängt mit der geringen Bedeutung zusammen, die Marine und Luftwaffe historisch im Staatsapparat hatten, sowie mit ihrem besonderen Charakter: technokratisch bei der Luftwaffe, aristokratisch bei der Marine.

Aus all diesen Überlegungen ergibt sich die Notwendigkeit, die historische Rolle der Streitkräfte in Chile zu betrachten. Wir werden dies im folgenden Kapitel versuchen.

Zweites Kapitel

Die Streitkräfte im chilenischen Staat – eine kurze historische Zusammenfassung

1. Die Ursprünge der nationalen Streitkräfte

Die nationalen Streitkräfte Chiles konstituierten sich während des kolonialen Befreiungskriegs gegen die spanische Herrschaft im 19. Jahrhundert. Die Streitkräfte entstanden mit dem Staat, so wie der Staat mit den Streitkräften entstand.

Die objektiven Bedingungen für die Befreiung von Spanien hatten sich schon im 18. Jahrhundert herausgebildet. Allgemein bestanden sie darin, daß es den auf Export ausgerichteten Gruppen des Bergbaus und der Landwirtschaft keinen Nutzen mehr brachte, von einem monopolistischen Außenmarkt – dem spanischen – abhängig zu sein, vor allem, als sich in Europa andere, reale und potentielle, Märkte öffneten.

Wie die meisten chilenischen Historiker festgestellt haben[1], ging es den Exporteuren in Bergbau und Landwirtschaft nicht um wirkliche Unabhängigkeit, sondern vielmehr darum, *neue Formen der Abhängigkeit zu suchen,* hauptsächlich aufgrund der objektiven Notwendigkeit, sich dem europäischen Kapitalismus anzugliedern, dessen entwickeltster Ausdruck der englische Imperialismus war.

Aus der Sicht der Revolutionäre, die gegen die spanische Herrschaft kämpften, bestand eine Kluft zwischen den wirtschaftlichen Interessen und der herrschenden politischen Ideologie im Prozeß der Befreiung. Es stimmt zwar, daß die Mehrheit der Patrioten Großgrundbesitzer waren und aufgrund ihrer wirtschaftlichen Klasseninteressen zur Gruppe der Agro-Exporteure gehörten[2]; aber ebenso stimmt es, daß die politisch-militärische Elite der Unabhängigkeits-Revolution »gebildete« junge Einheimische waren, von denen viele gleichzeitig politische Theoretiker und Praktiker waren: Bernardo O'Higgins, José Miguel Carrera, der Guerrillero Manuel Rodriguez oder der Priester Camilo Henriquez. Sie standen unter dem ideologischen Einfluß der französischen Enzyklopädisten, der Französischen Revolution und der nordamerikanischen Unabhängigkeitsbewegung. Daher spiegelten sich ihre objektiven Klasseninteressen in der damals vorherrschenden *republikanischen und demokratischen* politischen Ideologie wider. Sie waren die militärischen Führer der Unabhängigkeits-Revolution.

Ein Beweis für die nicht unmittelbare Beziehung zwischen Wirtschaft und Ideologie (zumindest während der Phase, in der sich die nationalen Streitkräfte bildeten) ist die *ideologisch amerikanistische* Ausrichtung des Befreiungskampfs. In ihrer großen Mehrheit handelten die militärischen und politischen Führer nach kontinentalen

Gesichtspunkten, denn der Kampf gegen Spanien betraf den gesamten Kontinent. Viele waren in Logen organisiert, deren bekanntester, der Loge Lautaro, unter anderen San Martin und O'Higgins angehörten. Sie war von dem Revolutionär Francisco Miranda gegründet worden, der aktiv an der Französischen Revolution teilgenommen hatte. Im Unterschied also zu den einheimischen Wirtschaftsgruppen, die im Kreis ihrer lokalen Interessen eingeschlossen blieben, waren die politisch-militärischen Gruppen *politisch amerikanistisch* orientiert, aufgrund der Notwendigkeit, militärisch gegen den gemeinsamen Feind zu kämpfen und diesen Kampf zu koordinieren. Diese ideologische Orientierung führte später zu Widersprüchen nicht nur mit den lokalen wirtschaftlich herrschenden Gruppen, sondern auch mit dem europäischen Imperialismus, der großes Interesse an der Aufteilung des lateinamerikanischen Kontinents in Nationalstaaten hatte.

Dennoch widersetzten sich die wirtschaftlich herrschenden Gruppen anfangs der Aufstellung nationaler Streitkräfte. Die Gründe für diese Opposition waren:

1. Die Aufstellung von Streitkräften bedeutete eine Verminderung der Arbeitskräfte, vor allem auf dem Land. 2. Die Kosten für die Aufrechterhaltung der Streitkräfte hätte den Exporteuren zumindest zeitweilig einen Teil ihrer bisherigen Exporteinnahmen entzogen. 3. Die wirtschaftlich herrschenden Gruppen waren weiterhin am spanischen Markt interessiert und daher nicht unbedingt entschlossen, die Kolonialbeziehung zu Spanien abzubrechen, während der Übergang vom politischen zum militärischen Kampf unvermeidlich den totalen Bruch mit Spanien bedeutet hätte. 4. Die wirtschaftlichen Gruppen mißtrauten den zukünftigen Befehlshabern der Streitkräfte, die innerhalb des Staats eine gewisse Autonomie hätten gewinnen und, gestützt auf die Macht der Waffen, gegen sie wenden können.

Aus diesen Gründen endeten die ersten Schlachten gegen das spanische Heer mit Niederlagen, und nur dank der Unterstützung des argentinischen Heeres kam es zu ersten Siegen. Die Eigendynamik des Befreiungskampfes, die Entschlossenheit der chilenischen Militärführer sowie die Furcht der wirtschaftlich herrschenden Gruppen vor einer wirtschaftlichen Beherrschung durch Argentinien waren die Hauptursachen, die die wirtschaftlichen Gruppen einlenken und der Aufstellung nationaler Streitkräfte zustimmen ließen. Als dann im April 1818 die entscheidende Schlacht von Maipu gegen die Spanier stattfand, zählte das chilenische Heer 4800 Mann; es war das beste Heer Iberoamerikas. Das erklärt auch, daß Chile gemeinsam mit Argentinien für die Befreiung Perus kämpfte, ein Projekt, dem sich die chilenische »Oligarchie« widersetzte. Die chilenischen Streitkräfte besaßen übrigens damals schon eine Marine.[3]

Der chilenische Staat wurde unter O'Higgins als Militärstaat gegründet, der gegenüber den unmittelbaren Interessen der wirtschaftlich herrschenden Gruppen eine relative Autonomie besaß. Diese Autonomie wurde noch verstärkt durch die Errichtung einer politisch-militärischen Ordnung und die Einführung der Kriegswirtschaft, was aufgrund des Fortbestehens konterrevolutionärer spanischer Stützpunkte innerhalb und außerhalb des Landes notwendig geworden war. In Chile wurden diese Stützpunkte erst im Jahre 1826 eingenommen.

Die *politische Revolution,* welche die Befreiung von Spanien beinhaltete, wurde besonders während der Regierung des Generals O'Higgins durch wirtschaftliche und soziale Reformen erweitert. Der Kirche wurden viele ihrer politischen und wirtschaftlichen Privilegien entzogen, die Adelstitel aufgehoben, einige Reformen im Bildungswesen und vage Versuche einer Demokratisierung des politischen Lebens auf der Grundlage von Verfassungsentwürfen unternommen. *Die Macht der Sektoren des Bergbaus und der Landwirtschaft blieb jedoch unberührt.* Nach dem Ende der Unabhängigkeitskriege war ihr Hauptanliegen, auf wirtschaftlicher Ebene den »Kolonial-Pakt« wiederherzustellen – diesmal mit dem englischen Imperialismus –, die absolute Macht im Staat zu erobern und die Militärs aus der Politik zu verdrängen. Dafür mußte der *politische Charakter des Staates* in Richtung auf einen *Zivil-Staat* verändert werden. Die herrschenden wirtschaftlichen Gruppen konnten dabei mit der Unterstützung einiger Generäle rechnen, die sich aufgrund ihrer Zugehörigkeit zu den Streitkräften zwar unmittelbar ihrer Kontrolle entzogen, ihnen jedoch durch ihre soziale Herkunft nahestanden. Der General Ramon Freire, ein ehemaliger Waffenkamerad O'Higgins', wurde zu seinem hauptsächlichen Gegner in den Streitkräften. Diese waren wohl eine militärische und politische, aber in keinem Fall eine *gesellschaftliche Macht.*

O'Higgins wurde von den Gruppen des Bergbaus und der Landwirtschaft insofern unterstützt, als er ihnen als Damm gegen die Autonomiebestrebungen der Streitkräfte und damit des Staats diente. Die Vertreter dieser Autonomiebestrebungen waren der General José Miguel Carrera und der Guerrillero Manuel Rodriguez. O'Higgins regierte folglich auf der Grundlage eines Kompromisses zwischen der »Oligarchie« und ideologisch radikaleren Gruppen inner- und außerhalb der Streitkräfte. Die herrschenden Gruppen nutzten die internen Kämpfe im Militär, um die absolute Macht im Staat an sich zu reißen.

Entgegen der Annahme der herrschenden Klasse gaben die Streitkräfte ihren anti-oligarchischen Reformismus während der Regierung Freire nicht auf. Es wurden im Gegenteil radikale Maßnahmen ergriffen – z. B. die Konfiszierung der Güter des Klerus. Das Militär bezog weiterhin liberale politische (nicht ökonomische)

Positionen. Dieser Liberalismus entsprach bestimmten Tendenzen, die auf wirtschaftlicher Ebene im herrschenden sozialen Block zu beobachten waren. Diese Tendenzen reichten von Gruppen, die utopisch den Aufbau einer autonomen Wirtschaft anstrebten, über solche, die der alten Kolonialwirtschaft mit Spanien verhaftet blieben, bis hin zu den am zahlreichsten vertretenen Gruppen, die eine Erneuerung der kolonialen Bindungen, diesmal mit den kapitalistischen Ländern Europas, anstrebten. Diese Tendenzen nahmen während der Auseinandersetzungen *liberale* und *konservative* Formen an, wobei die Streitkräfte aufgrund ihrer ideologisch-praktischen Ausrichtung den liberalen Positionen zuneigten, ohne jedoch gänzlich die Verbindung zu den konservativen Positionen zu verlieren.

In dem Militärstaat eines O'Higgins und Freire gab es eine Art »Bonapartismus«, der sich später politisch im O'Higginismus ausdrückte – eine *politische Tendenz* der Streitkräfte, die, wie wir später sehen werden, ihre ideologischen Merkmale durch die Kapitulation ihrer Führer vor der »Oligarchie« verloren hatte und nur das Ziel bewahrte, im Staat eine *administrative Schiedsrichterrolle* zwischen den verschiedenen wirtschaftlich herrschenden Gruppen des Landes zu spielen.

2. Die Neue Ordnung

Auf den Sturz O'Higgins folgte eine Periode, welche die traditionellen chilenischen Historiker als Periode »der Anarchie« bezeichnet haben, liberale Historiker dagegen als Periode »des Versuchs des Staatsaufbaus«, ein euphemistischer Ausdruck, der den erbitterten politischen Kampf zwischen den Fraktionen der herrschenden Gruppen um die absolute Staatskontrolle verschleiert.

In Wirklichkeit handelte es sich weder um Anarchie noch um den Aufbau des Staats. Es ging um den Versuch einer *politisch-ökonomischen Restauration* der Export-Gruppen, die die alte autoritäre Kolonialherrschaft nunmehr gegen ihre ideologischen und politischen Feinde im Innern wiederbeleben wollten. Die Taktik, mit der sie den Streitkräften die politische Hegemonie im Staat zu entreißen gedachten, gründete einerseits auf deren innerer Spaltung, andererseits auf der Schaffung *paralleler Streitkräfte.* Letzteres wurde dadurch erleichtert, daß es nach dem Ende der Unabhängigkeitskriege eine große Zahl von Arbeitslosen mit militärischer Ausbildung gab.

Die Spaltung der Streitkräfte führte zum Bürgerkrieg von 1830, der mit einem Sieg der Exportgruppen in Landwirtschaft und Bergbau endete.

Die »Neue Ordnung« nach 1830 ist auch von den traditionellen Historikern als die Periode des »Aufbaus des Nationalstaats« bezeichnet worden. *Das ist falsch.* Der Staat, der tatsächlich entstand, war ein *Staat der direkten Klassenvertretung*, im Unterschied zu dem *vorher bestehenden* Staat, der sich als *indirekte Klassenvertretung* unter der Kontrolle der aufständischen Streitkräfte konstituiert hatte.

Die »Neue Ordnung«, deren ideologischer und politischer Inspirator der Minister Diego Portales war, bestand darin, daß die *politische Macht denen übergeben wurde, die auch die ökonomische Macht hatten*, vor allem dem Landwirtschaftssektor. Viele Institutionen der Kolonialzeit wurden wieder eingeführt und mit republikanischem Anstrich versehen. So erlangte zum Beispiel die Kirche ihren gesamten wirtschaftlichen und ideologischen Einfluß zurück.

Die »Ordnung des Portales« führte zu einer starken Unterdrükkung der liberal orientierten Gruppen innerhalb und außerhalb der Streitkräfte. 200 Offiziere mußten sofort aus dem Militär ausscheiden. *Portales wollte in Wirklichkeit den Aufbau neuer Streitkräfte.* Zu diesem Zweck machte er eine Reihe sehr kluger Schachzüge. Er betraute die Militärs, die der Oligarchie nahestanden oder enge Verbindungen zur herrschenden Klasse hatten, mit den entscheidenden Posten. Er neutralisierte den »O'Higginismo« als politische Strömung der Streitkräfte, indem er seine Vertreter mit der Verleihung formaler Macht politisch korrumpierte. Präsident des neuen Staats wurde für einen Zeitraum von 10 Jahren ein Anhänger O'Higgins, der General Joaquín Prieto. Um jeden Ansatz einer Autonomie des Heeres zu verhindern, schuf Portales schließlich die sogenannte *»republikanische Miliz« als parallele Streitmacht*, die dem »Verfassungs-Heer« an Truppenstärke überlegen war.

Der neue Staat konnte nur mit neuen Streitkräften entstehen. Deshalb war es notwendig, das *Befreiungsheer politisch zu schwächen*, bis es nur noch ein *bloßes Instrument des Staates* war – und nicht mehr, wie bisher, die *militärische Vertretung des Staats.*

Der Krieg Chiles gegen das Bündnis Peru–Bolivien (ein »Präventivkrieg«, den Portales gegen die Einigungs- und Expansionsbestrebungen des bolivianischen Generals Andres de Santa Cruz führte) hatte zur Folge, daß sich die »republikanische Miliz« und die alten, verfassungsmäßig verankerten Streitkräfte zusammenschlossen. Dadurch festigte sich die Rolle des Heeres als Werkzeug des oligarchischen Staats.

Diese Rolle der neuen Streitkräfte als Instrument des oligarchischen Staats stand nicht im Widerspruch zur Präsidentschaft zweier Generäle, Joaquín Prieto und Manuel Bulnes, die bis zum Jahr 1849 regierten – im Gegenteil, sie wurde dadurch noch verstärkt. In Wirklichkeit handelte es sich um *oligarchisch-militärische Diktaturen mit einigen wenigen republikanischen Zügen.* Die Militärs, die die höchsten Positionen im Staat innehatten, beherrschten den neuen Staat nicht, sie unterwarfen sich ihm. Ihre Funktion war nicht eigentlich politisch, sondern administrativ-repressiv, d. h. sie lieferten dem Staat Personal für die Bürokratie, gewährleisteten die »öffentliche Ordnung« und garantierten die Gewinne der landwirtschaftlichen Interessengruppen dadurch, daß sie deren Vormachtstellung gegenüber den Sektoren des Bergbaus sicherten. Parallel dazu bestand eine Funktion der Militärs – da kriegerische Konflikte mit den Nachbarländern ausblieben – darin, Massaker an der Eingeborenenbevölkerung des Landes im Süden des Gebiets »La Frontera« (Die Grenze) zu verüben, ihnen ihr Land wegzunehmen und es den herrschenden Gruppen zu übergeben. Damit leisteten sie auf lokaler Ebene ihren Beitrag zur ursprünglichen Kapitalakkumulation, wobei ihr Vorgehen durchaus den historisch bekannten Methoden entsprach: Raub, Plünderung, Massenmord.

3. Der politisch-militärische Niedergang der Streitkräfte

Die politische Degradierung der Streitkräfte zog sehr bald ihre militärische Degradierung nach sich. Da ihre Funktionen in der Zeit nach Portales auf administrativ-repressive Aufgaben beschränkt blieben, fehlte ihnen die Autonomie, um die eigenen Interessen verteidigen zu können. Die Streitkräfte befanden sich in einem Prozeß der Auflösung, als das Präsidentenamt der Republik von Generälen besetzt war.

Die frühere Autorität des Militärs war gestärkt worden durch die Schwäche der Gruppen, die sich außerhalb der Streitkräfte gegen den traditionellen herrschenden Block gestellt hatten. Der rein administrative Charakter der Regierungen Prieto und Bulnes gründete sich auf Interessenunterschiede, später Konflikte, die innerhalb des Herrschaftsblocks auftraten. Diese Unterschiede und Konflikte entstanden durch die Entwicklung des Bergbaus, der Urbanisierung, der Dienstleistungen, des Transportwesens und der daraus folgenden zunehmenden Komplexität des Staatsapparats. Die Veränderungen führten dazu, daß die Einheit und Homogenität des Herrschaftsblocks verloren gingen und sich verschiedene Gruppen herauszubilden begannen. Die wichtigsten von ihnen waren die Sektoren der Landwirtschaft und des Bergbaus. Obwohl eine Verbindung zwischen diesen beiden Gruppen bestand, hauptsächlich über die Finanzierungsgeschäfte, gab es auch Differenzen, vor allem in bezug auf die Exporte, die Art der internationalen Klassenallianz und die innere Entwicklung des Kapitalismus. Während zur Zeit der Regierungen Prieto und Bulnes der Landwirtschaftssektor seine politisch-ökonomische Hegemonie im Herrschaftsblock aufrechterhalten konnte, begann nun seine Vormachtstellung allmählich einem labilen Gleichgewicht mit dem Bergbausektor zu weichen. Die Streitkräfte wurden innerhalb des Staats zum Angelpunkt des Kompromisses zwischen diesen beiden entscheidenden Fraktionen des Herrschaftsblocks. Dafür war es notwendig, daß das Militär sich mit keiner der beiden Fraktionen identifizierte. Die Schiedsrichterfunktion der Streitkräfte wurde erleichtert durch die Vermittlerrolle, die der Staat zwischen dem internationalen und dem nationalen Kapitalismus spielte.

In ideologischer Hinsicht führte die Regierung Bulnes zu einer *Wiedergeburt der liberalen Strömungen*, jedoch nicht als Neuauflage der patriotischen Vorstellungen der unmittelbar nachkolonialen Zeit. Der grundsätzliche Unterschied zwischen dem Liberalismus des Unabhängigkeitskampfes und dem Liberalismus der Mitte des 19. Jahrhunderts bestand darin, daß der erste hauptsächlich politischen, der zweite wirtschaftlichen Inhalts war. Auf den alten »liberalen Romantizismus«, der eine Demokratie nach republikanischem Muster vorsah, folgte ein Liberalismus, der, gestützt auf einige Formeln des englischen Wirtschaftsliberalismus, die Öffnung der wirtschaftlichen Grenzen forderte, um von außen über den gewaltigen Zustrom ausländischen Kapitals die Entwicklung des Kapitalismus im Innern zu fördern.

In diesem Rahmen des sozialen Gleichgewichts und der ideologischen Erneuerung vollzog sich der Prozeß des politisch-militärischen Niedergangs der Streitkräfte. Gegen Ende der Regierung Bulnes konnten die Streitkräfte nicht einmal mehr als eine wirksame Kraft zur Eindämmung und Kontrolle sozialer Konflikte betrachtet werden. So überrascht es nicht, daß die erste Zivilregierung unter Manuel Montt nach langen Jahren der Präsidentschaft von Militärs durch zwei blutige Bürgerkriege eingerahmt wurde. Unabhängig vom Grad der Widersprüche zwischen den beiden Fraktionen des herrschenden Blocks erscheint die Form der Austragung und Lösung dieser Widersprüche in kriegerischen Konflikten außerordentlich grausam. Jedoch darf dies nicht überraschen.

Der Staat, wie er von Portales aufgebaut worden war, gründete nicht auf politischem Konsens, sondern war im Kern ein bürokratischer und repressiver Staat. Die Verfassung von 1833 hatte der »oligarchischen« autoritären Diktatur lediglich eine juristische Form gegeben. Der Unterschied zwischen Chile und anderen lateinamerikanischen Ländern in diesem Zeitraum ist nicht, daß es in Chile keine Diktaturen gegeben hätte, sondern daß sie eine *juristische Form* besaßen. Die Kämpfe der verschiedenen Fraktionen des herrschenden Blocks wurden in Chile »im Schatten« eines diktatorialen Staats ausgetragen und nicht – wie in den anderen lateinamerikanischen Ländern – »im freien Raum«.[4]

Die inneren Kämpfe dieser Periode nahmen sowohl die Form der direkten Konfrontation zwischen den wirtschaftlichen Fraktionen an als auch die der indirekten oder ideologischen Konfrontation um die politische Demokratie des chilenischen Liberalismus. Zwischen den Vertretern des Liberalismus und des Bergbausektors gab es eine Übereinstimmung: der gemeinsame Feind, die Agrarier. Der Kampf um wirtschaftliche Interessen erschien so verbunden mit dem Kampf gegen die autoritäre Herrschaft des Staates, für das freie Wahlrecht, gegen die politische Macht der Kirche usw. In der Geschichte Lateinamerikas äußert sich die Modernisierung der kapitalistischen Produktionsverhältnisse gewöhnlich in der Erscheinung demokratischer, antioligarchischer und auch die Interessen des Volkes programmatisch vertretender Kämpfe.

Wegen der geringen technischen und militärischen Ausrüstung der Streitkräfte und der politisch labilen Situation kam es zwischen den rivalisierenden Gruppen schnell und häufig zu bewaffneten Auseinandersetzungen, wobei mehrfach »ad hoc«-Streitkräfte gebildet wurden. Die institutionelle Festigkeit, die dem Staat des Portales nachgesagt wird, ist ein Mythos, den die chilenische Bourgeoisie im 20. Jahrhundert verbreitet hat. Der Staat in der von Portales konzipierten autoritären Form konnte sich nicht länger als 20 Jahre halten.

Der Bürgerkrieg von 1851 wurde zwar von den Regierungs-Streitkräften gegen die aufständischen Gruppen des Bergbaus und der politischen Liberalen gewonnen, die im Norden des Landes die Unterstützung des Volkes erlangt hatten. Doch in der entscheidenden Schlacht von Loncomilla wurden von 7000 am Kampf Beteiligten 2000 getötet und 1500 verletzt. Die Regierung Montt, eher ein Ergebnis des Kriegs als der Wahlen, sah sich gezwungen, auf den Druck des Bergbausektors und der Liberalen Rücksicht zu nehmen. Sie verfolgte eine Zick-Zack-Politik zwischen den beiden Hauptfraktionen der herrschenden Klasse und vertrat insofern nicht mehr ausschließlich die Interessen der Agrarier. Ihre Stärke war offenbar; sie ergab sich aus der *politischen Patt-Situation.* Innerhalb dieses Rahmens setzte sich der politisch-militärische Niedergang der Streitkräfte weiter fort.

Die neuen Rebellionen der Bergbaugruppen und der Liberalen im Jahre 1859 endeten für sie mit neuen militärischen Niederlagen, brachten jedoch den politischen Sieg. Den konservativen Gruppen war es unmöglich, weiter zu regieren. Es begann die »Ära der liberalen Regierungen« (1861–91): die Gruppen des Bergbaus und der politischen Liberalen gelangten an die Regierungsmacht. Der alte oligarchische Staat wandelte sich in einen politischen Staat unter der Vorherrschaft der Gruppen, die in der kapitalistischen Entwicklung des Landes am weitesten fortgeschritten und gleichzeitig am engsten mit dem ausländischen Kapital verbunden waren.

Die Macht des Staats festigte sich in den Händen der Liberalen zwar in politischer, nicht aber in militärischer Hinsicht. Für diese Entwicklung gibt es mehrere Gründe:

1. Die wirtschaftliche Vorherrschaft der neuen Gruppen war gesichert. 2. Diese wirtschaftliche Vorherrschaft ergab sich durch eine verstärkte äußere Abhängigkeit – insbesondere von England –, die mehr oder weniger *alle* Sektoren des herrschenden Blocks betraf. 3. Die Unterordnung der Gruppe der Landbesitzer-Oligarchie vollzog sich in Form einer *zwangsweisen Assimilierung durch den Staat.* Die in der kapitalistischen Entwicklung rückständigen Sektoren waren gezwungen, produktive Investitionen nach kapitalistischen Gesichtspunkten zu tätigen, sowohl innerhalb wie außerhalb des Landes. Damit waren sie zwar noch keine Bourgeoisie im eigentlichen Sinne, blieben aber dem kapitalistischen System und seiner Produktionsweise verhaftet. Es gelang den Liberalen, die herrschende Klasse, die Exportbourgeoisie der Landwirtschaft und des Bergbaus, zu einen und zu festigen. 4. Alle Sektoren des herrschenden Blocks waren vom Staat abhängig. Die Vergrößerung des Militärs mit den entsprechenden notwendigen Ausgaben hätte eine Verminderung der Staatskasse, von der alle Sektoren profitierten, zur Folge gehabt. 5. Entscheidend war, daß die sozialen Konflikte sich als Konflikte innerhalb der Klassen und nicht zwischen den Klassen äußerten. Das Proletariat war nicht Klasse »für sich«, vielfach war es gerade im Prozeß der Entstehung.

4. *Die militärische Erneuerung der Streitkräfte*

Die Ursachen, die zu einer technisch-militärischen Neuordnung nicht nur des Heeres, sondern der Gesamtheit der Streitkräfte führten, waren der Pazifische Krieg 1879 gegen Peru und Bolivien, die etatistische Politik des Präsidenten Balmaceda (1887-1891) und der gegen ihn gerichtete Aufstand im Jahre 1891.

Von außen gesehen lag der Ursprung des Pazifischen Kriegs in dem besonderen Interesse der englischen Kapitalisten und ihres Staats, sich die peruanischen und bolivianischen Salpetervorkommen anzueignen. Die Schwierigkeit bei diesem Vorhaben war der Protektionismus der peruanischen Regierungen, der nicht kennzeichnend war für die chilenischen »Liberalen«.

Aus der Sicht Chiles war der Krieg die einzige Alternative, die tiefe Wirtschaftskrise zu überwinden, die durch den starken Preisverfall des Kupfers zu jener Zeit ausgelöst worden war.[5] Diese Krise hatte die Zahl der Militärs noch weiter verringert; im Jahre 1876 wurden sogar die Tore der Militärakademie vorübergehend geschlossen, da keine Mittel für ihre Unterhaltung vorhanden waren.

Der Krieg wurde um scheinbare »Grenzprobleme« geführt.[6]

Die schnelle und moderne technische Ausrüstung der chilenischen Streitkräfte für diesen fünf Jahre dauernden Krieg war hauptsächlich der englischen »Hilfe« zu verdanken. Zwar lieferte England auch Waffen an die peruanischen und bolivianischen Streitkräfte, sehr viel mehr jedoch an die chilenischen. Im »Geschäft mit dem Krieg« erscheint der englische Imperialismus als ein Vorläufer späterer Zeiten. Dabei war England weniger am Waffengeschäft als am Besitz des Salpeters mit Hilfe der chilenischen Kapitalisten und ihres Staats interessiert. In Wirklichkeit war es ein Krieg um den Salpeter.

Die Erneuerung der chilenischen Streitkräfte beim Pazifischen Krieg hatte hauptsächlich äußere Ursachen. Militärische und wirtschaftliche Abhängigkeit sind untrennbare Begriffe. Während die chilenischen Streitkräfte bisher grundsätzlich national eingestellt waren – sei es als ausführendes Organ der politischen Unabhängigkeit, sei es als Staatsheer und unmittelbarer Klassenausdruck, sei es als Schiedsrichter im Staat bei Konflikten innerhalb der Klassen –, schlossen sie sich in und nach dem Pazifischen Krieg *ökonomisch, technisch und geopolitisch den expansiven Zielen des Weltkapitalismus* an.

Die militärische Erneuerung der Streitkräfte war international durch die Ausdehnung des englischen Imperialismus, national durch die Entwicklung des abhängigen Kapitalismus bedingt. Seither ließ sich die Rolle der Streitkräfte auf nationaler Ebene nicht mehr von der Rolle trennen, die sie in einem abhängigen kapitalistischen Staat spielten. Die nationale Verteidigung des Staats war die Verteidigung der Wirtschafts- und Sozialstrukturen dieses Staats. Der militärische Nationalismus wurde genau in sein Gegenteil verkehrt: die bedingungslose Verteidigung der wirtschaftlichen Abhängigkeit. So fällt auf, daß der größte Teil der englischen Rüstungsinvestitionen der chilenischen Marine galt, die vorher wegen der *vorwiegend auf das Land ausgerichteten Funktion* der Militärs wenig Bedeutung gehabt hatte. Die englische »Hilfe« für die Marine war ein Zeichen dafür, daß das Verteidigungs- und Angriffssystem der Streitkräfte nicht nach nationalen Gesichtspunkten, sondern nach wirtschaftlichen Einflußzonen organisiert wurde. Und so kam es in der Marine zu einer stärkeren Verknüpfung zwischen den hauptsächlich aus oligarchischen Familien stammenden Offizieren und dem englischen Imperialismus, was sich wenig später entscheidend in der Innenpolitik auswirken sollte.

Doch erst nach dem Pazifischen Krieg, während der Präsidentschaft von José Manuel Balmaceda, erreichten die chilenischen Streitkräfte ihre technische und militärische Vervollkommnung. Um dies zu erklären, müssen wir kurz die Politik Balmacedas erläutern, die mit seinem Sturz durch den Bürgerkrieg von 1891 endete.

War der Pazifische Krieg der internationale Krieg um den Salpeter gewesen, so war der Bürgerkrieg der *nationale Krieg um den Salpeter*. Denn seit dem Ende des Pazifischen Kriegs stellte sich der chilenischen Wirtschaft die Frage, wie die Überschüsse aus der

Salpetergewinnung investiert werden sollten. Zwei klar definierte Tendenzen zeichneten sich ab:

Die erste Tendenz spiegelte die Interessen der lokalen Bourgeoisie wider. Sie zielte darauf ab, den englischen Investoren alle Tore zu öffnen – ohne irgendwelche protektionistischen Hindernisse oder Begrenzungen für den ausländischen Besitz an den Salpetervorkommen. Für die Verwendung der Überschüsse aus der Salpetergewinnung bot sie keine kapitalistische Lösung, sondern gab im Gegenteil einzig ihre Bereitschaft zur Verschwendung und zum Luxus-Konsum zu erkennen. Die chilenische Bourgeoisie bewies mit diesem Verhalten nicht nur ihre Abhängigkeit, sondern außerdem ihren *rückständigen und deformierten Charakter;* d. h. sie zeigte sich weniger als *produzierende* denn als *besitzende Klasse.*[7]

Die zweite Tendenz vertraten einige Gruppen von Technikern und Ideologen sowie der Präsident Balmaceda selbst. Letztlich ging es darum, einen großen Teil der Überschüsse aus der Salpetergewinnung dem Staat zu übertragen, um sie in Bereichen der kapitalistischen Produktion und der öffentlichen Hand zu investieren. Diese Politik setzte eine mögliche Verbindung vieler Sektoren der lokalen Bourgeoisie mit dem Staat voraus. Zur Durchführung eines solchen Projekts hätte der Staat die ausländischen Investitionen reglementieren müssen, ohne sie zu verhindern. Paradoxerweise war die Politik Balmacedas kapitalistischer als die der lokalen Bourgeoisie.

Der Hauptunterschied zwischen diesen beiden Tendenzen lag nicht darin, daß die eine wirtschaftlich national war und die andere nicht, sondern daß die eine die Überschüsse verteilen, die andere sie investieren wollte. Folglich bedingte jede Tendenz eine unterschiedliche Funktion des Staats als ökonomischer Institution. Balmaceda meinte, daß der Staat die Überschüsse der abhängigen Wirtschaftssektoren »nach innen« investieren sollte, d. h. in die Infrastruktur der Dienstleistungen, des Kommunikations- und Transportwesens, die in Händen des Staates oder wenigstens unter staatlichem Einfluß bleiben sollten. Die Politik Balmacedas war zwar *etatistisch*, aber keine Politik der *Verstaatlichungen.*[8]

Diese unterschiedlichen Auffassungen über die Wirtschaftspolitik kamen auch politisch innerhalb des Staatsapparats zum Ausdruck. Sie zeigten sich in den Konflikten zwischen der Exekutive und der Opposition, die das Parlament beherrschte. Es ist hier anzumerken, daß viele Mitglieder des Parlaments Besitz im Salpeterbergbau hatten, oder dem traditionellen Agrarierkreis angehörten, als Bankiers mit dem englischen Kapital verknüpft waren oder als Politiker direkt von den englischen Unternehmern Geld erhielten.[9]

Um sein Projekt durchzuführen und gleichzeitig der Macht der Opposition entgegenzutreten, versuchte Balmaceda, einen Plan zur wirtschaftlichen, institutionellen und militärischen Stärkung des

Staats zu verwirklichen. In diesem allgemeinen Rahmen vollzog sich die Modernisierung der Streitkräfte.

Mit der Regierung Balmaceda begann in Chile der Aufbau eines *Berufsheers.* Die Stärkung des Staats bedingte die Stärkung der Streitkräfte. Durch die militärische Festigung des Staats versuchte Balmaceda, seine Regierung zu festigen. In Wirklichkeit jedoch stärkte er damit die Opposition, denn wie schon gesagt wurde, waren die Streitkräfte ökonomisch und technisch mit dem englischen Imperialismus, ideologisch und sozial mit der herrschenden Klasse verbunden.[10] Vielleicht war sich Balmaceda dieser Bindung bewußt, als er den Versuch machte, durch den Aufbau eines Berufsheers die Streitkräfte als institutionelle Einheit zu formieren, losgelöst von der Politik und ausschließlich abhängig von der Entscheidung des Präsidenten. So erklärt sich, daß er die größten Investitionen an technischen Ausrüstungen gerade bei der Marine unternahm, in der die reaktionärsten und traditionellen Sektoren der Bourgeoisie das stärkste Gewicht hatten. Paradoxerweise war es die Marine, die militärisch den Sturz Balmacedas entscheiden sollte. Möglicherweise wollte Balmaceda (wie vorher Diego Portales) disziplinierte, a-politische und gehorsame Streitkräfte heranbilden. Aber es gab einen grundsätzlichen Unterschied zu Portales. Dessen Politik hatte Erfolg, weil er die alten Streitkräfte *zerstört* und parallele Streitkräfte aufgebaut hatte. Balmaceda dagegen *vervollkommnete nur die alten Streitkräfte.* Portales hatte der Gewalt die Gewalt entgegengestellt. Balmaceda stellte der Gewalt nur das Gesetz und die Bestechung der Militärs durch Verbesserung der technisch-militärischen Ausrüstung und Ausbildung entgegen.[11] Um seine Pläne zur Einführung eines Berufsheers zu verwirklichen und vielleicht den technischen Einfluß der Engländer zu verringern, nahm Balmaceda den deutschen Hauptmann Emil Körner Henze unter Vertrag, Professor an der Artillerie- und Ingenieurschule Charlottenburg, der den Posten eines stellvertretenden Direktors der Militärakademie übernehmen sollte. Dieser deutsche Hauptmann war nicht nur in der Kriegskunst bestens bewandert, sondern auch in der Kunst des Verrats, was sich zeigte, als er während des Bürgerkriegs die aufständischen Truppen unterstützte.

Doch die Politik Balmacedas bezüglich der Streitkräfte scheiterte nicht gänzlich. Zumindest erreichte er, daß ein beträchtlicher Teil der Streitkräfte an seiner Seite blieb, auch als das Parlament seine Regierung für verfassungswidrig erklärt hatte. *Der Staatsstreich führte so zum Bürgerkrieg.* Die Aufständischen konnten in Wirklichkeit nur dank der logistischen Unterstützung der Engländer siegen, die den Regierungstruppen natürlich verwehrt blieb. Der Bürgerkrieg wurde in Concón und Placilla im August 1891 entschieden. Eine ferne Zukunft vorwegnehmend, ermordeten die

siegreichen Truppen die besiegten Generäle, richteten viele Zivilbürger hin, die die Regierung unterstützt hatten, und plünderten hemmungslos. Präsident Balmaceda beging in der Botschaft Argentiniens Selbstmord.
Die Militärs eroberten jedoch nur die formale Regierung des Landes. Die wirkliche Macht übergaben sie dem Parlament und leiteten jene Periode ein, die als die »Parlamentarische Republik« bezeichnet wurde. In dieser Zeit (bis 1924) hatte die Bourgeoisie die direkte Regierungsgewalt inne. Wirtschaftlich plünderte der englische Imperialismus die Salpetervorkommen aus. Die einzigen Sorgen der chilenischen Bourgeoisie waren protzige Paläste und der letzte Pariser Modeschrei.
Wiederum war der Staat, wie während der sogenannten »Ära Portales«, ein direktes und nicht nur ein indirektes Instrument der wirtschaftlich herrschenden Klasse.

5. *Die Streitkräfte und der offene Klassenkampf*

Der Aufbau des Berufsheers, der zur technischen und wirtschaftlichen Abhängigkeit der chilenischen Streitkräfte vom englischen Imperialismus und den herrschenden Gruppen geführt hatte, erwies sich als besonders funktional im Hinblick auf die Erfüllung der repressiven Aufgaben, der *inneren Verteidigung des Staats.* Das Konzept des Berufsheers zur Verteidigung der sogenannten »nationalen Sicherheit« war seit dieser Zeit an die innere Sicherheit des Staatsapparats gebunden.
Doch nach dem Tod Balmacedas trat ein entscheidender Wandel ein. Bisher galt die Repression nur den *politischen Feinden* der verschiedenen Regierungen; d. h. die Repression diente dazu, Konflikte innerhalb der herrschenden Klasse zu lösen. Als die verschiedenen Fraktionen der Bourgeoisie untereinander einen gewissen Grad an Zusammenhalt und Verständigung erreicht hatten und äußere Feinde nicht vorhanden waren, begann bei den Streitkräften ein Prozeß militärischer Auflösung.
Andererseits hatte die Eroberung des Salpeters die *Entwicklung des Salpeter-Proletariats* zur Folge. Aufgrund der Konzentration der Arbeiter entstanden dort die ersten Zentren der Arbeiterbewegung, die eine Ausstrahlung auf andere Teile des Proletariats im Lande ausübten. Seitdem war es den Streitkräften *nicht mehr möglich, sich von ihren repressiven Funktionen zu lösen.*
Die Ausbeutung des Salpeters, die Entwicklung weiterer Industriezweige, das Wachstum der Städte, die Ausweitung monetärer Beschäftigungsverhältnisse auf dem Lande beschleunigten den Prozeß der Organisierung des Proletariats.[12]
Der Aufbau eines Berufsheers war während der Periode der »Parlamentarischen Republik« eindeutig gegen das Proletariat gerichtet.

Zu Beginn des 20. Jahrhunderts floß in Chile Arbeiterblut: Massaker in Valparaiso 1903, in Antofagasta 1906. Das schrecklichste Massaker in der Geschichte der Arbeiterbewegung – nicht nur Chiles, sondern Lateinamerikas – wurde am 21. Dezember 1907 in der Schule Santa María in Iquique begangen, wo die Militärs auf unbewaffnete Arbeiter schossen und mehr als 3000 Menschen töteten, unter ihnen Greise, Frauen und Kinder. Erst sehr viel später sollte dieses Morden noch übertroffen werden, als die »friedfertigen« chilenischen Militärs der Unidad Popular in Chile ein blutiges Ende bereiteten.

6. *Die politischen Folgen des Berufscharakters der Streitkräfte*

Zwar richtete sich die Einführung des Berufsheers anfangs gegen die Arbeiter, führte aber auch zu einer gewissen Distanzierung der Streitkräfte vom Kern des abhängigen Kapitalismus, der das Parlament beherrschte. Der Berufscharakter der Streitkräfte ließ sie eigene oder auch *korporative* Interessen entwickeln. Die berufliche erzeugte die korporative Organisation.

So war die absolute Treue der Streitkräfte zum Staat nicht nur geknüpft an die relative Stabilität der staatlichen Schatztruhen, sondern vor allem an das ökonomische *Konkurrenzverhältnis* mit den anderen bürgerlichen oder nicht-bürgerlichen *korporativen Gruppen* innerhalb und außerhalb des Staatsapparats. Mit dem korporativen Charakter des Heeres begann der Kampf um Ansehen und Geld sowohl innerhalb der Streitkräfte als auch zwischen den Streitkräften und den anderen korporativen Gruppen.

Die Aktivierung der Streitkräfte für die eigenen Interessen vollzog sich unter den folgenden objektiven Bedingungen:

1. Während des ersten Jahrzehnts des 20. Jahrhunderts ging die Salpeternachfrage auf dem Weltmarkt beträchtlich zurück. Gleichzeitig wurde die Stellung des englischen Imperialismus durch den Kampf mit den USA um die Vorherrschaft auf dem lateinamerikanischen Kontinent geschwächt. Die Situation verschlechterte sich ökonomisch einmal dadurch, daß die chilenische Bourgeoisie die Überschüsse aus der Salpetergewinnung nicht in produktiven Sektoren investiert hatte, zum anderen durch die Erfindung des synthetischen Salpeters in Deutschland.
2. Die erzwungene Ausgliederung Chiles aus dem Machtbereich des englischen Imperialismus kam in einer Verringerung der Kredite für Rüstungsmaterial und ganz allgemein der ökonomischen Versorgung der Streitkräfte zum Ausdruck.
3. Das Wachstum der Mittelschichten war eine äußerst wichtige Entwicklung. Es handelt sich dabei um ein gemeinsames Merkmal der abhängigen Länder, in denen die vom ausländischen Kapital verursachten ökonomischen Deformationen eine Aufblähung des

Staatsapparats sowie der öffentlichen und privaten Dienstleistungssektoren zur Folge haben. Die Bedeutung dieser Sektoren besteht nicht so sehr in ihrer sozialen Funktion als vielmehr darin, daß sie als *Auffänger der Arbeitslosigkeit* fungieren, die durch die Monopolisierung der ökonomischen Struktur und die Einführung technologisch entwickelter Produktionsmittel verursacht wird. Auch die zunehmende Zahl der sogenannten »liberalen« Berufe (Ärzte, Rechtsanwälte, usw.) übt politischen und sozialen Druck aus. Die Mobilisierung der Mittelschichten führt zu einer wachsenden politischen Mobilität im Innern der Streitkräfte. Einmal fordern sie die Streitkräfte dazu auf, ihrem Beispiel zu folgen, ökonomische Forderungen zu stellen und mit ihnen um die Einkommen zu konkurrieren. Zweitens treten nach Einführung des Berufsheers viele Mitglieder der Mittelschichten in die Streitkräfte ein, was zu einer gewissen Massierung von Akademikern (Ingenieuren, usw.) unter den Militärs führt.

In Chile wurde vor allem das Heer seit Beginn des 20. Jahrhunderts eine Art Beschäftigungszentrum für viele Mitglieder der Mittelschichten.[13]

4. Ein Berufsheer bedingt eine *technische Entwicklung der Streitkräfte.* Die Kenntnis der Technik bedeutet für viele Offiziere einen unmittelbaren Kontakt mit der modernen Welt. Im Rahmen ihrer Ausbildung reisen viele Offiziere ins Ausland, und es macht sich ein Einfluß verschiedener Strömungen politischen Denkens bemerkbar. Vielfach gelangt man über die Geopolitik zur Politik. Mit der Gründung der Luftwaffenakademie im Jahre 1913 beschleunigte sich in Chile der Prozeß der technischen Modernisierung der Streitkräfte. Es war daher nicht ungewöhnlich, daß kurze Zeit danach Offiziere der Luftwaffe politische Positionen vertraten, die weitaus entschiedener waren als bei den übrigen Militärs. Viele von ihnen zeigten sogar gewisse Sympathien für den Sozialismus.

5. Schließlich ist noch der gesellschaftliche Legitimationsverlust der herrschenden Gruppen hervorzuheben, der nicht nur durch die Wirtschaftskrise des Landes eingetreten war, sondern auch durch das Schauspiel offener Korruption, das diese Gruppen boten. Am deutlichsten zeigte sich die Korruption im Parlament, so daß vielen Militärs das Parlament »der Grund allen Übels« zu sein schien, nicht aber das System der gesellschaftlichen Beziehungen, auf dem es gründete. So entstand in den Mittelschichten, auch in Teilen des Volks und bei vielen Militärs, eine Art »antiparlamentarische Ideologie«, in der die Errichtung eines neuen, starken und autoritären Präsidialsystems gefordert wurde.

7. *Der politische Populismus und die Streitkräfte*

Mit dem Sieg des Präsidentschaftskandidaten Arturo Alessandri und seiner Liberalen Allianz, dem *ersten Wahlsieg des Populismus in Chile*, wurden die Militärs ab 1920 zu entscheidenden Faktoren bei der internen Umwandlung des Staatsapparats.

Schon 1907 hatte sich innerhalb der Streitkräfte eine »Militär-Liga« mit eindeutig ökonomisch-korporativem Charakter gebildet, die als Verbindungsglied zwischen den berufsorientierten Forderungen der Militärs und der Regierung fungierte. 1912 hatte die Liga auch politisch Stellung bezogen und sich – jedoch ohne Erfolg – den Sturz der damaligen Regierung zum Ziel gesetzt.[14]

Als Alessandri mit einem Wahlprogramm sozialer Reformen siegte, das von großen Teilen der Mittelschichten und des Proletariats unterstützt wurde und auf die Wiedergewinnung der Macht für die Exekutive abzielte, kam es innerhalb der Streitkräfte zu wachsender Unruhe. Es bestanden offensichtliche Meinungsverschiedenheiten zwischen den alten Generälen, die mit Schrecken die Politisierung der Massen feststellten, und der Mehrheit der jungen Offiziere, die ohne Vorbehalte für eine Veränderung des Staatsapparats eintraten.

In Wirklichkeit war die »gesellschaftliche Macht« Alessandris völlig unzureichend für die Verwirklichung seines Regierungsprogramms. Die ersten drei Jahre seiner Amtszeit blieben ohne greifbares Ergebnis. Das Parlament boykottierte jede Initiative, die von seiten der Exekutive, d. h. des Präsidenten kam. Die mangelnde Effizienz der Regierung bildete einen dauernden Anreiz zum Staatsstreich.

Um den anti-parlamentarischen Offizieren die Initiative zu entreißen, putschten die reaktionären Generäle im September 1924. Sie versuchten, sowohl die bestehende politische Ordnung wie die innere Einheit der Streitkräfte durch ihre formale Machtausübung zu wahren. Aber bei den Offizieren hatte sich schon ein gewisses politisches Bewußtsein gebildet. So kam es 1925 zu einem Staatsstreich der jungen Offiziere, die von neuem Arturo Alessandri beriefen, um *zusammen mit ihnen zu regieren.* Damit entstand zum ersten Mal in Chile eine *Verbindung* zwischen der zivilen politischen Macht und den Militärs. Alessandri repräsentierte den *sozialen Konsens,* die jungen Militärs die *Waffen:* der Staat war so mächtig wie nie zuvor.

Mit dieser politischen Verbindung wurde das Programm der Sozial- und Verfassungsreformen Alessandris, das vier Jahre lang nicht verwirklicht werden konnte, in nur vier Monaten durchgezogen. In Chile herrschte wieder das *Präsidialsystem.*

Genau wie in anderen lateinamerikanischen Ländern konnten die Militärs den Wellen des politischen Populismus nicht standhalten.

Es entwickelten sich pluralistische Bewegungen mit beträchtlicher Unterstützung der ärmeren Volksschichten und der Arbeiter, die unter der Führung traditioneller Avantgarden gegen die politische Herrschaft der Exportsektoren im Staat kämpften.[15]
Der zunehmend schwächer werdende Einfluß Englands gab den Militärs in der kurzen Übergangsperiode, die mit der Vormachtstellung des nordamerikanischen Imperialismus enden sollte, vorübergehend ihre Rolle im nationalen politischen Leben zurück. Die *Hegemoniekrise* der herrschenden Gruppen und die Mobilisierung der Mittelschichten, die einen klar definierten Zusammenhang vermissen ließ, jedoch weite Teile der städtischen und ländlichen Arbeiterschaft mit sich riß, hatte zur Folge, daß die Militärs beim Projekt der Veränderung des Staatsapparats die Führung übernahmen. Der Populismus, aufgrund seiner gesellschaftlichen und politischen Heterogenität zur Wirkungslosigkeit verdammt, funktionierte dank der Unterstützung der Gewehre mit einer reformistischen Politik.
Die Militärs wurden zum ausführenden Arm des Populismus, standen aber selbst unter dem Einfluß dieser Bewegung. Vorwärtsgetrieben vom Strom der heterogenen Massen mit ihren ohnmächtigen politischen Führern, zögerten sie nicht, den inneren Widerstand auch in den Streitkräften zu brechen. Die offene Gehorsamsverweigerung, der Bruch mit den reaktionären Generälen, der politische Diskussionsprozeß in den Kasernen kennzeichneten das zweite Jahrzehnt in Chile.
Dennoch war die Koexistenz der zivilen und der militärischen Macht im Staat nur von kurzer Dauer. Der verfrühte politische Populismus der zwanziger Jahre hatte das tragische Schicksal aller solcher Bewegungen. Unfähig, eine radikale Veränderung der Gesellschaft voranzutreiben, bereiten sie skrupellosen zivilen oder militärischen Demagogen den Boden, die mit Unterstützung auch der ärmeren Volksschichten die von der Explosion des Volks angeschlagenen Privilegien der Besitzenden wiederherstellen.[16] In Chile traten in dieser Zeit zwei Demagogen auf. Der eine war Arturo Alessandri. Der andere Oberst Carlos Ibañez del Campo, der zunächst Rückhalt bei den radikalisierten Offizieren hatte, sich dann aber zum »starken Mann« der Regierung Alessandri wandelte. 1927 übernahm er, nach dem Ende dieser Regierung und einer Übergangsphase von zwei Jahren, selbst die Macht.
Carlos Ibañez del Campo, der sich anfangs auf die bestehende antiparlamentarische Opposition stützte, ging sehr radikal vor: alle politischen Parteien wurden verboten, die Parteien der Arbeiter und der ärmeren Volksschichten unterdrückt und verfolgt, die wenigen gewerkschaftlichen Freiheiten, die das Proletariat damals errungen hatte, aufgehoben. In ökonomischer Hinsicht war die Diktatur Ibañez gekennzeichnet durch das Ende der englischen

Vorherrschaft auf dem Kontinent und den Einbruch des nordamerikanischen Kapitals in Chile. Der Salpeter wechselte einfach den Besitzer; es wurden Verträge unterschrieben, in denen die Salpetervorkommen in ihrer Gesamtheit den Vereinigten Staaten übertragen wurden. In politischer Hinsicht versuchte Ibañez, einen korporativen Staat mit fiktiven politischen Organen zu errichten.
Doch zwei Faktoren vereitelten das Projekt Ibañez'. Zum einen war der demokratische und freiheitliche Charakter des Populismus der zwanziger Jahre bei weitem nicht ausgelöscht, weder innerhalb noch außerhalb der Streitkräfte. Zum anderen hatte die Weltwirtschaftskrise in Chile mehr als in jedem anderen lateinamerikanischen Land wegen der starren Abhängigkeit von den Außenmärkten katastrophale Folgen.
Aus diesem Grunde kehrte sich der Populismus, der Ibañez an die Macht gebracht hatte, gegen ihn selbst. Dieser Populismus nahm so radikale Formen an, daß er zur Bildung zahlreicher sozialistischer Gruppen führte, denen sich auch Teile der Mittelschichten, des Kleinbürgertums und sogar der Militärs anschlossen. Auf dieser Basis gründete sich wenig später, im Jahre 1933, die Sozialistische Partei. Diese politische Radikalisierung wurde durch das Vakuum ermöglicht, das die Kommunistische Partei hinterlassen hatte. Anfangs hatte diese ein starkes Wachstum erlebt, besonders in den Salpetergebieten. Doch die schwere Unterdrückung, der die Partei während der Diktatur ausgesetzt war, vor allem aber die sektiererischen Abweichungen der III. Internationale, die die Kommunistische Partei Chiles daran hinderten, in den damaligen Bewegungen eine Äußerung des Volks zu erkennen, trugen dazu bei, daß weite Teile der Arbeiterschaft den traditionellen populistischen Führern folgten.
Carlos Ibañez wurde 1931 von einer unaufhaltsamen nationalen Volksbewegung gestürzt.
Die Jahre unmittelbar nach seiner Diktatur brachten für die Volksbewegung besonders reiche Erfahrungen und verdeutlichten die Rolle, die die Militärs in einer Periode der offenen Hegemoniekrise im Staat spielen.
Der Sturz Ibañez' überließ den Staat den verschiedenen um die Macht kämpfenden Gruppen. Die alte populistische Bewegung hatte bewirkt, daß die Versuche einer politischen Restauration auf die Person Ibañez projiziert wurden. Aber die anhaltende Volksbewegung, die von Alessandri ausgelöst worden war, die Agitation an der Basis gegen die Diktatur Ibañez, die schweren Schläge der internationalen Wirtschaftskrise, die Belebung der Arbeiterbewegung und die Krise der traditionellen Parteien, die zusammen mit der Diktatur, die sie unterstützt hatten, geschwächt waren – all dies machte es möglich, daß die neue Regierung des zivilen Präsidenten Juan Estéban Montero eigentlich niemanden repräsentierte. Die

Staatsmaschinerie befand sich in einem miserablen Zustand. Die Arbeiter begannen sich zu mobilisieren, es brach eine Streikwelle los. Die Polizeistruktur des Staates, von Ibañez modernisiert, konnte die Kraft der Mobilisierung nicht eindämmen. Dank der Arbeiterbewegung, die ohne klar definierte politische Führung war, *verwandelte sich die populistische Periode in eine Periode der Volksbewegung.*

Die Auswirkungen der Krise zeigten sich im Innern der Streitkräfte bei zwei wichtigen Ereignissen.

Im September 1931 *meuterte das chilenische Marinegeschwader.* Alles begann mit einer Liste von Forderungen bezüglich der Löhne und der Verpflegung, die die Matrosen des Kriegsschiffes »Almirante Latorre« aufgestellt hatten. Die »Almirante Latorre« lag in der Bucht von Coquimbo. Die Weigerung der Marineführung, auf diese Forderungen einzugehen, führte zu einer Verlängerung des Protests, und es dauerte nicht lange, bis sich die Bewegung auf große Teile der Marine ausdehnte.

Die Meuterei des Geschwaders reproduzierte in Wirklichkeit die Formen, die der Klassenkampf in Chile angenommen hatte; sie war ein unverkennbares Zeichen für die objektiven Bedingungen, die die Volksbewegung geschaffen hatte, sowie für die Krise, in der sich der Staatsapparat befand. *Die aufständischen Matrosen wurden zum Zentrum einer Mobilisierung des Volks und der Arbeiter.* Die Volksparteien, die Gewerkschaften und die verschiedenen Organisationen des Volkes und der Arbeiter unterstützten die Matrosen vorbehaltlos. Die Regierung dagegen drohte mit Repression. Die Vereinigten Staaten gingen so weit, Kriegsschiffe an die chilenischen Küsten zu schicken. Die aufständischen Matrosen begriffen, daß ihre Bewegung, die ursprünglich nur Forderungen nach höheren Löhnen und besserer Verpflegung gegolten hatte, zu einer nationalen politischen Volksbewegung geworden war. Sie gaben nicht nach, im Gegenteil: ihre als Bitten formulierten ersten Erklärungen wurden – durch den Lauf der Entwicklung – zu politischen Erklärungen, die die Regierung offen verurteilten.

Erst die offenkundige Bereitschaft der Regierung, das aufständische Geschwader und den Hafen von Talcahuano bombardieren zu lassen, sowie die Tatsache, daß sich das Land praktisch am Rand eines Bürgerkriegs befand und die Bedingungen für die Aufständischen nicht günstig waren, zwangen die Matrosen zur Aufgabe.

Auf jeden Fall war die Meuterei des Geschwaders das erste konkrete Ereignis, das den Einfluß der Volksbewegung im Innern der Streitkräfte bewies. Im Unterschied zu früheren Spaltungen, bei denen die *Massen keinen Einfluß hatten*, spalteten sich die Streitkräfte jetzt aufgrund der Mobilisierung der Massen. Niemals zuvor, und vielleicht niemals danach, erreichte die chilenische Gesellschaft einen so hohen Grad der Polarisierung.[17]

Aber auch die heikle Lage der politischen Führung der Arbeiter war unverkennbar. Wie schon erwähnt, war die Kommunistische Partei schwer angeschlagen und sektiererischen Abweichungen verfallen. Die Sozialistische Partei bestand noch nicht. Es erschienen und verschwanden kleine Gruppen, die sich selbst sozialistisch nannten, aber weder in den Massen noch in der Klasse verankert waren. Trotzdem war der Prozeß mehr als populistisch, er wurde von der *Volksbewegung* getragen. Die bürgerlichen Parteien, die in den zwanziger Jahren die Massen bei den Wahlen manipuliert hatten, wurden jetzt von diesen Massen *überholt* und vertraten schwankende und sogar reaktionäre Positionen.
Innerhalb dieses allgemeinen Rahmens der Polarisierung muß die politische Radikalisierung vieler Militärs verstanden werden. Der Herrschaft der Oligarchie überdrüssig, gleichfalls Opfer der Wirtschaftskrise und angezogen von der Massenbewegung, entschieden sie sich für ein Zusammengehen mit der Volksbewegung. Aber insoweit diese Bewegung keine Führung hatte, reproduzierte sie ihre Merkmale. Das tragische Schicksal des Geschwaders bewies es. Die Matrosen mußten wählen zwischen der Kapitulation und einem Sprung ins Leere. Doch es gab noch eine andere Möglichkeit: daß nämlich die Militärs das Führungsvakuum ausfüllten und die ohnmächtigen Parteien ersetzten. Genau das geschah.
Im Juni 1932 putschte der modernisierte Zweig der Streitkräfte, die Luftwaffe, mit dem Geschwaderkommandant Marmaduque Grove an der Spitze. Per Dekret wurde die sogenannte »Sozialistische Republik« ausgerufen. Diese seltsame »Sozialistische Republik« konnte sich nur 100 Tage halten, unter der Führung einer Junta, der Arturo Puga, Eugenio Matte und Carlos Dávila angehörten.
Man kann zwar sagen, daß Marmaduque Grove und die anderen Mitglieder der Junta naiv handelten. Aber niemand kann leugnen, daß sie ein Spiegelbild ihrer Epoche waren. Und sie zeigten nicht nur revolutionären Willen, sondern verwirklichten eine Reihe von Reformen, die einen unbestreitbaren fortschrittlichen Inhalt hatten.[18] Und niemand kann leugnen, daß sie die größtmögliche soziale Unterstützung besaßen – gemessen an der politischen Desorganisation der Arbeiterbewegung.[19]
Die Junta wurde aufgrund des Verrats eines ihrer Mitglieder gestürzt, Carlos Dávila, der sich mit den reaktionärsten Teilen der Streitkräfte verbündete. Dávila wurde dann von denselben Militärs gestürzt, die ihn vorher unterstützt hatten. Die Militärs gaben den traditionellen Parteien die Macht zurück.
Trotz allem bleibt die »Sozialistische Republik« einer der Höhepunkte der Massenbewegung in Chile. Sie war der klare Ausdruck einer Volksbewegung. Die Kraft, die diese Volksbewegung entfaltet hatte, offenbarte und beschleunigte die Krise des kapitalistischen Staates. Es war deutlich geworden, daß die chilenischen

Streitkräfte in einer Situation der totalen Hegemoniekrise neutralisiert und viele ihrer Sektoren in einen Prozeß politischer Radikalisierung eingetreten waren.
Die Krise des Staates war wieder einmal unter Beweis gestellt, und die neuen putschistischen Militärs hatten nicht die Absicht, die Macht an sich zu reißen. In ihrer Ohnmacht unterdrückten sie nicht einmal die Massenbewegung. Sie gaben sich damit zufrieden, ein Minimum an Stabilität zu sichern und die Macht so schnell wie möglich Zivilpersonen zu übergeben.
Die Welle dieser Volksbewegung brachte 1932 den populistischen Demagogen Arturo Alessandri erneut an die Macht. Seine Regierung beschränkte sich auf die Administration, neigte zur politischen Rechten und unterdrückte einige Male brutal die Massenbewegung, besonders die Landarbeiter. Der historische Zyklus schien sich zu schließen. Die oligarchische Rechte hatte die populistische Reaktion hervorgerufen, die ihrerseits eine nationale, demokratische, autonome und relativ spontane Volksbewegung auslöste. Das Fehlen einer wirksamen Führung der Massenbewegung ermöglichte es, daß die populistische Manipulation in der Person Alessandris wiederkehrte, der die Macht der traditionellen Oligarchie zurückgab. Die Militärs zogen sich in ihre Kasernen zurück, um ihre angeschlagenen Reihen neu zu organisieren. Mit großen Anstrengungen hatten sie ihren historischen Auftrag erfüllt: den Staatsapparat zu bewahren.

8. Die erneute Institutionalisierung der Streitkräfte

Auch nach der Sozialistischen Republik verschwand der politische Populismus nicht. *Er wurde nur institutionalisiert.* Entscheidenden Anteil an dieser Institutionalisierung hatten die Regierungen der Radikalen Partei zwischen 1938 und 1952. Die erste dieser Regierungen, unter dem Präsidenten Pedro Aguirre Cerda, hatte eine in Lateinamerika einzigartige Form: die der Volksfront.
Grob gesagt handelte es sich bei diesen Regierungen um eine Allianz der Arbeiter- und Volksbewegung mit anderen politischen Kräften unter bürgerlicher Hegemonie. Auch die Kommunistische und die Sozialistische Partei beteiligten sich an der Volksfront.
Ökonomisch gesehen läßt sich die Periode der Regierungen der Radikalen Partei in zwei Phasen einteilen. Die eine, die sogenannte Phase der »Importsubstitution«, fiel zeitlich mit der Bildung der Volksfront zusammen und bestand darin, gewisse Stufen des internen Kapitalismus im Sektor der Industrieproduktion unter Kontrolle und Führung des Staates zu entwickeln. In der Hauptsache bildete sich ein System der sozialen Allianz zwischen den alten Gruppen von Bergbau und Industrie und den neuen Sektoren, die aus den Mittelschichten und dem Kleinbürgertum hervorgingen.

Die Mittelschichten ihrerseits verbanden sich mit den halbkapitalistischen Sektoren der Bourgeoisie, die eine gewisse Vorrangstellung in der Landwirtschaft besaßen. Dieser Prozeß fand mit Unterstützung des Volks und der Arbeiter statt. Es stimmt zwar, daß Teile des Proletariats in der Anfangsphase einige wirtschaftliche Forderungen durchsetzen konnten, die schwere Ausbeutung traf jedoch die Landarbeiter. Die zweite Phase, die vom Ende des Zweiten Weltkriegs bis 1952 reichte, ist gekennzeichnet durch das Ende des Prozesses der Importsubstitution und die vollständige Integration des Landes unter die Herrschaft des ausländischen Kapitals.

Bereits gegen Ende der Regierungen der Radikalen Partei war die soziale Verschmelzung einiger Gruppen aus dem Kleinbürgertum mit dem alten herrschenden Block vollzogen. Dieser Prozeß lief parallel zur Rechtsentwicklung der Radikalen und führte während der Regierung Gabriel Gonzales Videla zur Verfolgung und Unterdrückung der Kommunistischen Partei und der gewerkschaftlichen Organisationen.

Während der Regierungen der Radikalen Partei betraten die Militärs nicht die politische Szene. Mit Ausnahme eines abenteuerlichen Staatsstreichversuchs, den der General Ariosto Herrera zur Zeit der Regierung Aguirre Cerda betrieb, zeigten die Militärs eine erstaunliche Passivität. In dieser Periode entstand der Mythos von der a-politischen Haltung der chilenischen Streitkräfte, die über Politik nicht diskutierten. Aber auf keinen Fall darf man diese Passivität mit Nicht-Intervention verwechseln. Die Militärs intervenierten schweigend, passiv – als Verteidiger *in letzter Instanz* des Staatsapparats und des Systems.[20] Dieser Typ passiver Intervention läßt sich auf die folgenden Gründe zurückführen:

1. Während der Volksfront wurde ein Prozeß der ökonomischen, institutionellen und juristischen Stärkung des Staates eingeleitet. Die Risse, die das wirtschaftliche und politische Beben der dreißiger Jahre hinterlassen hatte, begannen sich zu schließen. So war die Hauptursache für die politischen Mobilisierungen, die *Krise der Vorherrschaft im Staat*, nicht mehr gegeben.

2. Wie nie zuvor verringerten sich die objektiven Klassenwidersprüche auf politischer Ebene durch die politische Praxis der Arbeiterparteien, der Kommunistischen und der Sozialistischen Partei. Der Staat stand auf dem Fundament eines *sozialen und politischen Konsens*, der formal die Interessen des Volks und der Arbeiter widerspiegelte. In Wirklichkeit manipulierte die chilenische Bourgeoisie über die Radikale Partei nicht nur die Arbeiterklasse, sondern auch deren Parteien.

3. Die innerbürgerlichen Widersprüche, die in der Vergangenheit viele Spaltungen innerhalb der Streitkräfte hervorgerufen hatten, traten ebenfalls in den Hintergrund. Der Prozeß der Industrialisie-

rung führte durch die Intervention des Staats zu einer weitgehenden Verknüpfung der verschiedenen bürgerlichen Fraktionen.

4. Im Gesamtrahmen der wirtschaftlichen Abhängigkeit fand eine Umorientierung der chilenischen Wirtschaft statt. Nach dem Zweiten Weltkrieg zielte die nordamerikanische Wirtschaft, als Reaktion auf die vorangegangene Krise, mit außerordentlicher Stoßkraft auf Lateinamerika. So begannen die chilenischen Streitkräfte, die relative Autonomie in ihren Beziehungen zum Ausland wieder zu verlieren, eine Autonomie, die sie mit dem Rückzug des englischen Imperialismus gewonnen hatten.

5. Der Konsolidierung der nordamerikanischen Wirtschaft auf dem Kontinent folgte, auf Druck der USA, eine *geopolitische Ausrichtung der chilenischen Streitkräfte* auf den sogenannten »panamerikanischen« Raum. Die Periode des Kalten Krieges führte zur *politischen Entnationalisierung* der Streitkräfte. Zu ihren wichtigsten beruflichen Pflichten gehörte jetzt auch die Verteidigung gegen die Feinde des Kontinents, d. h. die Feinde der USA. Diese Ausrichtung, die zunächst dem *äußeren* Feind galt, wurde sehr schnell zu einer Ausrichtung gegen den *inneren* Feind, da die Gegner der Vereinigten Staaten hauptsächlich *innerhalb* und *nicht außerhalb* der lateinamerikanischen Länder anzutreffen sind. Es ist überflüssig zu sagen, daß die Vereinigten Staaten über die geopolitische Ausrichtung nicht nur eine technisch-militärische Schulung zu vermitteln suchten, sondern vor allem auf die ideologische Durchdringung der lateinamerikanischen Streitkräfte abzielten, auf die Entwicklung eines antikommunistischen und proimperialistischen Bewußtseins.[21]

9. *Die Erneuerung des militärischen Populismus*

Von außen gesehen schienen die Regierungen der Radikalen Partei »fortschrittlich«, eine Bezeichnung, die ihnen die Arbeiterparteien selbst zuerkannt hatten. Daher fanden die wirklich fortschrittlichen Militärs keinen Weg, politisch zu intervenieren. Für die reaktionären Militärs war eine politische Intervention nicht notwendig, da sie die staatliche Ordnung garantiert sahen.

Doch gegen Ende der Regierungen der Radikalen, zur Zeit des Präsidenten Gonzales Videla, kam es von neuem zu einer politischen Aktivierung der Militärs. Der Prozeß der Importsubstitution hatte seine Grenzen erreicht. Der alte herrschende Block wurde neu strukturiert, diesmal unterstützt von Fraktionen der Mittelschichten, die aufgrund ihrer Integration in staatliche Institutionen einem Prozeß der Verbürgerlichung verfallen waren. Die politische Restauration traf nicht nur die Organisationen des Proletariats, sondern auch weite Sektoren der Zwischenschichten, die aus der herrschenden sozialen Allianz ausgeschlossen blieben. Andererseits gab es von neuem Anzeichen politischer Korruption in der Regierung Gonzales Videla, die in der Vergangenheit die Militärs zur Intervention veranlaßt hatte. Unter dem Schutz der Ideologie der Industrialisierung häuften die neuen Bürokraten, Mitglieder und »Kunden« der Radikalen Partei, beträchtliche Vermögen an. Es tauchten auch viele kleine Gruppen oder politische Mini-Parteien der Bourgeoisie auf, deren offensichtliches Ziel es war, die großen politischen Parteien bei Wahlen zu erpressen. In großen Teilen des Kleinbürgertums und der Mittelschichten entstand eine Aversion gegen »die Politik«, d. h. die Farce, in die sich die bürgerliche Demokratie verwandelt hatte. Fügen wir abschließend noch hinzu, daß der Einfluß des Peronismus in Argentinien für viele chilenische Offiziere recht verlockend war.

In diesem Rahmen begann die Figur des Carlos Ibañez del Campo wieder an Bedeutung zu gewinnen, des inzwischen schon alten Generals, der seinen Abschied von der Armee genommen hatte. Während der Kandidatur von Ibañez im Jahre 1952 waren, deutlicher als je zuvor, alle Elemente des politischen Populismus vorhanden.

Das Proletariat, das keinerlei politische Führung hatte – die Kommunistische Partei war unter Gonzales Videla schwer verfolgt worden, die Sozialistische Partei wegen vielfacher interner Spaltungen zerrüttet – unterstützte vorbehaltlos die Kandidatur Ibañez'. Der eigentliche Kandidat des Volkes, Salvador Allende, erhielt nur einen sehr geringen Prozentsatz der Stimmen bei den Wahlen.

Es erübrigt sich, darauf hinzuweisen, daß das Kleinbürgertum und die Mittelschichten, die eine irrationale Aversion gegen »die Politik und die Politiker« entwickelt hatten, in diesem General eine Art Messias sahen (sein Emblem war ein Besen, womit zum Ausdruck gebracht werden sollte, daß er allen politischen Schmutz beseitigen werde). Die reaktionären Offiziere verbanden mit Ibañez das Bild einer starken und autoritären Regierung, d. h. der Wiederherstellung und Stärkung des Staats und der Streitkräfte. Für die fortschrittlichen Offiziere war Ibañez der chilenische Peron.

Die politische Erneuerung der Streitkräfte wurde kanalisiert oder, wenn man will, institutionalisiert durch die eigenartige Dualität, die Ibañez mit dem militärischen Populismus verkörperte: Demokratie-Diktatur. Die Streitkräfte intervenierten nicht offen in der Politik, weil ein Militär in Zivil für die Regierung kandidierte. Das bedeutete aber nicht, daß die objektiven Möglichkeiten für einen Staatsstreich nicht vorhanden waren. Tatsächlich hatte sich im Heer eine Bewegung namens PUMA (Por Un Mañana Auspicioso – Für ein verheißungsvolles Morgen) gebildet. Diese Bewegung hatte für den Fall, daß Ibañez durch Wahlbetrug keine Mehrheit erhalten sollte, einen Putsch geplant. Selbstverständlich war es Sache der Militärs selbst, die Tatsache des Betrugs festzustellen.

Deshalb handelte es sich, trotz des überwältigenden Wahlsiegs Ibañez', von anderer Warte aus gesehen, um einen Staatsstreich, der sich auf die Wahlen stützte; kein anderer Kandidat hatte das Recht zu siegen.

Bei der Rückkehr Ibañez' auf die politische Bühne wiederholten sich einige Merkmale seiner früheren Machtübernahme. Beide Male konnte er aus einem allgemeinen Zustand der Volksmobilisierung und einer gewissen Aktivierung im Heer Nutzen ziehen. Beide Male war Ibañez nicht imstande, die verschiedenartigen Interessen derer zu befriedigen, die ihn als politischen Führer aufgebaut hatten. Beide Male förderte er einen Prozeß der Restauration.

Hatte Ibañez während seiner ersten Präsidentschaft dem nordamerikanischen Kapital die Tore geöffnet, so öffnete er sie im Jahre 1952 dem Imperialismus der Nachkriegszeit, der sich von seiner Krise erholt hatte und nun neue Formen der Abhängigkeit entwikkelte, die die Reste des ökonomischen Protektionismus aus der Zeit der Volksfront zerstörten. Der grundlegende Unterschied zur ersten Regierung Ibañez bestand im Stil der politischen Herrschaft. 1952 bemühte sich Ibañez um einen bürgerlich-demokratischen und populistischen Regierungsstil. Damit ermöglichte er eine gewisse Mobilisierung der Massen, die Reorganisation der Gewerkschaften mit der Gründung der Zentralen Einheitsgewerkschaft CUT (Central Unica de Trabajadores) im Jahre 1953 sowie die Wiederzulassung der Kommunistischen Partei.[22]

Doch mit der Regierung Ibañez wurde auch den fortschrittlichen Tendenzen innerhalb der Streitkräfte ein Ende gesetzt, und zwar auf zweierlei Weise: erstens durch die Unterdrückung dieser Tendenzen und Strömungen innerhalb der Militärs, zweitens durch eine geopolitische Umstrukturierung der Streitkräfte im internationalen Herrschaftssystem der USA.

Sehr bald verlor Ibañez die Unterstützung der Volksschichten, als er die verschiedenartigen Forderungen, die an ihn gestellt wurden, nicht erfüllen konnte und der Prozeß der Inflation sich beschleunigte. Dem Populismus der fünfziger Jahre fehlte die ökonomische Entsprechung der dreißiger Jahre, als Populismus gleichbedeutend gewesen war mit Industrialisierung. Der Möglichkeit beraubt, den internen Handlungsspielraum des Kapitalismus zu erweitern, konnte Ibañez lediglich die Beziehungen zum Imperialismus verstärken.

Die Militärs, die Ibañez anfangs unterstützt hatten, verlangten, daß er das Programm der sozialen Reform verwirkliche, das er unterschrieben hatte. Es bildete sich im Heer eine Fraktion, die sich »Linea Recta« (Gerade Linie) nannte, die den Präsidenten unter Druck setzen wollte, sein Programm »gerade« zu erfüllen. Ibañez – gestützt auf die reaktionärsten Kreise der Streitkräfte – zerstörte diese Bewegung, indem er ihre Mitglieder in Pension schickte.

Aber der Präsident wurde in sehr kurzer Zeit durch das Loch, das er sich selbst gegraben hatte, zu einem »Gefangenen« der politischen Rechten, die ihn nur taktisch unterstützte, so daß er am Ende seiner Amtszeit völlig isoliert war. In diesem Moment tat Ibañez einen schnellen Schachzug, um sich wenigstens an der Regierung zu halten. Mittels einiger Zugeständnisse suchte er die Unterstützung der Volksbewegung. Auch wenn ihm diese Unterstützung letztlich versagt blieb, so erreichte er doch den minimalen sozialen Frieden, den er brauchte, um seine Amtszeit zu beenden.
Von diesem Zeitpunkt an bis zum Ende der Regierung Frei, dem Tacnazo des Generals Viaux, erschienen die Streitkräfte nicht mehr öffentlich in der Politik. Sie beschränkten sich darauf, die Rolle von Wächtern der inneren Ordnung zu spielen, und ergriffen sowohl während der Regierung Jorge Alessandri wie der von Eduardo Frei eine Reihe von blutigen Unterdrückungsmaßnahmen gegen die Volksbewegung.[23]
Die Eingliederung der chilenischen Streitkräfte in die Einflußzone der USA wurde während der Regierung Ibañez in Wirklichkeit nur eingeleitet. Seitdem entwickelte sich ein stiller, kaum wahrnehmbarer Prozeß politischer Ideologisierung durch die Vereinigten Staaten, ein Prozeß, der zum Teil erklärt, warum im September 1973 Militärs auftraten, die die Chilenen nicht kannten. Im Schutz der Doktrin oder des Mythos, politisch nicht zu intervenieren, bereiteten sich die chilenischen Militärs auf den Tag vor – oder wurden darauf vorbereitet –, an dem die USA und die lokale Bourgeoisie ihre entscheidende Intervention brauchten.

Drittes Kapitel
Militarismus und Antikommunismus

Was die Welt überraschte, war die so offen pro-imperialistische Diktatur Pinochets in Chile. Während in allen Teilen der Welt Entspannungszeichen sichtbar wurden – Kissinger zog die nordamerikanischen Truppen aus Südostasien zurück, sozialdemokratische Parteien diktierten die Normen der europäischen Politik, Maßnahmen eines wirtschaftlichen Nationalismus wurden in mehreren Ländern Lateinamerikas ergriffen, Nixon besuchte Moskau und Peking, Kuba weitete seine wirtschaftlichen und diplomatischen Beziehungen mit der kapitalistischen Welt aus –, da erschien plötzlich in Chile Pinochet, wie ein Gespenst von jenseits des Grabes, mit einer Sprache, wie sie nicht einmal zu Zeiten des Kalten Krieges üblich gewesen war. Die chilenischen Militärs schienen von einem anderen Planeten zu kommen, absolut ohne Kenntnis dessen, was in der Wirklichkeit vorging. Wie erklärt sich dieses Phänomen?
Die chilenischen Streitkräfte waren objektiv von der Wirklichkeit abgeschlossen – sowohl in ihren Beziehungen zum Imperialismus wie auch im Innern des Nationalstaates. Seit der Regierung Carlos Ibañez (1952) bis gegen Ende der Regierung Frei (1970) waren die Militärs sichtbar präsent nur bei der traditionellen Parade zum Nationalfeiertag und bei Massakern. In der übrigen Zeit schien niemand von ihnen Notiz zu nehmen.
Die Militärs machten keine offene Politik, aber sie *machten* Politik. In ihren Kasernen und den von den USA abhängigen Ausbildungszentren vollzog sich ein langsamer, aber beharrlicher Prozeß einer antikommunistisch ausgerichteten Ideologisierung sowie einer militärisch-technischen Ausbildung, die dem Typ des Kriegs entsprachen, wie ihn die USA für die Sicherung ihrer »Einflußzonen« brauchten. Dieser Prozeß der politisch-militärischen Ausbildung war in Chile kaum bekannt, und niemand maß ihm seine wirkliche Bedeutung zu. So läßt sich zum Teil erklären, daß der Staatsstreich gegen die Regierung der Unidad Popular mehr als ein typischer »Putsch« war: es schien, als besetzte eine feindliche Invasionsarmee das Land. In Wirklichkeit waren die Streitkräfte darauf vorbereitet worden, sich im eigenen Land als Invasionsarmee zu gebärden.

1. *Die Entnationalisierung der Streitkräfte*

Um die Eingliederung der chilenischen Streitkräfte in das System der nordamerikanischen Außenpolitik zu verstehen, muß man die Projekte berücksichtigen, mit denen die USA die technische und wirtschaftliche Hilfe für die Länder Lateinamerikas verknüpften. Die Grundlagen für diese kontinentale Integration finden sich in den geopolitischen Vereinbarungen, die bei Ausbruch des Zweiten Weltkrieges getroffen wurden. Der Charakter des Kriegs rechtfertigte die militärische Integration des gesamten Kontinents. Dies erklärt zum Teil, warum selbst einige Regierungen nationalistischer Prägung sich damals dieser Integration nicht widersetzten. Auch die lateinamerikanischen Streitkräfte stellten sich nicht gegen das Projekt der kontinentalen Integration, obwohl sie in vielen Fällen nationalistische Strömungen vertraten. Durch den Zweiten Weltkrieg erschien die Integration vollkommen vereinbar mit den Zielen der »nationalen Sicherheit«.

Auf der Interamerikanischen Konferenz von Panama im Jahre 1939 wurde beschlossen, daß bei jedem Angriff auf ein amerikanisches Land durch eine Macht außerhalb des Kontinents alle amerikanischen Länder dieser Macht den Krieg erklären würden. Diese Vereinbarung bezog sich nur auf den Fall des Angriffs einer außerkontinentalen Macht, nicht auf Aggressionen zwischen zwei oder mehreren lateinamerikanischen Ländern oder interne Konflikte der Länder des Kontinents. Alles schien nur eine Frage der Geopolitik zu sein, zumindest konnte man aus der Vereinbarung keinen Angriff auf die nationale Souveränität eines amerikanischen Landes ableiten.

Objektiv aber waren die USA das einzige Land des Kontinents, das aufgrund seiner Bedeutung in der Weltpolitik und Weltwirtschaft in außerkontinentale Konflikte verwickelt werden konnte. Hierin liegt implizit der Angriff auf die nationale Souveränität der lateinamerikanischen Länder.

Auch wurde in jener Vereinbarung nicht deutlich genug geklärt, wie die Selbstbestimmung der lateinamerikanischen Länder beim Einsatz ihrer Militärmittel im Fall einer »äußeren Aggression« gehandhabt werden sollte. Noch weniger klar war die genaue Bedeutung des Terminus »Aggression«; er konnte auf zweierlei Weise ausgelegt werden: entweder daß die USA oder ein anderes Land Opfer einer außerkontinentalen Aggression wurden, ohne daß frühere Konflikte im Spiel waren; oder daß die USA oder ein anderes Land sich in einen Krieg verwickelt sahen, der die Folge vorheriger Aggressionen war, die dieses oder die anderen Länder provoziert hatten.

Praktisch war die nationale Souveränität der lateinamerikanischen Länder als Hypothek den USA übertragen, was die Solidarität angesichts des Kriegs gegen den Nazi-Imperialismus kaum verschleiern konnte.

Als die Gefahr des Weltkriegs 1945 vorüber war, gelang es einigen lateinamerikanischen Ländern, in der Akte von Chapultepec und 1947 im Rahmen des Interamerikanischen Vertrags für Gegenseitige Hilfe (Tratado Interamericano de Asistencia Recíproca) einige Ergänzungen zu der ursprünglichen Vereinbarung durchzusetzen, z. B. daß die Antwort auf die Aggression einer außerkontinentalen Macht nicht als »automatisch« betrachtet werden dürfe. Trotz dieses Kriteriums der »nicht-automatischen Antwort« hatte kein Land das Recht zu entscheiden, *ob* es militärisch handeln, sondern nur, *wann* diese militärische Aktion erfolgen sollte. Doch diese formalen Ergänzungen reichten nicht aus, um die lateinamerikanischen Militärs aus einer Politik zu lösen, die sich innen und außen unter den Geschützen des Kalten Krieges entwickelte. Der äußere Feind war der »Kommunismus«, und der »Kommunismus« war nicht territorial gebunden.

Zwei entscheidende Schritte der USA begruben jede Hoffnung auf eine geomilitärische Selbstbestimmung Lateinamerikas.

Der erste Schritt war die Gründung der Organisation Amerikanischer Staaten OAS (Organización de Estados Americanos OEA) im Jahre 1948, in der die USA, mittels ihrer wirtschaftlichen Macht, vor allem in den 60er Jahren eine Reihe von politischen und militärischen Abkommen durchsetzten, die ihren Interessen entsprachen.

Der zweite Schritt war die Unterzeichnung des sogenannten Pakts über Gegenseitige Hilfe PAM (Pacto de Ayuda Mutua) im Jahre 1951. Dieser Pakt wurde geschlossen, nachdem der Senat der USA intern den Beschluß gefaßt hatte, daß sich einige lateinamerikanische Länder zusammen mit den USA an der »Verteidigung der Hemisphäre« beteiligen sollten, deren Zentrum der Nordatlantik-Pakt, die NATO, war. Der PAM gründete auf Vereinbarungen, Abkommen oder bilateralen Verträgen, die die Lieferung von Waffen, militärischen Ausrüstungen und Dienstleistungen an die Unterzeichnerstaaten vorsahen. Diese Lieferungen waren an die Bedingungen geknüpft, sich an »für die Verteidigung der westlichen Hemisphäre wichtigen Aufgaben« zu beteiligen, »für die USA strategisch wichtige Güter zu produzieren und zu liefern«, mit den USA zusammenzuarbeiten und »ihre Handelsbeziehungen mit den sozialistischen Staaten einzuschränken«.[1]

Chile unterzeichnete die Vereinbarungen des PAM im Jahre 1952 während der populistischen Regierung Carlos Ibañez del Campo, gerade zu dem Zeitpunkt, als innerhalb der Streitkräfte wieder demokratische und nationalistische Tendenzen in Erscheinung traten. Mit diesem Vertrag suchte die »militärische Rechte« ihre Macht im Innern durch äußeren Druck zu stärken. Dies war »der Anfang vom Ende«. Mittels des erpresserischen Mechanismus der technischen Abhängigkeit von den USA wurden die Möglichkeiten einer Identifikation der Militärs mit den Volksbewegungen allmählich zunichte gemacht. Die Identifikation der Militärs verschob sich von der nationalen auf die kontinentale Politik und führte dazu,

daß sich die kontinentale Hegemonie der USA im Innern der Nation festmachte.
Der PAM beinhaltete nicht nur technisch-militärische Hilfe und ideologische Beeinflussung, sondern auch gemeinsame Manöver mit den Streitkräften der USA. Jedes Jahr fand an der chilenischen Küste die sogenannte »Operation Unitas« statt, bei der sich die chilenische Marine zusammen mit der nordamerikanischen an Kriegsmanövern beteiligte. Als am 11. September 1973 die Regierung Allende durch den Staatsstreich gestürzt wurde, kreuzten Schiffe der nordamerikanischen Marine vor den Küsten Chiles.
Die Tabellen auf Seite 56 veranschaulichen die militärische Entnationalisierung in Chile und Lateinamerika.
Welche Folgerungen können wir aus diesen Tabellen für Chile ziehen?
Es fällt auf, daß Chile zu den von den USA »begünstigsten« Ländern gehört. Worauf gründet sich diese »Auszeichnung«? Chile erhielt sogar weit mehr Hilfe als z. B. Militärregierungen des Kontinents, die aufgrund der Beteiligung der Streitkräfte an der Regierung bei den Verhandlungen mit den USA offensichtlich eine stärkere Position hätten besitzen müssen.[2]
Die Verhandlungsposition der chilenischen Streitkräfte war jedoch durch die Existenz ziviler Regierungen nicht geschwächt. Über Militär-»Hilfe« verhandelten nicht die chilenischen Regierungen, sondern die chilenischen Streitkräfte mit den USA. Die chilenischen Zivilregierungen schauten lediglich zu und gaben mit ihrer Unterschrift dieser Eigenmächtigkeit der Militärs ihre Zustimmung. Gerade als in Chile die bürgerliche Demokratie während der Regierungen Alessandri und Frei (1958-1970) fest verankert schien, entwickelte sich innerhalb des demokratischen Staats das wesentliche Element seiner Aufhebung: eine Art Militärstaat im Bauch des Zivilstaats. Die USA wußten sehr gut zu unterscheiden zwischen der formalen Macht oder der Repräsentation des Staats einerseits und der realen Macht andererseits. So konzentrierten sie sich darauf, die repressive Gewalt in einem Land zu stärken, das in einem Dschungel von Diktaturen als demokratisches Vorbild galt.
Dennoch vollzog sich dieser Prozeß der Ausweitung des Repressionsapparats in Chile nicht unabhängig von der Wirtschaftspolitik der Regierungen Alessandri und Frei. Trotz allen Unterschieden zielte die Politik beider Regierungen im Kern auf die Vermehrung der nordamerikanischen Investitionen, natürlich auch auf die Öffnung eines Markts für das veraltete Kriegsgerät der USA.
Die Tatsache, daß Chile umfangreiche Militär-»Hilfe« von den USA erhielt, widerspricht der Meinung, die lateinamerikanischen Streitkräfte seien erst beim Auftauchen der Guerrilla-Bewegung in einen Prozeß der Modernisierung eingetreten. Man braucht nur

Militärhilfe und Verkauf von militärischem Gerät der USA an Länder Lateinamerikas Juni 1953 – Juni 1965
(in Mio US-Dollar)

	PAM (Schenkungen)	Marine	Sonstiges	Verkäufe	Insgesamt
Argentinien	36,3	37,0	1,6	18,9	93,8
Bolivien	15,0	–	2,6	–	17,6
Brasilien	205,6	57,1	75,7	35,9	374,3
Chile	87,8	29,9	23,3	3,2	144,2
Columbien	74,9	14,5	12,9	–	102,3
Costa Rica	–	1,9	0,1	–	2,0
Dominikanische Republik	16,1	1,0	2,5	–	19,6
Ecuador	34,8	10,0	8,1	–	52,9
El Salvador	4,8	–	0,5	–	5,3
Guatemala	11,0	–	2,3	0,1	13,4
Honduras	5,3	–	0,8	–	6,1
Mexico	1,6	4,4	0,1	5,4	11,5
Nicaragua	8,8	–	0,6	–	9,4
Panama	2,3	–	–	–	2,3
Paraguay	5,8	1,4	0,9	0,2	8,3
Peru	82,5	32,8	17,4	20,1	152,8
Uruguay	37,3	0,1	7,1	–	44,5
Venezuela	5,8	11,3	0,3	86,8	104,2

Programm der Militärhilfe (PAM)
(in Mio US-Dollar)

	1950-63	1964-68	1969	Insgesamt
Argentinien	2,8	37,4	5,8	46,0
Bolivien	5,4	15,6	1,6	22,6
Brasilien	150,6	62,8	6,6	220,0
Chile	52,0	37,4	2,7	92,1
Columbien	39,4	47,0	6,7	93,1
Cuba	10,6	–	–	10,6
Dominikanische Republik	8,2	12,3	2,2	22,7
Ecuador	22,2	16,8	2,0	41,0
Guatemala	5,3	8,9	1,1	15,3
Honduras	2,6	4,3	0,6	7,5
Nicaragua	4,5	6,5	0,7	11,7
Paraguay	0,9	7,1	1,0	9,0
Peru	41,1	43,7	2,9	87,7
Uruguay	27,5	11,9	1,6	41,0
Venezuela	1,6	7,0	0,9	9,5

Quelle: Horacio L. Veneroni »Estados Unidos y las Fuerzas Armadas en América Latina«, Buenos Aires 1973.

den Umfang der »Hilfe« für Chile – ein Land, in dem es keine Guerrilla-Bewegung gab – mit der weit geringeren »Hilfe« zu vergleichen, die andere lateinamerikanische Länder erhielten, in denen sich die Guerrilla organisierte. Die Modernisierung, die sich gegen Aufständische und Guerrillas richtete, bezog sich auf einen spezifischen Typ der technischen und ideologischen Ausbildung.[3]

Es sollen hier nicht die politischen Macht-Theorien der verschiedenen Guerrilla-Bewegungen Lateinamerikas analysiert werden. Zum großen Teil wollten sie als soziale Sprengkraft wirken. Diese Rolle schloß, gemäß ihrer eigenen inneren Logik, die allgemein richtige Auffassung ein, daß es notwendig sei, die potentiell revolutionären Klassen zu aktivieren. Die Guerrilla verstand sich als die eventuelle äußere Führung der Klasse, deren Aktivierung sie nicht über schiere Propaganda, sondern über die direkte Sprache der Aktion zu erreichen suchte. *Die Unmöglichkeit einer Guerrilla-Bewegung in Chile beruhte hauptsächlich darauf, daß die Minimalbedingungen der Aktivierung der Klasse und der Volksbewegung erfüllt waren, unabhängig davon, ob diese Bedingungen auf historisch richtigen politischen Voraussetzungen fußten oder nicht.*

Insofern war der Typ der Militär-»Hilfe« für Chile seinem ideologischen und technischen Inhalt nach verschieden von der »Hilfe«, die anderen »lateinamerikanischen Ländern« zuteil wurde, wo sie zwei Schwerpunkte hatte:

1. *logistisch-strategisch:* Isolierung des Kerns der Guerilla, Zerschlagung ihrer logistischen Unterstützung, intensives Studium der Techniken des sogenannten »Bewegungskriegs«;
2. *politisch-ideologisch:* Ablösung der Guerrilla in ihrer Rolle des »sozialen Erlösers«. Dies setzt wiederum eine ideologische Ausbildung voraus, die den Soldaten in einen politischen Aktivisten verwandelt, der die Werte der »westlichen Zivilisation« verkündet, und die es ihm ermöglicht, ein Programm »sozialer Hilfe« zu entwickeln.

Die Tabelle auf Seite 58 bestätigt, daß Chile bei dieser auf die Guerrilla-Bekämpfung zielenden »Hilfe« in der zweiten Hälfte der 60er Jahre weit hinter vielen Ländern des Kontinents zurücklag.

Die Ausbildung und Hilfe, die die chilenischen Streitkräfte von den USA erhielten, galten hauptsächlich der Vorbereitung für den »Stellungskrieg«, d. h. sie wurden auf eine direkte Klassenauseinandersetzung vorbereitet, deren technische Konsequenz der »Stellungskrieg« war.

Auch dies könnte einer der Gründe für den erstaunlichen Mangel an politischer Bildung sein, den die Militärs nach dem Putsch von 1973 an den Tag legten. Für den direkten Klassenkrieg ist die ideologische Ausbildung nicht weniger wichtig als die militärische Technik. Während in anderen Ländern das Konzept der ideologi-

Militärhilfe der USA/Soziale Programme (in Tsd. US-Dollar)

	1962-66	1967	1968	1969	1970
Argentinien	1 652	444	16	16	12
Bolivien	2 468	322	75	24	29
Brasilien	11 030	170	–	59	7
Chile	5 137	424	95	29	21
Columbien	4 061	1146	374	47	100
Costa Rica	26	–	–	–	–
Dominikanische Republik	812	144	91	52	22
Ecuador	2 839	137	21	95	74
El Salvador	806	19	15	4	–
Guatemala	1 766	262	242	323	75
Honduras	366	57	184	175	10
Mexico	22	–	–	–	–
Nicaragua	60	–	–	–	–
Panama	72	22	3	2	5
Paraguay	3 359	508	256	165	106
Peru	10 725	304	26	–	2
Uruguay	1 239	23	38	4	23
Venezuela	99	4	8	5	13

Quelle: Horacio L. Veneroni, a.a.O.

schen Ausbildung aus den Jahren des »Kalten Krieges« revidiert und durch das Konzept der Modernisierung und der Reform ersetzt wurde, war diese Art der Ausbildung für die chilenischen Streitkräfte nicht nur unwichtig, sondern *es war auch notwendig, sie nicht zu betreiben.* In anderen Ländern sollten die Volksmassen von dem Soldaten in Freundschaft erobert werden, um zu verhindern, daß sie dem Guerrillero folgten. In Chile waren die Massen potentielle Feinde, die bekämpft und notfalls vernichtet werden mußten. Die ideologische Verschleierung hatte politische Funktion. Sie paßte vollkommen in die von Disziplin und Hierarchie geprägte Vorstellung der Militärs von der Welt. Massen = Unordnung = Kommunismus – das waren Begriffe, die in ihrem manipulierten Bewußtsein zueinander gehörten. Deshalb auch wollten sie am 11. September 1973 die Unordnung und den Kommunismus in den Massen ausrotten. Sie hielten sich für die Vertreter der Ordnung, die gegen die Heerscharen der Unordnung kämpften, die scheinbar ebenso gut organisiert waren wie sie. Von einigen Ausnahmen heldenhaften Widerstands abgesehen, massakrierten die Militärs ein unbewaffnetes Volk. Da sie den ehrenhaften Titel von Siegern nicht erobern konnten, mußten sie den von Mördern akzeptieren.

In keinem Fall wollen wir hier die Möglichkeit ausschließen, daß noch andere Gründe für die Art der Militärhilfe der USA an Chile im Spiel waren: z. B. die Erhaltung einer Einflußzone im Süden des Kontinents. Doch im Hinblick auf die Orientierung, die die USA ihrer Militärhilfe gaben, scheinen uns die genannten Gründe die wichtigsten zu sein.

2. *Die innere Isolierung der chilenischen Streitkräfte*

Einer der Punkte, die das Verhalten der chilenischen Militärs am entscheidendsten prägten, war ihre institutionelle und politische Isolierung. Sie entsprach dem von den USA für Chile konzipierten Modell der Streitkräfte und schuf gleichzeitig die Bedingungen für eine noch stärkere Abhängigkeit von den USA.

Die Isolierung der Militärs in der Gesellschaft führte zu ihrer totalen Abhängigkeit von der eigenen Institution, eine Abhängigkeit, die in erster Linie ihre Erwerbsmöglichkeiten betraf, da sie keine Gelegenheit gehabt hatten, einen anderen Beruf zu erlernen, und daher außerhalb der Streitkräfte schwerlich ihren Lebensunterhalt verdienen konnten. Diese Verhältnisse stärkten das hierarchische System und bewirkten, daß die Disziplin ein Herr-Knecht-Verhältnis innerhalb der Streitkräfte erzeugte.

Die Isolierung wirkte auch als sozialer und politischer Auslesemechanismus. Während die Entwicklung zum Berufsheer gegen Ende des 19. Jahrhunderts vielen Angehörigen der Mittelschichten Gelegenheit bot, eine Militärlaufbahn einzuschlagen, unterbrach die Abkapselung der Streitkräfte innerhalb des Staats (ein Phänomen, das sich mit dem »Kalten Krieg« verstärkte) den Prozeß der Verbreiterung der sozialen Rekrutierungsbasis und verschloß den unteren Gesellschaftsschichten die Tore zu den Streitkräften. Sie führte zu einer politischen Auslese nach Maßgabe der a-politischen (!) Haltung, die jede Erörterung politischer Fragen ausschloß. Die Angaben auf Seite 60 mögen zur Veranschaulichung dienen.

Es bestand auch eine enge Beziehung zwischen der Isolierung der Streitkräfte im Staat und dem politischen System, das in Chile herrschte. Für Ernennungen oder Beförderungen der Militärs war gesetzlich das Parlament zuständig; die Praxis jedoch hatte dazu geführt, daß Ernennungen und Beförderungen von der Entscheidung des Präsidenten abhingen. Damit war eine merkwürdige Situation innerhalb des Staats entstanden: einerseits wurden die Streitkräfte militärisch gestärkt, andererseits institutionell geschwächt, da sie fast ausschließlich vom persönlichen Willen des Präsidenten der Republik abhingen.

Die verschiedenen Regierungen bemühten sich, die Abhängigkeit der Streitkräfte ihnen gegenüber nicht nur zu bewahren, sondern noch zu vertiefen. Die Streitkräfte wurden unter dem Vorwand, die Grenzen sowie die nationale Sicherheit zu verteidigen, in Wirklichkeit auf die klägliche Rolle eines bewaffneten Arms des Präsidenten

Klassenzugehörigkeit der Offiziere mit Abschluß an der Militärakademie Bernardo O'Higgins	
Obere Mittelklasse:	42%
Mittelklasse:	39%
Untere Mittelklasse:	19%
Klassenzugehörigkeit der Offiziere mit Abschluß an der Kriegsakademie und der Polytechnischen Schule	
Oberklasse:	29%
Mittelklasse:	65%
Untere Mittelklasse:	6%
Berufe der Väter von 37 Generälen, die zwischen 1952 und 1964 pensioniert wurden	
Unternehmer:	22%
Akademiker und leitende Angestellte:	51%
Landwirte:	19%
Angestellte:	8%
Berufe der fünf besten zivilen Freunde der befragten Militärs	
Akademiker und leitende Angestellte:	86,1%
Großgrundbesitzer:	8,3%
Politiker:	2,8%
Unternehmer:	2,8%
Angestellte:	keine
Arbeiter:	keine

Quelle: Roy Allen Hansen, »Military Culture and Organisation Decline«, in *Chile Hoy*, No. 25, Santiago/Chile 1972

beschränkt – oder, was auf dasselbe hinauslief, der politischen Partei, die er vertrat. Sowohl die Regierung Jorge Alessandri (1958–64) wie die Regierung Eduardo Frei (1964–70) benutzten die Streitkräfte nicht nur, um Zeiten politischer Spannung zu überwinden, sondern auch dazu, die »schmutzige Arbeit« von Massakern an Arbeitern und Bewohnern der Elendsviertel zu verrichten. So schreibt Raul Ampuero, einer der wenigen chilenischen Politiker, der die Bedeutung der Streitkräfte untersucht hat:

»Man glaubte, in der höchsten und ausschließlichen Autorität des Präsidenten über die Streitkräfte eine Garantie dafür zu sehen, diese von jedem Kontakt mit den Ideen der revolutionären Parteien fernzuhalten.«[4]

So kam es zwischen der zivilen politischen und der militärischen Macht zu einer geheimen Komplizenschaft. Die Militärs gaben sich für die repressive Arbeit her, nahmen ihren Ausschluß von den Realitäten hin, und die zivilen Regierenden ließen ihnen dafür Beförderungen und Ehren zukommen. Um diese Komplizenschaft zu bekräftigen, wurde der Mythos verbreitet, die Militärs seien eine »höhere Instanz des Staats«. Der Handel war politisch funktional. Die Präsidenten massakrierten im Schutz der Streitkräfte Arbeiter

und die Streitkräfte klagte niemand an, da sie die höhere Instanz des Staats waren und erhaben über die »schmutzige« Politik, geachtet sowohl von der Rechten wie von der Linken.
Die Isolierung der Militärs ging so weit, daß die Soldaten und Unteroffiziere nicht wählen durften; sie waren Bürger zweiter Klasse.[5] Daß in den Streitkräften Politik »nicht erörtert« werden durfte, hieß, daß sie auch »nicht gedacht« werden durfte. So entstand das Bild der Militärs als »soziale Idioten«. Vielleicht hat niemand die Militärs so sehr verachtet wie die chilenische Bourgeoisie. Die feierlichen Staatsakte und großen Lobreden konnten kaum verhehlen, daß man sich dauernd über sie lustig machte. Die Gegenreaktion der Militärs war eine verstärkte Verankerung in ihrer eigenen Institution. Sie entwickelten eine stumme Verachtung gegenüber den Politikern, in denen sie die Ursache für ihre fast klösterliche Abgeschiedenheit sahen, eine Verachtung, die sie pathologisch auf alles »Zivile« ausdehnten.
Als während der Regierung Allende dieselbe Bourgeoisie, die die Militärs verachtet hatte, sie plötzlich mit Lob überschüttete, meinten viele Militärs, endlich ihre soziale Persönlichkeit wiedergewonnen zu haben. Doch indem sie den Hilferufen der Bourgeoisie folgten, gelangten sie an die Macht mit all dem Haß, den sie gegen die Politik, die Politiker und das »Zivile« angestaut hatten. Der Putsch war für sie auch ein Racheakt. Und sie feierten ihn mit einer Blutorgie.

Viertes Kapitel

Die Karten auf dem Tisch

Die Ereignisse des Jahres 1971 zeigten im Keim die Taktik der Bourgeoisie gegen die Regierung Allende, sowie die Reaktionen und Schwächen der Unidad Popular und ihrer Regierung gegenüber dem Aufstand der Bourgeoisie.

Nach spannungsreichen 50 Tagen, die der Ernennung Allendes zum Präsidenten vorausgingen, herrschte bei der Bourgeoisie große Verwirrung. Einige hofften mit einem gewissen Optimismus, daß die Regierung Allende ihre Interessen berücksichtigen würde, vor allem bei der Suche nach neuen überregionalen Märkten.[1]

Die Militärs verhielten sich scheinbar ruhig in ihren Kasernen, Schiffen und Flugzeugen, ohne sich um die Politik zu kümmern, ausschließlich damit beschäftigt, ihren beruflichen Aufgaben nachzukommen. Einige Offiziere, die sich bereit gezeigt hatten, sich den Putschabenteuern anzuschließen, waren in den Ruhestand versetzt worden. Viele warteten auf eine günstigere Gelegenheit und gaben ihre Bereitschaft zum Putsch nicht zu erkennen. Der Sieg der Unidad Popular löste einen überwältigenden Optimismus bei ihren Anhängern aus. Es begann die Zeit, da viele Bücher über den Aufbau des Sozialismus geschrieben wurden. Schließlich erhielt die Unidad Popular bei den Kommunalwahlen im April 1971 die absolute Mehrheit. Das Problem des Staats und der Streitkräfte schien zweitrangig zu sein.

1. Ein beunruhigendes Signal: die faschistische Organisation Patria y Libertad tritt auf

Am Tag des Wahlsiegs Allendes und der Unidad Popular sprach im Fernsehen ein Rechtsanwalt im Namen der Nationalen Partei, Pablo Rodriguez Grez, ein fanatischer Reaktionär, der später »Führer« einer kleinen faschistischen Organisation, »Patria y Libertad« (Vaterland und Freiheit), wurde. Pablo Rodriguez übernahm auch die Verteidigung des Generals Viaux und anderer Personen, die in den Fall der Ermordung des Generals Schneider verwickelt waren. Die Taktik Rodriguez' und derjenigen, die ihn finanzierten, war offensichtlich: den Faden des bei der Ermordung des Generals Schneider gescheiterten Putschversuchs weiterzuspinnen zur Vorbereitung eines neuen Staatsstreichs. Dabei hatte die Verteidigung Viaux' weniger einen juristischen als einen politischen Charakter.

Die Organisation Patria y Libertad war in jeder Hinsicht ein Importprodukt, von ihrer Finanzierung bis hin zu ihrem Erkennungszeichen: einer Art Hakenkreuz in Form einer Spinne, das gewisse Ähnlichkeit mit dem Symbol des Nationalsozialismus aufwies.

Die Ziele der Organisation wurden bei ihrer Gründung eindeutig formuliert. Einige Sektoren der Bourgeoisie gaben zu erkennen, daß sie der traditionellen Rechten nicht zutrauten, die Reformen und Massenbewegung der Regierung Allende einzudämmen. Mehr noch, solange Allende sich im Rahmen der Verfassung bewegte (und nichts deutete auf das Gegenteil hin), konnte die Linke ihr Programm verwirklichen. So gesehen war die Verfassung nicht nur ein Hindernis für die Revolution, sondern auch für die Konterrevolution. Die Sektoren, die von den geplanten Reformen der Unidad Popular am stärksten betroffen waren, mußten versuchen, die Politik aus dem Verfassungsrahmen herauszulösen. Dies bedeutete nicht, die Verfassung zu bekämpfen, sondern das politische Hegemoniezentrum der Rechten außerhalb der bürgerlich-parlamentarischen Institutionen zu verlagern, *diese Institutionen jedoch zu benutzen.* D. h., die putschistischen Kräfte sollten nicht den staatlichen Institutionen (Parlament, Justiz) und den traditionellen Parteien unterworfen sein, sondern Institutionen und Parteien sollten umgekehrt den Zwecken der Putschisten dienstbar gemacht werden.

Das ehrgeizige Ziel der Gründer von Patria y Libertad war, *einen Hegemoniewechsel im Rahmen der Politik der Bourgeoisie* herbeizuführen. Einige objektive Bedingungen schienen diese Hoffnungen zu nähren, wie zum Beispiel die politische Desorientierung vieler Sektoren, die der traditionellen Rechten anhingen.

Patria y Libertad war eine Kopie der europäischen faschistischen Parteien. Ihre Parolen galten nicht der traditionellen Rechten, sondern dem irrationalen Kleinbürgertum: »Nationale Einheit«, »Vaterland«, »Freiheit« usw. Sie benutzte auch demagogisch-populistische Elemente: »Unser Kampf richtet sich gegen die Politik und die Politiker«, »Der Marxismus zerreißt die Nation«, »Die traditionellen Parteien und die ökonomische Rechte sind schuld am Sieg des Marxismus«.

Mit einem neuen Organisationstyp (auf Zellen statt Versammlungen aufgebaut) und einer auf das Kleinbürgertum gemünzten demagogischen Propaganda versuchte Patria y Libertad, einerseits eine konspirative Tätigkeit in Verbindung mit Terroranschlägen, andererseits eine »Politik der Massen« zu entwickeln. Mit diesen beiden Taktiken hatte sie gewissen Erfolg bei der Jugend, insbesondere bei den gelangweilten Söhnen der Bourgeoisie Santiagos, aber auch an den Gymnasien. Sie entdeckte das große Potential der frustrierten bürgerlichen und kleinbürgerlichen Jugend, zeigte ihnen die Welt aufregender Abenteuer, vor allem »Aktion«. Sie gab ihnen auch ein Objekt, ein Symbol, an dem sie die angestaute Wut gegen ihre Väter, Familien, Gewohnheiten, letztlich gegen sich selbst, abreagieren konnten: den Marxismus.

Die Organisation scheiterte zwar in ihrem Ziel, eine Hegemonial-

Partei der Bourgeoisie aufzubauen, nicht jedoch in ihren indirekten Zielen. An erster Stelle stand, die *konterrevolutionäre Agitation in die Streitkräfte zu tragen.* Der Plan, eine Art zivile Partei der Streitkräfte zu werden, gelang nicht, aber das wichtigste Ziel, zur Entwicklung der Putschbestrebungen in den Streitkräften beizutragen, wurde voll erreicht. Daß die Organisation, statt die Führung der Streitkräfte zu übernehmen, am Ende ihre Nachhut bildete, änderte nichts an dem grundsätzlichen Ergebnis.

Nahezu alle Nummern der Zeitschrift von Patria y Libertad propagierten den Putsch. Auch die juristisch-politische Verteidigung des Generals Roberto Viaux sollte nicht nur der Putschpropaganda, sondern auch der Legitimation des Mordes an General Schneider dienen. Indem die faschistische Organisation Viaux nicht fallen ließ, wie andere Sektoren der Rechten, machte sie deutlich, daß die Ermordung nicht nur möglich, sondern auch *notwendig* gewesen war. Viaux verteidigen, hieß die Putschisten verteidigen – und den Putsch bei den Streitkräften legitimieren.

Über die Propaganda hinaus provozierte Patria y Libertad die Militärs: sie organisierte Frauengruppen, die vor die Kasernen zogen und die Soldaten aufforderten, »das Vaterland gegen den Marxismus zu verteidigen«. Bei den Paraden der Streitkräfte warfen sie Mais und verhöhnten die Militärs mit dieser Geste als Hühner. Eine nicht unwesentliche Rolle spielten private Gespräche: der überzeugende, vertrauliche Ton, das angenehme Essen mit erlesenen Likören haben häufig eine größere Wirkung als gedruckte Propaganda, Provokation oder Verschwörungen.

Weit wichtiger aber für die Putschagitation in den Streitkräften war die Rolle von Patria y Libertad bei der Schaffung der *äußeren Bedingungen für den Staatsstreich.* Es gibt einen dauernden Kontaktfaden zwischen Militärs und Kleinbürgertum – das hat der politische Prozeß in Chile und anderswo gezeigt. Für die faschistischen Aktivisten war es wichtig, das Kleinbürgertum zu terrorisieren und aufzuhetzen. Terror und Haß sind im Bewußtsein des Kleinbürgers keine widersprüchlichen Begriffe. Er radikalisiert sich, wenn er verängstigt wird. Der Mord, das Attentat, die Bombe, die den braven Bürger nachts aus dem Schlaf reißt, schaffen die notwendigen Voraussetzungen. Angesichts der Unordnung ruft der Kleinbürger nach der Autorität. Aber wenn die zivile Autorität – in diesem Fall die Regierung – weder über die institutionelle Macht verfügt, weil die Rechte sie ihr verweigert, noch über die außerinstitutionelle Macht, weil sie sich an die Verfassung und deren Institutionen hält, dann beginnt der Kleinbürger – wie auch die Regierung – nach der Autorität der Waffen zu rufen.

Genau das wollte die Rechte erreichen: den Staat militärisch stärken, damit das Kleinbürgertum und das Bürgertum verstehen lernten, wo die wirkliche Macht lag. *Die Autorität der Militärs war*

gleichzeitig die Abwertung der Autorität der Regierung. Wie wir weiter unten zeigen werden, war jede Festigung des Staats durch die Regierung auch ein Zeichen von Schwäche und politischer Desintegration.
Der Terrorismus von Patria y Libertad äußerte sich nicht nur in Bomben und Anschlägen, sondern auch in der Ausweitung des *kollektiven Terrors.* Es gab praktisch keinen Konflikt, so gering er auch sein mochte, dem die Faschisten nicht eine entsprechende Dosis Gewalt beimischten, und nicht nur physische Gewalt. Als zum Beispiel wegen auftretender Schwierigkeiten bei der Lebensmittelversorgung die ersten »Schlangen« vor den Geschäften standen, fehlte es nicht an faschistischen Agitatoren: »Niemand schafft hier Ordnung«, »Es fehlt eine harte Hand«, »Die Militärs sollten das lösen«. Niemand ahnt, welche Macht eine alte Frau in einem großen Kaufhaus ausüben kann, wenn sie nach der Autorität ruft, die das scheinbare Chaos beenden soll. Denn Faschismus – das sind nicht nur einfach die Faschisten; es ist auch ein kollektives Gefühl von Terror und Wut, das sich derer bemächtigt, die vorher auf festem Boden zu stehen schienen. Die alte Frau, die gestern noch so reizend war, schlägt heute bei einer Frauendemonstration schon wild auf ihren Kochtopf, die Augen glasig vor Haß, Ausdruck eines jahrelangen nichtssagenden Lebens, eines langweiligen Ehemanns, stumpfsinniger Freundinnen. Die Schläge auf den Kochtopf gelten dem Sohn oder dem Freund beim Militär. Nachdem der Faschist sein Gift ausgestreut hat, zieht er sich wieder zurück. Er hofft, daß es seine Wirkung tun wird.

2. *Die parlamentarische Rechte stellt ihre Weichen*

Die Tatsache, daß die Nationale Partei und die Christdemokratie gemeinsam auf den Sturz Allendes hinarbeiteten, bedeutet nicht, daß sie identische Parteien waren. Einer ihrer wesentlichen Unterschiede bestand darin, daß die Nationale Partei die *politische Partei des Putschismus im Parlament war, während die Christdemokratie infolge ihrer eigenen Widersprüche zum Putsch getrieben wurde.*
Die Nationale Partei, entstanden aus dem Zusammenschluß der Konservativen und der Liberalen Partei, den beiden klassischen Parteien der Bourgeoisie im 19. Jahrhundert, vertrat politisch die Interessen der rückständigen Agrarbourgeoisie sowie einiger Teile des Industrie- und Finanzbürgertums. Sie unterstützte bei den Präsidentschaftswahlen von 1970 die Kandidatur Alessandris, der von weiten Kreisen der modernisierenden Industriebourgeoisie gewählt wurde, die ihre historischen Interessen von der traditionellen Rechten besser geschützt sahen als von den angeschlagenen Christdemokraten. Alessandris Stimmenanteil war somit nicht identisch mit dem der Nationalen Partei, der in der Tat sehr viel

geringer war. Die Partei vertrat weiterhin die rückständigen Interessen der lokalen Bourgeoisie.

Die Pläne für eine stärkere Integration in den Imperialismus, die Frei und die Christdemokratie befürworteten, setzten einen inneren Akkumulations- und Investitionsprozeß voraus, an dem sich die herrschenden Sektoren der Landwirtschaft und der traditionellen Industriemonopole nicht beteiligen konnten. Gleichzeitig mußte die Rationalisierung der Produktion die traditionellen Eigentumsverhältnisse beeinträchtigen und verändern, besonders in der Landwirtschaft. Zu solchen Veränderungen waren die Großgrundbesitzer, in vielen Fällen Mitglieder und auch führende Vertreter der Nationalen Partei, nicht bereit. *Im Unterschied zur Christdemokratie, einer Partei, in der die historischen Interessen des Kapitalismus mehr Gewicht hatten als die unmittelbaren Interessen der Bourgeoisie, hatten in der Nationalen Partei die unmittelbaren Klasseninteressen den Vorrang.* Der Prozeß einer abhängigen kapitalistischen Entwicklung, den die Christdemokratie einzuleiten versucht hatte, benachteiligte natürlich die rückständigen Sektoren der Bourgeoisie.

So stark wie die ökonomischen Widersprüche waren auch die politischen Differenzen zwischen Christdemokratie und Nationaler Partei. Die Christdemokratie hatte, insbesondere auf dem Land, Formen der Organisation und Volksmobilisierung entwickelt, die ihr die Nationale Partei nicht verzeihen konnte. Nach ihrer Auffassung hatte die Christdemokratie den schweren Fehler begangen, das Pyramiden-System der politischen Beteiligung zu zerstören, indem sie einigen Basisorganisationen des Volks bestimmte Rechte eingeräumt hatte. Trotz dem offensichtlichen politischen Rechtsruck der Christdemokratie gegen Ende ihrer Regierungszeit und den Versuchen Freis, zu Vereinbarungen mit der traditionellen Rechten zu kommen, war daher ein stabiles Bündnis der beiden Parteien nicht möglich, nicht einmal gegen den gemeinsamen Feind. Die chilenische Bourgeoisie war und ist nicht nur durch den Widerspruch zwischen zwei kapitalistischen Akkumulationsmodellen gespalten, sondern auch durch eine Hegemoniekrise, die nicht eindeutig von ökonomischen Widersprüchen bestimmt ist.

Die Nationale Partei begriff – im Unterschied zur Christdemokratie –, daß mit dem Sieg Allendes ihr Schicksal besiegelt war. In einem parlamentarischen System hing die politische Hegemonie von der Stimmenmehrheit ab, und da sich die Nationale Partei darauf nicht stützen konnte, bemühte sie sich, die Politik vom Parlament zu lösen, wo sie der Christdemokratie untergeordnet war. Für sie hatte das Parlament nur insofern Bedeutung, als es ein wirksames Instrument zum Sturz der Regierung werden mußte oder, was dasselbe war, als es die vollendeten Tatsachen billigen sollte, die außerhalb seiner geschaffen würden.

Die Verteidigung der Verfassung und ihrer Institutionen, nicht nur der Regierung sondern auch des Parlaments, lag in den Händen der Christdemokratie. Es entwickelte sich ein erbitterter Kampf zwischen den politischen Parteien der Bourgeoisie. *Einerseits versuchte die Nationale Partei, die Opposition zur Konterrevolution zu wandeln, andererseits versuchte die Christdemokratie, die Konterrevolution zur Opposition zu wandeln.* Konterrevolution und Opposition gingen so periodisch ineinander über; das Kräfteverhältnis außerhalb des Parlaments bestimmte jeweils die Vorherrschaft.
Die hauptsächliche Taktik der Christdemokratie bestand darin, die Regierung an die Verfassung zu ketten und sich die politische Hegemonie der gesamten Rechten zu sichern. Das kam sehr klar zum Ausdruck in einem Artikel, den ein Vertreter des Frei-Flügels der Christdemokratie, Claudio Orrego, in der christdemokratischen Zeitschrift »Política y Espíritu« schrieb:

»Es geht darum, sich dem Feind niemals offen zu stellen, wenn er mit hoher Kampfmoral und geordneten Reihen die Grenzen überschreitet. Wer unter solchen Bedingungen eine Schlacht liefert, setzt die eigenen Streitkräfte aufs Spiel und läuft Gefahr, später vollkommen wehrlos zu sein. Deshalb muß man sich nach Moskau zurückziehen. In dieser Zeit bekämpft man den Feind, um ihn zu zermürben, zu desorganisieren, seinen Vormarsch zu erschweren, ohne sich der Entscheidungsschlacht zu stellen. Man zieht sich nach Moskau zurück, indem man die Erde verbrennt und die Dörfer aufgibt, bis der Winter naht und der erste Schnee fällt. Dann ist die Stunde gekommen für die erste große Schlacht und die Endoffensive.«[2]

Orrego mußte seine literarische Frivolität, Politik mit Krieg zu verwechseln, teuer bezahlen: mit der Auflösung des Parlaments und der Suspendierung seiner Partei (sein »russischer Winter«). Er selbst wurde ein Opfer der Generäle – aber nicht der russischen.
Die Taktik Orregos setzte als Grundbedingung den Gebietsverlust der Unidad Popular im politischen und sozialen Kampf voraus. Und die Christdemokratie schlug den geeigneten Weg dafür ein: die Regierung zu zermürben, den Verschleiß parlamentarisch zu nutzen, um sie »verfassungsgemäß« zu stürzen oder – falls dies nicht möglich sein sollte – sie mühelos bei den Präsidentschaftswahlen von 1976 zu besiegen. Der Plan schien vom Standpunkt der reinen Logik tadellos zu sein, nicht aber vom Standpunkt der Logik des Klassenkampfs. Denn Orrego-Frei waren einige wichtige Aspekte entgangen.
Erstens war das Verhältnis zwischen Allende und den Teilen des Volks, die ihn gewählt hatten, fest verwurzelt und von einem Klasseninhalt geprägt – anders als das Verhältnis der Christdemokraten zu ihrer Anhängerschaft in den ärmeren Volksschichten, das eher einem Kundenverhältnis gleichkam. Zweitens tat die traditionelle Rechte alles, um zu vermeiden, daß ihr über das Parlament von der Christdemokratie eine untergeordnete Rolle aufgezwun-

gen wurde. Sie versuchte, die Schlachtfelder auszuwählen, wo ihre Position die bessere war. Drittens führte die Dynamik der Opposition, der »politische Zermürbungskrieg«, zu einer Polarisierung der gesellschaftlichen Widersprüche, die die Christdemokratie nicht unter Kontrolle halten konnte. Daraus ergab sich eine Krise der politischen Repräsentation, ein Konflikt zwischen Vertretern und Vertretenen.

Viertens setzten sich die Streitkräfte, die den »Endkampf« einleiteten und ausfochten, nicht aus Zivilpersonen zusammen, sondern aus den Militärs. Da die Christdemokratie diese Streitkräfte schon während ihrer Regierungszeit nicht voll unter Kontrolle hatte, war kaum zu erwarten, daß sie diese Kontrolle jetzt erreichte.

Der erste Schritt der Christdemokratie zur Verwirklichung ihrer Taktik bestand darin, der Regierung die Hände zu binden, was ihr zum großen Teil durch den Pakt der »Verfassungsgarantien« gelang.[3] Dann ging es darum, diesen Pakt zu konkretisieren. Wichtig für die Christdemokratie war vor allem, die Verbindung der Regierung zu den Massen zu unterbrechen.

Das Programm der Unidad Popular enthielt einige Punkte, die eine stärkere Beteiligung der Massen vorsahen, z. B. die sogenannten »Volksversammlungen«. Von Anfang an wandte sich die Christdemokratie mit aller Entschiedenheit gegen diese Organisationen. Ein führender Vertreter der Christdemokratischen Partei äußerte:

»... die Theorie und die Erfahrung zeigen, daß diese sogenannten ›Volksversammlungen‹ (von der Unidad Popular in ihrem Programm angepriesen) nur die Fassade darstellen für die absolute Herrschaft einer Partei oder Parteienallianz, die keine Opposition duldet.«[4]

Eines der wichtigsten Instrumente der Unidad Popular zur Verwirklichung ihres Programms war durch die Unterzeichnung der »Verfassungsgarantien« unbrauchbar geworden. Die Christdemokratie hatte der Regierung die Möglichkeit verbaut, die Legalität auf gesellschaftlicher Ebene zu erweitern. Damit gerieten alle späteren Formen der Volksorganisation in Widerspruch zur Legalität und zur legalen Regierung.

Nachdem die Christdemokratie dieses Instrument der Unidad Popular entschärft hatte, ging sie zum Angriff auf das gesamte Programm über. Zu diesem Zweck brachten die christdemokratischen Parlamentsmitglieder Hamilton und Fuentealba eine Gesetzesvorlage ein, die darauf abzielte, den Entscheidungsspielraum des Staats bei Enteignungen und Verstaatlichungen einzuengen. Die chilenische Gesetzgebung hatte das etatistische Programm der Unidad Popular zunächst begünstigt. Die mangelnde Investitionsfähigkeit und -bereitschaft der chilenischen Bourgeoisie hatte dazu geführt, daß Planung, Leitung und Entwicklung der Wirtschaft beim Staat lagen. Die Gesetzgebung ließ daher in diesen Punkten sehr großen Spielraum, und die Regierung konnte rechtmäßig

Gebrauch von Gesetzen machen, die vorher niemals angewandt worden waren.[5]
Mit dem Reformvorschlag Hamilton-Fuentealba versuchte die Christdemokratie, den legalen Handlungsspielraum der Regierung in diesem Bereich einzuengen. Es war der Versuch, das *Programm der Unidad Popular zu illegalisieren.* Da die Regierung nicht gewillt war, das einzige Instrument, über das sie verfügte, aufzugeben, kam es in diesem Punkt zu ständigen Spannungen. Für die Regierung hätte die Annahme der Vorlage die Kapitulation vor der Christdemokratie bedeutet. Die Regierung hätte nicht nur keine revolutionäre, sondern nicht einmal eine reformistische Politik betreiben können. Ohne ihr Programm hätte sie nur als administrative Vertretung im Staatsapparat verbleiben können. Außerdem hätte eine Annahme die Anerkennung der absoluten Vorrangstellung des Parlaments über die Exekutive bedeutet.
Schließlich versuchte die Christdemokratie, die Unidad Popular dort zu schlagen, wo diese ihren stärksten Rückhalt hatte: bei den organisierten Arbeitern. Dem etatistischen Programm der Regierung setzte sie ein recht verlockendes Modell entgegen: die »Arbeiterbetriebe«. Mit diesem Schlagwort verfolgte sie mehrere Ziele. Einerseits bot sie ein scheinbar den Volksinteressen entsprechendes Projekt an, das dem reaktionären Eindruck der Reform Hamilton-Fuentealba entgegenwirken sollte. Andererseits stachelte sie das Proletariat zum Kampf um wirtschaftliche Forderungen an, indem sie den Wunsch nach Privateigentum weckte. Die Christdemokratie versuchte, sich der Arbeiterklasse als Alternative bei der Führung ökonomischer Kämpfe darzustellen, einige ihrer Sektoren für sich zu gewinnen und damit die Klasse politisch zu spalten. Die »Arbeiterbetriebe« erwiesen sich als hervorragende Parole für die Wahlen der Gewerkschaftsvertreter der Zentralen Einheitsgewerkschaft CUT, die Anfang 1972 stattfanden und aus denen die Christdemokratie erfolgreich als zweitstärkste Partei hervorging.
Daß die Christdemokratie unter einer Volksregierung überhaupt eine Alternative für die Arbeiter sein konnte, verdeutlichte die Grenzen der Unidad Popular. Geschickt hatte die Christdemokratie mit dem Schlagwort der »Arbeiterbetriebe« eine Kampagne gegen die wirtschaftliche und politische Macht des Staats entfacht: »Der Staat ist ein neuer Ausbeuter«, »Der Staat ist das schlimmste Monopol«, »Kampf gegen die staatliche Bürokratie« usw. Und so ergab sich für die Arbeiter das folgende unglaubliche Paradox: während eine Partei der Bourgeoisie den kapitalistischen Staat angriff, verteidigten ihn die Arbeiterparteien. Diese waren (historisch) nicht imstande, eine Politik gegen den Staat zu entwickeln. Aufgrund der bloßen Tatsache, daß sie die Regierung bildeten, verteidigten sie den Staat um jeden Preis. Die Christdemokratie konnte demagogisch die Führung im Kampf gegen Staat und

Bürokratie übernehmen, weil die Unidad Popular sich nicht selbst an die Spitze dieses Kampfes gestellt hatte. Die Christdemokratie konnte legitime Arbeiterforderungen mißbrauchen, weil niemand sonst sie stellte. Die Unidad Popular war in ihrer eigenen Strategie, der Unterordnung der Arbeiter unter den Staat, gefangen. Ein Wortspiel machte die Unfähigkeit der chilenischen Linken, die Mauer der Legalität zu durchbrechen, in der sie eingeschlossen war, lange vor der Wahl Allendes zu einer Tugend: es war die Rede von dem »originalen, außerordentlichen, einzigartigen und außergewöhnlichen Charakter des chilenischen Prozesses«.

So verwandelte man mit ideologischer List und Tücke eine Sackgasse in einen Weg: »den chilenischen Weg zum Sozialismus«. Die Christdemokratie agitierte in den Gewerkschaften für Forderungen, die die Regierung unmöglich erfüllen konnte. Sie machte sich die lange Tradition des chilenischen Proletariats im ökonomischen Kampf zunutze und spielte sie gegen die Volksregierung aus. Es gelang der Christdemokratie, tiefgreifende Differenzen unter den Arbeitern hervorzurufen, die sich, wie wir später zeigen werden, unheilvoll auswirken sollten, selbst für die Christdemokratie.

Die Christdemokratie spielte ein doppeltes Spiel: sie bot sich den Arbeitern als Alternative an und schloß gleichzeitig Wahlbündnisse mit der Nationalen Partei und einem Grüppchen politischer Lumpen, den sogenannten Radikaldemokraten (DR). Auf der Grundlage dieser Bündnisse erzielte sie einige Wahlerfolge in Valparaiso (17. Juli 1971), Linares, O'Higgins und Colchagua (17. Januar 1972), Erfolge, die sie in der Illusion wiegten, daß die Regierung auf dieselbe Weise zu Fall kommen würde, wie sie entstanden war: durch Wahlen.

Wir können also festhalten, daß die Christdemokratie in der ersten Phase der Regierungszeit der Unidad Popular die Führung und Hegemonie der gesamten Bourgeoisie besaß. Sie grenzte den politischen Kampf auf die institutionelle Ebene ein, kommandierte das Parlament, unterwarf sich die traditionelle Rechte und band der Regierung die Hände.

Doch mit der Entfesselung der sozialen Konflikte schuf die Christdemokratie der Ultrarechten ein weites Aktionsfeld. Um zu verhindern, daß eben jene Sektoren, die sie gegen die Regierung mobilisierte, ihrer Kontrolle entglitten, mußte sie ihnen auch dann folgen, wenn die Legalität durchbrochen zu werden drohte. Bei mehreren Anlässen zeigten die Stoßtrupps der Christdemokratie ebensoviel, wenn nicht mehr Gewalttätigkeit als die Faschisten. Um den Faschismus unter institutioneller Kontrolle zu halten, sahen sie sich gezwungen, sich wie Faschisten zu gebärden. Als die Jugend der Gymnasien mit ihren Aktionen das Chaos entfesselten, setzten sich die Christdemokraten an die Spitze, um zu verhindern, daß Mitglieder der Nationalen Partei oder Patria y Libertad die

Führung übernahmen. Die Christdemokratie meinte, den Faschismus unter Kontrolle zu haben. In Wirklichkeit war es immer häufiger der Faschismus, der die Christdemokratie vorwärtsstieß. Dies wurde zum ersten Mal offensichtlich bei dem sogenannten »Marsch der leeren Töpfe«, der eigentlich eine Frauendemonstration sein sollte, aber eher einer Parade paramilitärischer Stoßtrupps glich. Patria y Libertad und die Nationale Partei setzten bei dieser Gelegenheit ihre Kommandos gegen Polizei und Mitglieder der Linksparteien ein. Hier hatte die Christdemokratie zum ersten Mal objektiv die Kontrolle über die Sektoren verloren, die sie gegen die Regierung mobilisiert hatte. Später gelang es ihr, die Führung wieder zu übernehmen, aber nur innerhalb des Parlaments. Das geschah, als sie sich bereit erklärte, gegen den Innenminister José Toha Verfassungsklage zu erheben – die erste der zahlreichen Verfassungsklagen gegen Minister der Unidad Popular.[6]
In der Folgezeit verlor die Christdemokratie immer mehr Boden, sei es an die traditionelle Rechte, sei es an politische Organisationen sich verselbständigender Teile der Bourgeoisie, der korporativen Organisationen und Verbände. Ein Opfer ihrer eigenen Taktik blieb sie beim Versuch, die Regierung im institutionellen Gefängnis einzusperren, selbst darin gefangen. Mit den Worten Orregos: sie wurde selbst Opfer des »russischen Winters«. Geblendet von Illusionen über formale Macht, meinte sie den Klassenkampf vom Parlament aus führen zu können. In Wahrheit schuf sie lediglich vollendete Tatsachen. *Das Parlament wurde zum legislativen Büro der Konterrevolution, die außerhalb seiner Mauern anwuchs.* Im Innern vergnügte sich die Christdemokratie damit, Minister, Intendenten und Gouverneure abzusetzen, aber sie spielte nur die traurige Rolle eines Notars der Konterrevolution.
Die Christdemokratie befand sich in einem Teufelskreis. Um ihre Wähler zu halten, mußte sie die Regierung rücksichtslos angreifen, entfesselte damit aber lediglich unkontrollierbare Kräfte gegen die eigene Partei. Mit naivem Ehrgeiz meinte sie, alles beherrschen zu müssen und zu können, selbst die Streitkräfte. Der damalige Präsident der Christdemokraten, Renan Fuentealba, der sich eines Tages, als es schon zu spät war, über die Tragödie seiner Partei klarwerden sollte, wandte sich nach der alljährlichen Rede Allendes im Kongreß mit folgenden Worten an die Streitkräfte:

»Wer regiert in Chile? Eine kleine Gruppe von Parteigängern der Gewalt oder die Regierung? Werden die Ordnungskräfte und die Streitkräfte geachtet oder nicht, oder sollen sie etwa warten, bis sie selbst als erste diesen Exzessen zum Opfer fallen?«[7]

Natürlich warteten die Streitkräfte nicht lange. Sie folgten dem Rat Fuentealbas. Inzwischen hat er die Antwort auf seine Frage erhalten, wer Chile regiert. (Fuentealba wurde nach dem Putsch von der Militärdiktatur aus Chile ausgewiesen.)

Fünftes Kapitel

Politische Macht, Macht der Verbände und Macht der Militärs

Im Zeitraum von der Wahl Allendes bis zum ersten Unternehmerstreik im Oktober 1972 setzte sich der Kampf um die politische Hegemonie innerhalb der Bourgeoisie fort. Genau in dieser Phase gelang es der Unidad Popular, den größten Teil ihres ökonomischen Programms zu verwirklichen: Nationalisierung des Kupfers, Agrarreform, Verstaatlichung der Banken und Schaffung des staatlichen Wirtschaftssektors.

Die Verstaatlichungen und die ökonomischen Reformen der Unidad Popular gründeten auf der Erweiterung des inländischen Markts: auf der Belebung der wirtschaftlichen Tätigkeit, die ihrerseits das Ergebnis der erhöhten Nachfrage infolge von Lohn- und Gehaltserhöhungen bei Arbeitern und Angestellten sein würde.

Doch die erhöhte Nachfrage führte keineswegs zu einer Erhöhung der Produktion, schon gar nicht zu einer Ausweitung der privaten Investitionen. Im Gegenteil, die Bourgeoisie reagierte mit Preissteigerungen und Produktionsminderung. Diese Reaktion der Bourgeoisie war nicht ausschließlich politisch motiviert, obwohl sie bereits eine politische Kampagne gegen die Regierung Allende zu organisieren begonnen hatte. Ihre Antwort auf den Anreiz der erhöhten Nachfrage machte erneut ihren halbkapitalistischen Charakter und ihre soziale Deformation deutlich. Das Programm der Anreize auf dem Markt, das die Unidad Popular anzuwenden versuchte, mochte hinsichtlich einer »abstrakten Bourgeoisie« seine Gültigkeit haben, nicht aber angesichts der konkret existierenden chilenischen Bourgeoisie, die sich historisch vorwiegend mit parasitären Aktivitäten und Spekulationsgeschäften abgegeben hat. Aus diesem Grunde reagierte diese Bourgeoisie auf eine Erhöhung des zirkulierenden Geldes mit dem ihr einzig möglichen Verhalten: sie verringerte die Produktion, erhöhte die Preise und verursachte die Versorgungsknappheit.[1]

Damit wurde klar, daß sich ein Bündnis zwischen dem Proletariat in seiner Eigenschaft als *Konsument* und der Bourgeoisie in ihrer Eigenschaft als *Produzent* nicht verwirklichen ließ. Im Gegenteil, die Widersprüche der Produktionsverhältnisse wurden auf den Konsumbereich verschoben, und die Bourgeoisie als Konsument befand sich plötzlich in der Situation, mit einem ebenfalls konsumierenden Proletariat konkurrieren zu müssen.

In noch geringerem Maße war ein *politisches* Bündnis zwischen dem Proletariat und Fraktionen der Bourgeoisie möglich.

Das Programm der Unidad Popular selbst ließ große Teile des nicht-organisierten Proletariats, der Bauern und des Subproleta-

riats unberücksichtigt. Diese Schichten hatten keinen Platz innerhalb des sozialen Bündnisses, das die in der Unidad Popular vorherrschende politische Strategie stillschweigend zu ihrer Grundlage machte. Politisch und ökonomisch an den Rand gedrängt, wurden diese Schichten nur als »Basis passiver Unterstützung« der Regierung betrachtet, aber zu keinem Zeitpunkt in ein eventuelles historisches Bündnis einbezogen. Dies machte nicht nur die Durchführung reformistischer Projekte unmöglich, sondern schwächte auch die Front der Arbeiter und armen Bevölkerung und damit die Unidad Popular selbst in ihren Verhandlungen mit der Bourgeoisie.
Andererseits mußte dieses soziale Bündnis mit Fraktionen der Bourgeoisie notwendigerweise die politische Form von Vereinbarungen mit der Christdemokratischen Partei annehmen. Aber wie wir schon festgestellt haben, war der Preis, den die Christdemokratie für die Vereinbarungen forderte, die Aufgabe des gesamten Programms der Unidad Popular. Auch wenn die Regierung nie stark genug war, sich die Christdemokratie zu unterwerfen, so war sie andererseits doch nie so schwach, sich selbst dieser Partei unterwerfen zu müssen.
Nachdem sich das ökonomische und/oder politische Bündnis mit Fraktionen der Bourgeoisie nicht hatte verwirklichen lassen (ein Bündnis, das für die Durchführung des Programms *notwendig* war), versuchten die in der Unidad Popular herrschenden Kräfte diese entstandene Lücke durch den Staat zu füllen. So wurden zunächst Funktionäre der staatlichen Bürokratie, später hohe Militärs herangezogen und an der Regierung Allende maßgeblich beteiligt. Der staatliche Verwaltungs- und Militärapparat fungierte somit als *institutioneller Ersatz für eine nicht-monopolistische, nationale und fortschrittliche Bourgeoisie, die es in Wirklichkeit nicht gab.*
Aus diesem Grund war ein Großteil der politischen Aktivitäten der bürgerlichen Parteien darauf gerichtet, die Militärs für sich zu gewinnen, sei es als zusätzliche Stütze ihrer politischen Macht, sei es als militärische Avantgarde der Konterrevolution. Aber damit dies gelingen konnte, mußten die offenkundigen ökonomischen und politischen Widersprüche innerhalb des bürgerlichen Lagers in den Hintergrund treten. Es waren genau die Widersprüche, die die Wahl Allendes und seine dreijährige Regierungszeit ermöglicht hatten. Die Unmöglichkeit jedoch, diese innerbürgerliche Auseinandersetzung um die Hegemonie kurzfristig zu lösen, beschleunigte den Konflikt zwischen dem Gesamtinteresse der Bourgeoisie und ihren jeweiligen politischen Repräsentanten. Auf diese Weise vollzog sich ein Prozeß zunehmender *Unabhängigkeit* der Bourgeoisie von ihren Parteien, ein Prozeß, der diese Parteien zur *politischen Nachhut der ökonomischen Klasse* machte, die sich mit

ihren eigenen Organisationen auf die Gründung einer *Militärpartei* zubewegte, und zwar in Verbindung mit den in der Verfassung verankerten Streitkräften.

1. Die Regierung engt ihren Handlungsspielraum ein

Die Rechte hat von Anfang an Aktionen durchgeführt, die außerhalb der Legalität lagen. Aber immer, wenn die regierungstreuen Kräfte den legalen Rahmen überschritten, um ihre Regierung zu verteidigen, wurden sie von der Rechten des Legalitätsbruches bezichtigt, dort, wo diese die Kontrolle ausübte, im Parlament und im Justizapparat. Der Regierung blieb somit nur ein eng begrenzter Spielraum zur Verwirklichung ihres Programms.

Diese objektiven Schwierigkeiten der Regierung wurden als Fragen der revolutionären Taktik aufgefaßt. So kam es dazu, daß ein in Regierungskreisen einflußreicher Intellektueller, Joan Garcés, der Legalität eine revolutionäre Rolle zuschrieb.[2]

Garcés gab Allende, in einer Verkehrung der Wirklichkeit, den Rat, die Bourgeoisie auf die Ebene der Legalität zu zwingen, denn dort würde sie sich mit der institutionellen Legitimität auseinanderzusetzen haben, die die Regierung begünstigte. Dieser Rat, gestützt auf eine Fülle von Zitaten der marxistischen Klassiker, sollte die Unidad Popular als Ausdruck einer politischen Taktik erscheinen lassen, wobei es sich in Wirklichkeit doch nur um eine objektive und natürliche Folge der politischen Konzeption von Kräften handelte, die noch niemals eine Politik in Bezug auf den Staat entwickelt hatten, da sie schon vor der Übernahme der Regierung *strategisch* und *institutionell* an den Staat gebunden waren.

Bei der Befolgung dieser »taktischen« Ratschläge beging die Regierung der Unidad Popular unglaubliche Fehler, selbst innerhalb ihres eigenen Schemas. Der größte dieser Fehler war die Kritik an der sogenannten »Volksversammlung«, die im Juni 1972 die vereinte Linke mit einer außergewöhnlich aktiven Unterstützung der Massen in Concepción organisierte.

In Wirklichkeit hatte die erste Volksversammlung in Concepción bereits am 12. Mai stattgefunden. Sie war die Antwort auf den Versuch der vereinten Rechten, das Chaos, das sie in den Straßen von Santiago geschaffen hatte, in Concepción zu wiederholen, um die Regierung mittels illegaler Aktionen auf die Legalität festzunageln. Die gesamte Linke in Concepción – mit Ausnahme der Kommunistischen Partei, die auf Anordnung der Parteiführung aus Santiago in letzter Stunde ausscherte – wollte die Demonstration der Rechten mit einer Gegendemonstration vereiteln. Dabei ist hervorzuheben, daß Concepción eine Provinz mit einer großen Tradition an Volks- und Arbeiterkämpfen ist. Die Ausweitung des Chaos durch die Faschisten war nicht nur eine Provokation der

Regierung, sondern auch der Arbeiterklasse. Ihr politischer Instinkt versammelte die Massen zur größten und kämpferischsten Demonstration, die die Stadt jemals erlebt hatte. Aber die Regierung mißbilligte diese Mobilisierung, und bei ihren Anhängern herrschte tiefe Ratlosigkeit. Sie hatten ihre Regierung und die Legalität verteidigen wollen, um zu verhindern, daß die illegale Konterrevolution die Macht in den Straßen der Stadt an sich riß – aber die Regierung lehnte befremdlicherweise diese Unterstützung ab und bewirkte damit, daß die versammelten Massen in Widerspruch zu ihr gerieten. *Die demokratische Regierung des Volkes stellte sich gegen die demokratische Mobilisierung des Volkes.*

Nach diesen Ereignissen versuchte die Linke in Concepción – mit Ausnahme der Kommunistischen Partei – die große gesellschaftliche Macht, die am 12. Mai sichtbar geworden war, auf der Ebene des demokratischen Kampfes zu *organisieren* und zu *koordinieren.* Sie rief zu einer Volksversammlung auf, die am 27. Juni stattfand. Die Regierung wandte sich auch gegen diese Versammlung. Allende selbst schrieb einen Brief, in dem er einige theoretische Argumente hervorhob:

»Welche Dialektik verwenden diejenigen, die diese Versammlung vorgeschlagen haben? Welche theoretischen Elemente liegen dieser Versammlung zugrunde? Eine authentisch revolutionäre Volksversammlung übernimmt die volle Vertretung des Volks. Sie übernimmt die gesamte Macht. Sie diskutiert nicht nur, sie regiert. In anderen historischen Erfahrungen ist sie als eine ›Doppelherrschaft‹ entstanden gegen die institutionelle Macht der Reaktion, die über keine soziale Basis verfügte und zur Ohnmacht verdammt war. Jetzt etwas Ähnliches in bezug auf Chile zu denken, ist absurd, verrät krasse Unkenntnis und Verantwortungslosigkeit. In Chile gibt es eine einzige Regierung, deren Vorsitz ich führe und die nicht nur legitim ist, sondern ihrer Definition und Klassenzusammensetzung nach die allgemeinen Interessen der Arbeiter vertritt. Aus tiefstem revolutionärem Bewußtsein werde ich nicht dulden, daß irgend etwas oder irgend jemand sich gegen die umfassende und legitime Regierungsgewalt im Lande auflehnt.«

Die Logik der Regierung war zumindest eigenartig. Sie kritisierte die Versammlung von Concepción als den Versuch zur Errichtung einer alternativen Macht zur Regierung der Unidad Popular, die als Regierung des Volks keine Alternative für das Volk zulassen konnte. Aber in Wahrheit hatte *niemand* in Concepción an den Aufbau einer alternativen Macht gedacht. Die Vergötterung des »institutionellen Wegs« ließ der Regierung jede Mobilisierung als eine Alternative zu sich selbst erscheinen, die in Wirklichkeit weder gegen die Legalität (nicht einmal an ihrem Rande) noch gegen die Regierung, sondern zu ihrer Unterstützung organisiert wurde.

Zwischen einer bürgerlichen Verfassung mit einer aktiven und organisierten Unterstützung der Massen und einer bürgerlichen Verfassung ohne diese Unterstützung entschied sich die Regierung für die letztere. Die Massen in Concepción hatten einen Weg geschaffen, auf dem die Regierung nicht nur ihre gesellschaftliche, sondern auch ihre institutionelle Macht hätte vergrößern können. Aber die Regierung verringerte ihre eigene Macht. Wahrscheinlich meinte sie, auf diese Weise ihr Projekt der Allianz mit Teilen der Bourgeoisie in ihrer politischen oder militärischen Form zu sichern. Aber durch die Verminderung ihrer gesellschaftlichen und institutionellen Macht schwächte sie ihre Verhandlungsstärke. Keine bürgerliche Fraktion würde sich mit einer Regierung verbünden, die im Staat isoliert war. Sie würde ihre Kapitulation verlangen. Gerade weil die Unidad Popular kein proletarisches Programm hatte, *konnte sie die demokratischen Ziele der Massen nicht begreifen.* In der Absicht, den demokratischen Charakter ihres Programms zu verteidigen, lehnte sie demokratische Kampfformen ab, weil sie sie mit proletarischen verwechselte.

Die Manipulation »von oben« in ihrer typisch populistischen Form blieb weiterhin bestehen. Die Aktivität der Massen sollte darin bestehen, die Handlungen der Regierung und ihrer Parteien passiv zu billigen. Auf Demonstrationen und Versammlungen sollten sie zu allem Beifall klatschen, was ihnen gesagt wurde, die Parolen der Unidad Popular rufen, den Chor für die Sänger der Linken bilden, um anschließend nach Hause zu gehen, traurig und leer, wie es früher immer gewesen war.

Nach den Ereignissen von Concepción traten in der Regierung und der Unidad Popular repressive Tendenzen in Erscheinung. Die Parteien der Unidad Popular in Concepción wurden von Santiago aus scharf kontrolliert. Diese repressiven Tendenzen richteten sich auch gegen die Massenbewegung: mit der Losung »Keine freien Gebiete« durchkämmte die Polizei die Siedlung »Lo Hermida« in Santiago, erschoß einen Bewohner und verletzte weitere fünf. Allende selbst mußte eingreifen, um die Entfesselung einer Welle der Repression von seiten der eigenen Funktionäre gegen die Linke und die Massenbewegung zu verhindern.

2. *Die Militärs theoretisieren über den Staatsstreich*

Während die Unidad Popular und die Regierung verhinderten, daß irgendeine Organisation des Volks unabhängig von ihrer eigenen Initiative entstand, fragte die Rechte niemanden um Erlaubnis, als sie faschistische Organisationen am Rande der Legalität aufbaute. Während die Regierung die in ihrem Programm vorgesehenen Volksversammlungen nicht hatte durchsetzen können, schuf die Bourgeoisie paramilitärische Verbände auf kommunaler Ebene, die sogenannten PROTECO (protección communal – kommunaler Schutz). Während die Regierung der Versammlung von Concepción entgegentrat, versammelten sich die Faschisten in den Straßen von Santiago. Während die Mitglieder der Kommunistischen Partei für die Steigerung der Produktion agitierten, erschien an den Häusern Santiagos eine Parole der Rechten: »Djakarta kommt«, eine Anspielung auf das Massaker an der Kommunistischen Partei und dem Volk Indonesiens. Die faschistischen Kommandos schufen das Chaos: Explosionen, Brände in Versammlungslokalen von Arbeitern, Bauern und linken Parteien, Attentate, Ermordung der Mitglieder der linken Organisationen usw. Die Regierung reagierte nur mit polizeilichen Untersuchungen, Strafanzeigen und Prozessen, die ohne jede Wirkung blieben. Die Justiz machte sich offen über die Regierung lustig, indem sie alle Angeklagten für unschuldig erklärte. Die Rechte im Parlament war objektiv zur Nachhut der außerparlamentarischen Rechten geworden; sie löste einen wahren »legalen Terrorismus« aus, indem sie Minister, Intendenten* und Gouverneure* absetzte und jede Gesetzesinitiative der Regierung boykottierte. Praktisch konnte Allende nicht mehr regieren. Da meldeten sich unzweideutig die Stimmen der Putschisten:

Onofre Jarpa, Präsident der Nationalen Partei:
»Die Regierung steht unter der Kontrolle des internationalen Kommunismus. Es gibt keine Autorität mehr im Land. Das Regime des Präsidenten Allende ist eine Regierung von ideologischen Satelliten, die von der Sowjetunion gesteuert werden.«[3]

Orlando Saenz, Präsident des Industriellenverbandes:
»Die Regierung hält sich bei der Überführung von Industriebetrieben in gesellschaftliches Eigentum nicht an die gesetzlichen und demokratischen Regeln. Sie benutzt die Requisitionen als Mittel zur Enteignung, was illegal ist.«[4]

Dennoch bewegten sich solche Erklärungen im Rahmen des Normalen. Diese Sektoren planten seit dem Wahlsieg der Unidad Popular, Allende zu stürzen. Doch seit Mitte 1972 brauchten sie ihre Ziele nicht mehr zu verheimlichen. Etwas Neues trat ein, als der rechte Flügel der Christdemokratie ähnliche Erklärungen abgab.

Der christdemokratische Parlamentarier Juan Hamilton:
»Allende sollte die Geste O'Higgins' nachahmen und *abdanken*«.[5]

Diese Worte wurden öffentlich von dem Senator Rafael Moreno gebilligt, der derselben Partei angehörte.

Juan Hamilton bei anderer Gelegenheit:
»Wir befinden uns schon in einer Diktatur.«[6]

Der Christdemokrat Eduardo Cerda, Präsident des Abgeordnetenhauses:
»Die Regierung hat sich außerhalb der Legalität gestellt.«[7]

Es ist zwar richtig, daß der Christdemokrat Bernardo Leighton diese Äußerungen öffentlich mißbilligte: »Die Meinungen von Hamilton und Moreno sind fehl am Platz.«[8] Aber es war deutlich,

* Intendenten und Gouverneure waren in Chile Delegierte der Exekutive auf der Ebene der Provinzen bzw. Departements.

daß die traditionelle Rechte eines ihrer wichtigsten Ziele erreicht hatte – den rechten Flügel der Christdemokratie zu sich herüberzuziehen. Dieser Flügel hielt die Stunde der letzten Schlacht für gekommen. Er stand mit Sicherheit in Verbindung zu dem Staatsstreich-Komplott, das innerhalb des Heeres im September 1972 aufgedeckt wurde. In der Annahme, daß ein Staatsstreich bevorstünde, wollte die Rechte innerhalb der Christdemokratie wahrscheinlich an der Putschoffensive beteiligt sein.

Doch der größte Erfolg der Konterrevolution in dieser Periode bestand darin, die innerhalb der Streitkräfte stattfindende Diskussion an die Öffentlichkeit zu bringen. Zwei Militärs, die wegen ihrer putschistischen Verschwörungen in den Ruhestand versetzt worden waren, traten als die öffentlichen »Theoretiker« des Staatsstreichs auf.

Der eine war der Oberst Alberto Labbé, der als Kandidat der Nationalen Partei für einen Senatssitz im Wahlkampf den Staatsstreich propagieren sollte. Er sagte:

»Die grundsätzliche und wichtigste Mission der Streitkräfte ist es, die herrschende Verfassung zu verteidigen, die die Grundlage unseres Rechts und unserer Republik ist. Wenn die Herrschaft und Gültigkeit dieser Verfassung zerstört wird, dann haben die Streitkräfte die Verpflichtung zur Intervention, damit das Land weiterhin den Weg der Legalität und der Verfassung beschreitet, die letztendlich Ausdruck des Volkes sind.«[9]

Der zweite war der General Alfredo Canales, ehemaliger Direktor der Militärschule:

». . . es gibt Augenblicke im Leben der Länder, Augenblicke politischer, sozialer, wirtschaftlicher und moralischer Krisen, die die Militärs zu einer Übergangsphase zwingen, wenn die Entwicklung offensichtlich auf ein nationales Chaos zusteuert, bewaffnete Auseinandersetzungen und Bürgerkrieg zu erwarten sind. Bei dieser Übergangsphase geht es um eine genauere Analyse des Problems, darum, daß die Militärs von sich aus das Vorhandensein eines Chaos feststellen – und sich nicht auf journalistische Spekulationen stützen, die über ein Chaos angestellt werden. Aufgrund dieser genauen Analyse müssen die Militärs zu eigenen Schlußfolgerungen kommen, ihr eigenes Schema schaffen.«[10]

Oberst Labbé wie General Canales suchten eine Theorie zu entwickeln, die die Streitkräfte von der legitimen Notwendigkeit des Putsches überzeugen sollte. Die beiden zitierten Erklärungen sind höchst interessant, da sie den Stand der Diskussion innerhalb der Streitkräfte widerspiegeln. Labbé und Canales antworteten den Politikern sozusagen zwischen den Zeilen: »Wir sind bereit zum Staatsstreich, wenn eine Reihe von Bedingungen gegeben sind, die ihr, die Politiker, schaffen müßt.«

Labbé legte das Schwergewicht auf den Aspekt der Verfassung. Seiner Meinung nach mußte der Putsch die Verfassung gegen ihre Feinde verteidigen. Dazu sollten die Politiker die Regierung für verfassungsbrüchig erklären. Da die Militärs hierüber nicht willkürlich entscheiden konnten, sollten die Christdemokratie und die Nationale Partei sich in diesem Punkt einigen. Eine Erklärung, die die Illegalität der Regierung feststellte, setzte also die *absolute Einheit* der rechten Parteien voraus, was andererseits die *absolute Unterordnung* der Christdemokratie unter die äußerste Rechte bedeutete. Labbé war nicht so dumm wie später Pinochet. Er wußte, daß ein Staatsstreich nicht nur ein militärisches, sondern auch ein *politisches* Unternehmen ist, das bestimmte objektive Bedingungen erfordert: *Gesellschaftliche Zustimmung, legalen Anstrich und politische Einheit der putschistischen Kräfte.*

General Canales ließ sich über einen anderen Punkt aus: *die Notwendigkeit chaotischer Verhältnisse.* Es mußte eine Situation eintreten, in der Allende sich als ohnmächtig erwies, das Chaos unter Kontrolle zu halten. Canales rief zur Schaffung solcher Verhältnisse auf – die Militärs sollten, gleichsam als Damm gegen eine Überschwemmung, als die *einzig mögliche Autorität* an die Macht gelangen.

Die putschistischen Militärs – verkörpert von Labbé und Canales – waren zur Machtübernahme nur bereit als Vertreter der *Gesamtheit der Bourgeoisie* (nicht nur einer Fraktion), als die *Militär-Partei* der Bourgeoisie, die sich dieser militärischen Führung unterzuordnen hatte, um den gemeinsamen Feind zu schlagen. Die Militärs hatten aus dem Tacnazo des Generals Viaux und dem gescheiterten Putsch bei der Ermordung des Generals Schneider Lehren gezogen. Sie wollten kein Risiko eingehen.

Der Kampf um die politische Hegemonie zwischen der Christdemokratie und der Nationalen Partei drohte sich jedoch in die Länge zu ziehen. Die Bourgeoisie und der Imperialismus waren nicht bereit, länger zu warten. Für den Fall, daß die Bourgeoisie in ihrer politischen Form ihren unmittelbaren Klasseninteressen nicht gerecht wurde, mußte man auf die Bourgeoisie in ihrer *ökonomischen Form* zurückgreifen. Die Konterrevolution verlangte nach einer *qualitativen Veränderung* im traditionellen Herrschaftsschema, sie verlangte *den Bruch mit den traditionellen Führungen.* Oder, was auf dasselbe hinausläuft, die Bourgeoisie mußte das Gefängnis sprengen, zu dem ihre Legalität geworden war.

3. Die Macht der Verbände und die Macht der Militärs

In Chile haben die Verbände der Bourgeoisie eine außerordentliche Bedeutung. Es gibt praktisch keinen Sektor der Bourgeoisie, dessen Interessen nicht durch eine korporative Organisation vertreten wären. Dasselbe gilt für die freien Berufe. Dafür gibt es verschiedene Gründe.

Der Staat hatte in ökonomischer Hinsicht die Verteilung der Überschüsse übernommen. Um über ihre Anteile an den Überschüssen zu verhandeln, neigten die verschiedenen Schichten dazu, sich in korporativen Organisationen um den *Verteilerstaat* zu gruppieren. So entstand eine Art Kundenbeziehung zwischen den korporativen Organisationen und den politischen Parteien. Auf diesem Hintergrund erscheint die lange Existenz einer demokratisch-bürgerlichen politischen Struktur in einem rückständigen und abhängigen Land wie Chile nicht mehr so ungewöhnlich. Im Gegenteil, gerade weil Chile sich ökonomisch als Bergbauenklave entwickelte, wurde der Staat zum wichtigsten Empfänger der Überschüsse. Um ihn herum scharten sich die verschiedensten korporativen und gewerkschaftlichen Organisationen. Die politischen Parteien der Rechten, des Zentrums und auch der Linken vermittelten zwischen den para-ökonomischen Organisationen der Bourgeoisie, einigen Fraktionen des Proletariats, der Bauern und Landarbeiter und dem Verteilerstaat.

In einem Land wie Chile, in dem das Proletariat einen beträchtlichen Organisationsgrad erreicht hatte, mußte die Bourgeoisie außerdem Organisationsformen entwickeln, die die Verhandlungsposition der Gewerkschaften bei der Konkurrenz gegenüber dem Staat eingrenzten, um ein Sinken ihrer Profitrate zu verhindern. *Die Organisation der Bourgeoisie in Korporationen entspricht einer Form des ökonomischen Klassenkampfs in einem Staat, der politisch als republikanischer und nicht-autoritärer, wirtschaftlich als verteilender und nicht-akkumulierender Staat funktioniert.* Dieser Typ der korporativen Klassenorganisation reproduzierte sich bei den Mittelschichten und den Berufsverbänden. Sogar die Streitkräfte versuchten, wie wir schon sahen, sich diese Organisationsformen zur Zeit der Regierung Frei anzueignen.[11]

Diese korporativ organisierten Klassenfraktionen sind eine ausgezeichnete Basis für die *Politik einer faschistischen Mobilisierung,* wenn ihre Interessen nicht mehr von den traditionellen Parteien vertreten werden. Aber andererseits sind es dieselben Organisationen, die das Zustandekommen einer politisch und ökonomisch *authentisch faschistischen Regierungsform* verhindern. Gerade weil Chile ein rückständiges Land ist mit einer aus kapitalistischer Sicht deformierten Sozialstruktur, die sich aus seiner Abhängigkeit herleitet, sind die Interessen der verschiedenen korporativen Organisationen nicht nur vielfach und heterogen, sondern auch *widersprüchlich.* Die politischen Parteien hatten die Funktion, diese Interessen voneinander getrennt zu halten. Keiner Regierung gelang es, sie zu vereinheitlichen, d. h. eine Wirtschaftspolitik für die gesamte Bourgeoisie zu entwickeln. Deswegen scheiterte nach dem Sturz Allendes die Diktatur mit ihrem ursprünglichen Projekt, ein korporativ-militärisches System aufzubauen. Pinochet blieb keine andere Wahl, als den wirtschaftlichen Terror gegen die schwächsten Fraktionen des Bürgertums und Kleinbürgertums zu richten, die gleichzeitig zahlenmäßig die stärksten sind. Ihrer politischen Ausdrucksmöglichkeiten beraubt, haben sie heute nur den einen Ausweg, zu versuchen, die Streitkräfte zu spalten. Pinochet überwindet nicht die innerbürgerlichen Widersprüche, im Gegenteil, er verschärft sie wie niemals zuvor. Der Faschismus gründet auf den Vorteilen, die das mittlere und kleine Kapital aus ihrer Unterwerfung unter das Großkapital ziehen. Wenn solche Vorteile nicht angeboten werden, bleibt dem Faschismus nur der Terror übrig. *So ist zwar jedes faschistische Regime terroristisch, aber nicht jedes terroristische Regime faschistisch.*

Die sogenannte »Macht der Verbände«, in der sich die korporativen Organisationen der Bourgeoisie gegen die Regierung Allende zusammenschlossen, wurde bereits vor dem »Unternehmer-Streik« im Oktober 1972 gegründet. Ihre eigentliche Stoßrichtung erläuterten im November 1972 zwei ihrer führenden Vertreter: Benjamin Matte, der Präsident der Nationalen Landwirtschafts-Gesellschaft (Sociedad Nacional de Agricultura), und Jorge Fontaine, der Präsident des Nationalen Produktions- und Handelsverbands (Confederación de la Producción y del Comercio).

Benjamin Matte:

»Diese Gründung (der Macht der Verbände) ist ein Hinweis für jene, die die Bestimmung Chiles verdrehen und die Diktatur des Dogmas errichten wollen.«[12]

Jorge Fontaine wurde deutlicher:

»Das Gleichgewicht, die Achtung und das gegenseitige Verständnis der *Bewegung der Verbände, der politischen Parteien und der Streitkräfte,* die klare Eingrenzung der *Pflichten und Rechte dieser drei Kräfte sind der Schlüssel für den Sieg,* so wie der Schlüssel zum demokratischen Leben auf dem Gleichgewicht und der gegenseitigen Achtung der drei Gewalten des Staates beruht.«[13] (Hervorhebungen von uns)

Jorge Fontaine sprach sehr geschickt von der Eingrenzung der Pflichten und Rechte von Politikern, Mitgliedern der Verbände und Militärs. Damit machte er deutlich, daß die Verbände ihre traditionelle Unterordnung unter die politischen Parteien nicht mehr hinnehmen würden. Dasselbe schien er im Hinblick auf die Streitkräfte zu sagen. *Aber es war nicht ganz dasselbe.* Die Streitkräfte einbeziehen hieß, daß für die Verbände die Militärs einer der wesentlichen Träger der Konterrevolution waren; mit anderen Worten, daß sie *die Rolle übernahmen, die die politischen Parteien nicht mehr ausfüllen konnten.* Für Fontaine war die *politische Phase* der Konterrevolution zu Ende und mußte ihrer *militärischen Phase* weichen. Das Dreigespann Parteien-Verbände-Militärs bedeutete nichts anderes als die *Verdrängung der Parteien, die Organisation der Bourgeoisie als ökonomische Klasse und die Bildung der »Militär-Partei« auf der Basis der in der Verfassung verankerten Streitkräfte.*

Der Vergleich Jorge Fontaines zwischen den drei Gewalten der Konterrevolution und den drei Gewalten des Staates (Exekutive, Legislative und Justiz) war geradezu teuflisch. Damit wollte er zu verstehen geben, daß der traditionelle Staat für ihn keine Gültigkeit mehr hatte und daß folglich die Gewalten der Konterrevolution neben ihm standen. Vor allem aber wollte er betonen, daß die Verbände die Streitkräfte nicht länger als Teil der exekutiven Gewalt betrachteten.

So ergab sich eine innere Dialektik der Macht der Verbände. *Ihre Existenz hatte nur Sinn in Verbindung mit der Macht der Militärs.* Die Macht der Verbände war die Grundlage der »Militär-Partei der Bourgeoisie«, noch bevor diese sich gegründet hatte.

Es fällt auf, daß die Macht der Verbände genau von jenen Sektoren angeführt wurde, die am engsten mit dem Imperialismus verbunden waren, der – wie Kissinger später zynisch zugab – in vielfacher Form die Konterrevolution finanzierte. Das scheint jedoch der Tatsache zu widersprechen, daß es die wirtschaftlich schwächsten Sektoren des bürgerlichen Blocks waren, die bei der Konterrevolution die aktive Rolle spielten. Nun ist es gemäß dem klassischen Schema der Faschisierungsprozesse logisch und natürlich, daß das *Kleinbürgertum zum Stoßtrupp des Großbürgertums wird.* Doch im besonderen Fall Chiles gibt es noch andere Gründe, die dieses allgemeine theoretische Schema bestätigen.

Sowohl im Handelssektor (vor allem bei den mittleren und kleinen Unternehmen) wie im Transportwesen gelang es den Unternehmern, eine beträchtliche Anzahl von Angestellten und Arbeitern für ihre Interessen zu gewinnen, zum Beispiel Fahrer und Angestellte von Kleineigentümern. Das gab der Konterrevolution bis zu einem gewissen Grade *den Anstrich einer Volksbewegung.* Diese Sektoren waren bei den großen Bewegungen der Vergangenheit »Weggefährten« der Arbeiter gewesen. Mit sehr geringem politischen, aber weit entwickeltem ökonomischen Bewußtsein hatten sie es zur Zeit der Regierungen Ibañez, Alessandri und Frei ermöglicht, daß die Streikaufrufe der Zentralen Einheitsgewerkschaft CUT zu Generalstreiks führten und die damaligen Kämpfe des Proletariats den *notwendigen Volkscharakter* bekamen.

Unter der Regierung Allende *blieb das Proletariat von diesen Sektoren weitgehend isoliert.* Die Unidad Popular erhielt nur die Unterstützung des Proletariats und nicht die große Volksunterstützung, die sie gebraucht hätte – trotz einer Politik, die darauf zielte, die nichtproletarischen Sektoren des Volkes zu gewinnen. Es zeigte sich wieder einmal, daß die Interessen der verschiedenen Teile des Volkes sich nur in einem proletarischen Programm verwirklichen lassen, daß es keine »reinen« Volksprogramme ohne Klasseninhalt geben kann. Auf der Seite der Unidad Popular standen große Teile des Proletariats, aber dieses treue Proletariat verfügte über kein

eigenes historisches Programm. Es wurde lediglich als »Ergänzung« eines Bündnisses mit Teilen der Bourgeoisie betrachtet, eines Bündnisses, das sich niemals wirklich konkretisieren ließ.[14]
Die mit der Bourgeoisie verbündeten Teile des Volks waren in ihren Kämpfen durch die Schule des Proletariats gegangen. Sie besaßen organisatorische Grunderfahrungen und wußten, wie man seine unmittelbaren Interessen gegen die Repressionskräfte des Staats verteidigte. Der Vorsitzende der Fuhrunternehmer, León Vilarin, war in seiner Jugend Mitglied der Sozialistischen Partei gewesen. Später gab der CIA zu, daß er einer seiner wichtigsten Handlanger in Chile war.
Es zeigte sich, welch große wirtschaftliche Bedeutung die Transport- und Handelsunternehmer im Lande hatten. In einer Sozialstruktur, in der die Abhängigkeit vom Kapitalismus zur Deformation und Rückständigkeit auch der Bourgeoisie führt, können Wirtschaftszweige wie Handel und Transport gelegentlich stärkere Bedeutung gewinnen als die Produktion. In dem Maße, in dem sich die wichtigen Produktionszentren in der Hand des Staats oder ausländischer Unternehmen befinden, haben Wirtschaftszweige wie Handel und Transport eine stärkere *nationale und private* Prägung als das produktive Kapital. Bei einer Zuspitzung des Klassenkampfs vertreten gerade sie die Interessen des *Kapitalismus als System.* Andererseits entwickeln diese im Kapitalismus untergeordneten Sektoren ihre Widersprüche gegen das System, wenn der Kampf der Gesamtheit der Bourgeoisie gegen die Gesamtheit des Proletariats nicht im Vordergrund steht.
In einem *Verteilerstaat* haben diese Sektoren viele Möglichkeiten, sich große wirtschaftliche Vorteile zu sichern, was ihnen während der Regierung Allende auch gelungen ist.[15] In einem *akkumulierenden Staat* können sie keine Vorteile erwarten. Hier unterwirft die Produktion den Verteilungs- und Kommerzialisierungssektor den ehernen Gesetzen des Kapitals. Der »wilde Kapitalismus«, den zu errichten die Diktatur Pinochets sich bemüht, muß notwendigerweise die die Produktion ergänzenden Wirtschaftszweige benachteiligen, da sich alles nach den Akkumulationsbedürfnissen des Monopolkapitals und des Imperialismus ausrichtet. Heute vergießen die Vertreter des Handels und Transports große Tränen wegen der Leiden, die sie unter der Diktatur erdulden müssen, einer Diktatur, der sie selbst zur Macht verholfen haben. Als deformierte und rückständige kleine Kapitalisten können sie die Gesetze des Systems nicht begreifen, dessen Teil sie sind. Ihre Widersprüche zum internationalen und nationalen Großkapital, die fortbestehen und sich vertiefen, könnten sie vielleicht eines Tages zu ihrer alten Rolle an der Peripherie des Proletariats zurückführen. Es könnte sogar sein, daß sie bei einem politischen Bruch mit der Diktatur (der ökonomische Bruch ist schon vollzogen, die Diktatur hat ihn

selbst verursacht) diese Peripherie und einige Uniformen mit sich ziehen.
Zum Schluß noch eine kleine Anmerkung zu den Christdemokraten:
Orrego und Frei schrieben ein Büchlein, in dem sie darlegen, daß die Taktik des Streiks der Verbände oder Unternehmer eine Taktik der Christdemokratie gewesen sei. Wie man in Chile sagt: »Der Karren dachte, daß er die Ochsen schob.«

Sechstes Kapitel

Der Oktober der Generäle

Mitte Oktober 1972 brach der erste sogenannte »Streik der Unternehmer« aus. Sein hauptsächliches Ziel war, den *Staatsstreich zu provozieren.*

Die Voraussetzungen dazu waren gegeben, als am 1. Oktober der Rundfunksender der Nationalen Landwirtschaftsgesellschaft SNA wegen Verbreitung putschistischer Aufrufe an die Streitkräfte von der Regierung geschlossen wurde. Sofort schickte die politische Rechte ihre Studentenkommandos auf die Straße. Faschistische Gruppen begannen, die Hauptstadt Santiago zu terrorisieren.

Auch der Imperialismus trat in Aktion. Ein Gericht in Paris entsprach dem Antrag des US-amerikanischen Unternehmens Kennecott und ließ am 4. Oktober den Kredit sperren, der für eine chilenische Kupferlieferung zugesagt worden war. Am selben Tag gaben einige Politiker der Rechten dem Staatsstreich den legalen Rahmen. Die Senatoren Bulnes (Nationale Partei), Aylwin (Christdemokratische Partei), Duran (Radikaldemokraten) und Acuña (Linke Radikale) erklärten, daß die Regierung gesetzeswidrig gehandelt habe. Am 10. Oktober organisierten die Parteien der Rechten und Patria y Libertad eine Demonstration im Zentrum von Santiago. Der Hauptredner, Senator Alberto Baltra von der Partei der Radikalen Linken – PIR (Partido de Izquierda Radical) erklärte, »daß der Moment des Handelns gekommen sei«.[1]

Alles war vollkommen synchronisiert. Hinzu kam, daß der Unternehmer-Streik in eine wirtschaftlich sehr schwierige Lage fiel. Die Inflation hatte den höchsten Stand in der chilenischen Geschichte erreicht – 99,8%. Die Versorgungsschwierigkeiten verursachten lange Schlangen vor den Geschäften in den Städten des Landes. Das Kleinbürgertum entlud seine ganze Wut auf die Regierung und die Unidad Popular. Die Militärs diskutierten bereits offen politische Fragen in den Kasernen.

1. Warum scheiterte der Putsch im Oktober 1972?

Als Stoßtrupp der Bourgeoisie waren die Fuhrunternehmer, die Fahrer und Unternehmer der Busbetriebe sowie die Kaufleute die ersten, die sich dem Unternehmerstreik anschlossen. Ihnen folgten die Verbände der akademischen Berufe (Ärzte, Ingenieure usw.). Das Hauptziel war, das ganze Land zu paralysieren und damit die Militärs zum Eingreifen zu zwingen.

In diesem Zusammenhang ist es wichtig zu analysieren, warum der Putsch in dieser Phase nicht möglich war.

Der erste Grund lag darin, daß die politische Rechte und die

Verbände die Mobilisierungskraft des Proletariats unterschätzt hatten. Durch ihre Siege in einigen Wahlen hatten sie sich Illusionen gemacht. Der Kampf an den Urnen ist etwas ganz anderes als der Klassenkampf, in dem die Klassen sich nicht an abstrakten Programmen, sondern an konkreten Tatsachen orientieren.

Es ist unbedingt hervorzuheben, daß dieser zum ersten Mal in der chilenischen Geschichte eindeutig von Unternehmern getragene Streik eine interne Klassensolidarität des Proletariats hervorrief, wie sie nie zuvor bestanden hatte. Selbst die politischen Führungen der Linken sahen sich in dieser Situation gezwungen, ihre inneren Streitigkeiten beizulegen, um den Vormarsch der Konterrevolution zu verhindern. Das gemeinsame Ziel wurde zur politischen Losung: *verhindern, daß die Bourgeoisie das Land paralysiert.*

Andererseits war dies einer der außergewöhnlichen Augenblicke, in dem die Bewegung der Massen nicht in Widerspruch zur Verfassung und zur bürgerlichen Legalität geriet. Der Streik war illegal; arbeiten war legal. Die Massen fanden bei ihrer Mobilisierung ein weites Feld ohne institutionelle Schranken. In diesem Sinne ist es wichtig festzuhalten, daß diese Mobilisierung *nicht mit der Kontinuität der traditionellen Mobilisierungen der chilenischen Arbeiter brach.* Der Kampf gegen den Streik der Unternehmer blieb im allgemeinen Rahmen der Arbeitskämpfe des Proletariats. Er forderte *insbesondere das Recht auf Arbeit.* Diese traditionelle Form des Kampfes deckte sich mit der Notwendigkeit, die Volksregierung zu verteidigen. Die Forderung nach dem Recht auf Arbeit war die Verteidigung der Regierung und umgekehrt.

Die vorübergehende politische Einheit der Linken, die Entsprechung von legalem Weg und Massenmobilisierung, die Einheit der ökonomischen und der politischen Mobilisierung der Massen – das Zusammentreffen all dieser Momente erzeugte eine Dynamik, die es bisher in der Geschichte der chilenischen Massenbewegung nicht gegeben hatte.

Die *überwiegend defensive und demokratische* Mobilisierung der Arbeiter ermöglichte die Entstehung neuer Arbeiter- und Volksorganisationen zur Koordinierung der Offensive innerhalb dieses defensiven Rahmens. So entstanden zum Beispiel die JAP (Juntas de Abastecimiento y Precios, etwa: Kommissionen zur Überwachung der Versorgung und der Preise), die die Volkskontrolle über die Verteilung kurzlebiger Verbrauchsgüter sichern sollten. Solche Organisationen waren schon vor dem Oktober 1972 – allerdings in bürokratischer Form – vorgeschlagen worden. Doch unter dem Druck der Volksbewegung wurden sie zu Instrumenten des Klassenkampfs auf ökonomischem Gebiet.

In gleicher Weise und in dem Maße, in dem sich der Kampf in den Fabriken, Straßen und Armenvierteln entfaltete, wurde es objektiv notwendig, die verschiedenen lokalen Aktionen miteinander zu verbinden. So entstanden die »Comites Coordinadores«, die Koordinierungskomitees, danach die »Cordones Industriales«, die Industriegürtel, und es wurden die ersten Schritte zur Organisierung umfassenderer Organe, z. B. der »Consejos Comunales«, der Kommunalen Räte, unternommen. Diese Organisationsformen bildeten trotz einem hohen Grad an Autonomie weder eine Alternative zum Staat, noch waren sie anfangs als solche konzipiert worden, wie gewisse Kreise der Linken meinen. Im Gegenteil, sie entstanden in enger Verbindung mit den traditionellen Formen der Mobilisierung des Proletariats, mit defensiver und demokratischer Zielsetzung, ohne die bürgerliche Legalität zu verlassen. Aber es waren echte Arbeiterorganisationen, und sie bedeuteten einen Sprung nach vorn im Verhältnis zu den alten Organisationsformen »von oben«, die den bürokratischen Manipulationsmechanismen unterworfen waren.[2]

Die Kräfte der Konterrevolution mußten im Oktober erfahren, daß sie die Unterstützung des Volks und der Arbeiter für die Regierung unterschätzt hatten. Im Getriebe des Putschplans fehlte ein Rad: die Verwirrung und Spaltung der Arbeiterklasse. Die nächsten Versuche der Konterrevolution sollten diesem wichtigen »Rad« Rechnung tragen.

Ein zweiter Grund für das Scheitern des Putsches im Oktober ist darin zu finden, daß die bürgerliche Legalität noch nicht ganz im Dienst der Konterrevolution stand, weil die Christdemokratie ihre Haltung zum Streik der Unternehmer nicht eindeutig definiert hatte.

Es ist zwar richtig, daß der rechte Flügel der Partei schon übermäßig viele Beweise für seine Bereitschaft geliefert hatte, sich an einem Putschabenteuer zu beteiligen; aber es gab eine Reihe von Gründen, die verhinderten, daß die Gesamtheit der Partei zu diesem Zeitpunkt den Staatsstreich für die einzig mögliche Lösung hielt.

Einer dieser Gründe waren die Parlamentswahlen im März 1973. Viele führende Parteimitglieder meinten, daß der Oktoberstreik eine glänzende Gelegenheit bot, die Regierung in Verruf zu bringen, indem man ihre politische und ökonomische Ohnmacht bloßstellte; einerseits war sie unfähig, ihre Autorität durchzusetzen, andererseits nicht imstande, die Wirtschaftskrise zu beheben. Aber als mit der Entfaltung der Volksbewegung eine *neue Wirksamkeit* zu entstehen begann, begriffen diese führenden Christdemokraten, daß sie mit ihren Vorstellungen – selbst im Hinblick auf die Wahlen – der Regierung einen Gefallen taten.

Das Wesentliche aber war, daß die Christdemokratie als Partei, in der mehrere Klassen bzw. Klassenfraktionen vertreten waren, Gefahr lief, einen großen Teil ihrer Anhänger in den Fabriken und allgemein in der Arbeiterschaft zu verlieren. Der Oktoberstreik war eine soziale Auseinandersetzung, die außerhalb des Rahmens der traditionellen Politik stattfand. Bei den Anhängern der Christdemokratie in den armen Volksschichten waren Anzeichen dafür erkennbar, daß sie ihre »Interessenvertretung« wechseln wollten. Viele christdemokratischen Arbeiter schlossen sich der Mobilisierung gegen die Unternehmer an, wobei sie vielfach den Anordnungen ihrer Partei zuwiderhandelten. Die christdemokratische Partei stellte sich nun als eigenartiger Fächer dar. Auf der einen Seite riefen ihre Politiker zum Streik auf, auf der anderen Seite verurteilten ihre Vertreter in der zentralen Einheitsgewerkschaft CUT den Streik. Das zwang die Führung der Partei zu einer radikalen Änderung ihrer Taktik. Zu Anfang wollten sie als Anführer des Putsches gelten, der sich vielleicht aus dem Streik ergeben hätte; nun wählten sie die Rolle derjenigen, die auf eine Befriedung der Situation hinarbeiteten.

Schließlich wird die Christdemokratie bemerkt haben, daß die Militärs nicht völlig zum Putsch entschlossen waren. Ihre Taktik bestand darin, die Militärs politisch unter Kontrolle zu halten. Die unentschlossenen Streitkräfte zum Putsch zu drängen, brachte die Gefahr mit sich, daß sie sich gegen die Partei wandten, und bedeutete in jedem Fall, sie als wirksames Putschwerkzeug zu verschleißen.

Die putschistischen Sektoren der Christdemokratie gaben also ihr Ziel vorübergehend auf und warteten auf eine günstigere Gelegenheit, während die Mitglieder der Nationalen Partei und Patria y Libertad in eine wahre Hysterie ausbrachen.

Ein dritter Grund für das Scheitern des Putsches war, daß innerhalb der Kräfte der Konterrevolution (der Parteien, Verbände und Militärs) noch keine völlige Einheit herrschte. Dies verhinderte gleichzeitig die innere Integration der einzelnen Kräfte im Hinblick auf einen Putsch.

Die mangelnde Geschlossenheit der Verbände war offensichtlich. Ihre zentralen Vorstandsgremien hatten ein Dokument mit dem Titel »Die Forderung Chiles« veröffentlicht, das in Wirklichkeit ein Regierungsprogramm für den Putsch war, der aus dem Streik hervorgehen sollte. Aber nicht alle Verbände schlossen sich dem Streik mit dem Ziel eines Staatsstreichs an. Viele wollten nur die Erfüllung ihrer unmittelbaren Forderungen. Die ersten, die aus der gemeinsamen Front ausscherten, waren die Unternehmer und Fahrer der Busbetriebe. Der Kleinhandel drängte auf die Wiedereröffnung der Geschäfte, was seinen führenden Vertretern den Vorwurf des Verrats seitens Patria y Libertad einbrachte.

Schließlich hatte die Regierung das Glück, daß der Oberkommandierende der Streitkräfte ein verfassungstreuer General war, Carlos Prats. Anzeichen für ein verfassungstreues Verhalten gab es auch bei den Generälen des Heeres und in geringerem Maße bei den anderen Teilen der Streitkräfte.

Da die politische Rechte und die Verbände den Fehler begangen hatten, den Kampf ausschließlich auf der illegalen Ebene zu führen, und da aufgrund der schwankenden Haltung der Christdemokratie nicht mit der vollen Unterstützung des Parlaments zu rechnen war und auch die Unterstützung der Massen fehlte, blieben die putschistischen Sektoren innerhalb der Streitkräfte weitgehend neutralisiert, zumindest unter den Generälen und hohen Offizieren (der größere Teil des Offizierskorps war schon seit langem zum Staatsstreich entschlossen).
In den Streitkräften spalteten sich die Putschisten wiederum in einen Flügel, der den Staatsstreich ohne verfassungsmäßige oder soziale Legitimation durchführen wollte, und in einen Flügel, der auf diese Legitimation wartete. Zwischen Putschisten und Verfassungstreuen gab es einen unentschiedenen Sektor von dienstbeflissenen und unterwürfigen Soldaten, die auf eine Klärung der Kräfteverhältnisse in den Streitkräften warteten, um sich dann auf die Seite der Stärkeren zu schlagen. Zu ihnen gehörte auch Augusto Pinochet Ugarte.
Für Allende waren die Streitkräfte von Anfang an der »Schutzwall gegen die Konterrevolution«. Er versuchte, die Autorität der Waffen auf die Regierung zu übertragen und die Militärs zur Verteidigung der Legalität, die die Regierung verkörperte, zu verpflichten. Viele Teile der Unidad Popular glaubten sogar, daß sich mit der Intervention der Militärs ein Zusammenschluß zwischen diesen und der Massenbewegung ergeben könnte. Aber für die Mehrheit der verfassungstreuen Militärs hieß die Alternative nicht, »mit dem Volk oder gegen das Volk«, sondern ganz einfach verfassungstreu oder verfassungswidrig handeln. Die verfassungsmäßige Stärke der Regierung hing zum großen Teil von der Unterstützung ihrer sozialen Basis ab, aber auch davon, daß die militärischen Oberbefehlshaber sie als verfassungsmäßig anerkannten. Die Verfassungsmäßigkeit oder Verfassungsfeindlichkeit der Regierung hing also letztlich von der Meinung der Generäle ab. Den Generälen, die nicht viel von Gesetzen verstanden, erschien zu diesem Zeitpunkt die Regierung, in Anbetracht der Unterstützung ihrer sozialen Basis, als verfassungsmäßig. Viele Generäle änderten ihre Meinung, als sie die Regierung sozial geschwächt sahen. Die Bedeutung des Generals Prats und anderer verfassungstreuer Militärs lag darin, daß sie der Regierung auch in Augenblicken politischer und sozialer Schwäche immer noch ihre verfassungsmäßige Legitimität zuerkannten.

2. *Die Verteidigung der Legalität – die Generäle werden Minister*

Am 1. November 1972 wurde das erste Kabinett »Unidad Popular – Generäle« gebildet. Das formale Ziel bei der Beteiligung der

Generäle an der Regierung war, wie es hieß, die Gewährleistung von Ruhe und Ordnung im Land bis zu den Parlamentswahlen im März 1973. Die Generäle mit Ministerämtern waren Carlos Prats als Innenminister, der Brigadegeneral der Luftwaffe Claudio Sepúlveda als Bergbauminister und der Konteradmiral Ismael Huerta als Minister für öffentliche Arbeiten. Neben diesen drei Generälen gehörten zu diesem Kabinett der Präsident der Zentralen Einheitsgewerkschaft CUT, Luis Figueroa, als Arbeitsminister und der Generalsekretär der CUT, Rolando Calderon, als Landwirtschaftsminister. In linken Kreisen wurde dieses Kabinett mit bitterem Spott als erster »Sowjet« des Landes bezeichnet, da er aus Arbeitern, Bauern und Soldaten bestünde.

Durch die Aufnahme der Militärs in die Regierung wurde zweifelhaft, ob der Oktoberstreik wirklich ein Sieg für das Proletariat gewesen war. Unabhängig davon, daß die Zeitung der Kommunistischen Partei den Oktoberstreik als die »Schweinebucht« des politischen Prozesses in Chile darstellte – eine Parallele zur mißlungenen Intervention des CIA auf Kuba – oder ein Sozialist in der Zeitschrift »Chile Hoy« schrieb, daß die chilenische Revolution von den Streitkräften »garantiert« werde, bleibt die Frage, ob die Regierung anders handeln konnte, als sie es tat. Wir werden versuchen, auf diese Schlüsselfrage weiter unten zu antworten. An dieser Stelle wollen wir darstellen, wie die Rechte und die Verbände auf die Militärs im Kabinett reagierten.

Die Entscheidung, den Streik abzubrechen, sobald die Militärs die Regierungsämter übernahmen, können wir auch als einen taktischen Versuch werten, mit dem die Unternehmer konkret demonstrieren wollten, daß sich mit den Militärs *sofort die Ordnung herstellte*. Aus demselben Grunde unterschieden die Unternehmer immer sehr genau zwischen den Militärs und der Regierung. Sie verbreiteten das Bild von den Militärs als Instrumenten des »Marxismus« und suchten damit, zwei Autoritäten voneinander zu trennen. Eine Autorität war die Regierung Allende, die die Schuld an allen Übeln trug; die andere Autorität waren die Militärs, die das Opfer der Regierung waren.

Sobald die konterrevolutionären Kräfte jedoch merkten, daß die Generäle im Kabinett keineswegs ihren unmittelbaren Zielen dienten, sondern daß im Gegenteil die Autorität der Regierung durch die Militärs gestärkt wurde, begannen die Verbände, Patria y Libertad sowie die Nationale Partei eine Kampagne gegen die Generäle im Kabinett, insbesondere gegen General Prats zu führen.

Francisco Bulnes, ein führender Parlamentarier der Nationalen Partei, wurde sehr deutlich, als er im Kongreß sagte:

»Ich begreife, daß die Aufgabe, die die Vertreter der Streitkräfte zu erfüllen haben, in erster Linie General Prats, der hier anwesend ist, sehr schwierig ist. Aber wenn diese Aufgabe, die sie sich selbst gesetzt haben, unmöglich zu erfüllen ist, dann – ich spreche nicht im Namen meiner Partei – würde ich *vorziehen, daß die Vertreter der Streitkräfte nicht länger Minister bleiben.* Es gilt zu vermeiden, daß ein Teil der Chilenen, wie es allmählich geschieht, zu der Auffassung gelangt, daß die Streitkräfte zu einem Bestandteil der Unidad Popular geworden sind, daß sie mit den besten Absichten als Schiedsrichter dienen und den sozialen Frieden wiederherstellen wollen, aber daß sie sich in Wirklichkeit *mit den Plänen und Handlungsweisen einer parteiischen und sektiererischen Regierung identifizieren,* vielleicht weil sie gehindert werden, sich selbst zu entfalten. Es wäre ganz und gar nicht nützlich für das Land, wenn es so aussähe, als würden sich die Streitkräfte mit dieser politischen Strömung identifizieren.«[3] (Hervorhebungen von uns)

Die Tatsache, daß General Prats sich gegen eine Anklage und Amtsenthebung des kommunistischen Finanzministers Orlando Millas durch den Kongreß gewandt hatte, führte drei Tage nach der Rede des Parlamentariers Bulnes – trotz seiner Bemerkung, daß er nicht im Namen seiner Partei spreche – zur Veröffentlichung der folgenden Erklärung der Nationalen Partei:

»Man sollte sich daran erinnern, daß der Eintritt des Herrn Prats und der anderen Repräsentanten der Streitkräfte in das Kabinett von der überwältigenden Mehrheit der öffentlichen Meinung insofern gutgeheißen wurde, als man erwartete, daß sie den Gesetzesübertretungen der marxistischen Regierung *Einhalt gebieten* würden, die die Ursache für den entschiedenen Protest der Massen im vergangenen Oktober waren. Dieselbe öffentliche Meinung muß sich heute enttäuscht fühlen, wenn sie sieht, wie derselbe Herr Prats, *ohne daß eine Notwendigkeit dazu bestünde, einen kommunistischen Minister* verteidigt, der von der Abgeordnetenkammer schwerer Gesetzesverletzungen bezichtigt worden ist. Wir meinen, daß der Herr Innenminister diese schwerwiegenden und kompromittierenden Worte nicht recht bedacht hat. Eine bedauerliche Episode, die die Notwendigkeit deutlich macht, eine *verantwortungsvolle Analyse* darüber anzustellen, *ob es angebracht ist, daß die Streitkräfte weiterhin Mitglieder der Regierung bleiben,* wenn ihre Vertreter nicht die gebührende Unabhängigkeit gegenüber dem Druck der marxistischen Elemente bewahren, die hartnäckig an den ungesetzlichen Methoden festhalten, die die Umbildung des Kabinetts erforderlich gemacht hatten.«[4] (Hervorhebungen von uns)

Natürlich hatte die parlamentarische Konterrevolution kein Interesse daran, daß die Generäle an der Regierung beteiligt wurden. Die Verfassungstreue insbesondere des Generals Prats war zu einem unerwarteten Damm gegen die Konterrevolution geworden. Im Unterschied zur Christdemokratie setzte die Nationale Partei keine Hoffnungen in die bevorstehenden Parlamentswahlen. Bestenfalls konnte die Christdemokratie ein gutes Wahlergebnis erzielen – und daran hatte die Nationale Partei kein Interesse.

Andererseits betrieb die Nationale Partei eine aktive Propaganda unter den Offizieren, die in ihrer großen Mehrheit zum Staatsstreich bereit waren: sie stellte die Generäle im Kabinett als Bündnispartner des Marxismus hin. Für sie mußte das Hindernis der verfassungstreuen Generäle aus dem Weg geräumt werden.

Der erste Schritt war eine Provokation.

Unmittelbar nach dem Oktoberstreik verübten die Vertreter der Militärjustiz ein »Attentat« auf die Rechtsprechung, indem sie das Strafmaß des wegen Mordes an General Schneider verurteilten Generals Viaux von 20 auf 2 (!) Jahre herabsetzten – trotz der vielen klaren Beweise, die die Schuld Viaux' belegten. Selbst der ehemalige Präsidentschaftskandidat der Christdemokratie, Radomiro Tomic, bezeichnete das Urteil als »juristisch und moralisch unbegreiflich«. In einem Land, in dem der Diebstahl eines Huhns mit 5 Jahren Gefängnis bestraft wird, kommt der Mörder eines Generals mit knapp zwei Jahren davon.

Dieses politische Urteil war eine offene Herausforderung der putschistischen Militärs, die sich gegen ihre eigenen Autoritäten richtete. Am Tag, an dem das skandalöse Urteil bekannt wurde, feierte die Rechte mit einem riesigen Autokorso das Ereignis in den Straßen von Santiago. Freilich lag ihr weniger das Glück Viaux' am Herzen; sie feierte vielmehr die Tatsache, daß das Militärgericht den Mord an dem Oberbefehlshaber im Namen des Kampfs gegen »den Marxismus« für straflos erklärt hatte. Es war ein Beweis dafür, daß Allende in den Streitkräften viel isolierter war, als man dachte.[5]

Im Gegensatz zur traditionellen Rechten wandte sich die Christdemokratie nicht gegen das Militärkabinett. Der Oktoberstreik hatte in der Partei gewisse Auflösungserscheinungen verursacht: ein Teil der Parteibasis folgte bereits den Putschisten, ein Teil der Arbeiterbasis hatte sich der Unidad Popular angeschlossen. Durch eine Reihe von Erfahrungen hatte die Christdemokratie gelernt, daß die Partei in einen Zerfallsprozeß gerät, wenn der Klassenkampf aus dem gewohnten Rahmen ausbricht. Mit dem Ende des Oktoberstreiks jedoch kehrte die Politik in die alten Bahnen zurück; sie konzentrierte sich auf die Parlamentswahlen. In diesem Zeitraum, zwischen November 1972 und den Parlamentswahlen im März 1973, versuchte die Christdemokratie, ihre Kraft als »Opposition« wiederzuerlangen. So erfüllten die Militärs für sie eine doppelte Funktion: zum einen sollten sie den normalen Ablauf des politischen Lebens unter Wahrung der Kompetenzen der legalen Institutionen gewährleisten und verhindern, daß sich die Ansätze einer kämpferischen Autonomie, wie sie sich während des Oktoberstreiks gezeigt hatten, weiter entfalteten; zum anderen sollten sie der Regierung die Hände binden.

Abermals zeigte sich die Konterrevolution in Gestalt der Opposition. So erklärt sich der Unterschied in den Zielsetzungen der Nationalen Partei und der Christdemokratischen Partei in bezug auf die Parlamentswahlen, obwohl beide, im sogenannten »Demokratischen Bündnis« CODE (Confederación Democrática) vereint, gemeinsam in den Wahlkampf gingen. Während der Vorsitzende der Nationalen Partei, Onofre Jarpa, das unmöglich zu erreichende Ziel einer Zweidrittelmehrheit aufstellte, verkündete Frei, daß eine CODE-Mehrheit von nur einer Stimme als Sieg über die Unidad Popular zu betrachten wäre. Damit meinte Jarpa, daß »uns das Parlament für die Konterrevolution *nichts* nützt«, und Frei, daß »uns das Parlament für die Konterrevolution *noch* nützt«.

Die Taktik der Christdemokratie in dem kurzen Zeitraum zwischen November 1972 und März 1973 bewährte sich voll und ganz: Die Regierung beschloß, den Unternehmern alle Betriebe zurückzugeben, die während des Oktoberstreiks beschlagnahmt worden waren. Sie nahm es sogar hin, daß die Journalisten und Arbeiter der Zeitungen »El Sur« und »Crónica« in Concepción wegen des Vergehens entlassen wurden, die Regierung verteidigt zu haben. Dagegen wurden die gegen die putschistischen Unternehmer verhängten Strafen zurückgenommen. Innerhalb ihrer eigenen Logik befand sich die Regierung in einer Sackgasse. Um eine soziale Konfrontation zu vermeiden, die zum Staatsstreich geführt hätte, mußte sie ihre Legitimität mit Hilfe der Militärs stärken. Doch eben diese Militärs öffneten dem Staatsstreich die Tore, indem sie die Arbeiter zurückdrängten. Die *bewaffneten* Organe des Staats waren sicherlich *vorübergehend ein Schutz* gegen die Konterrevolution, aber gleichzeitig versperrten sie den Massen *endgültig* den Weg.

Dieser bewaffnete Damm mußte seinerseits dem Druck zweier Seiten standhalten; aber er brach vor allem unter dem Ansturm der Kräfte, die in seinem Innern tätig waren, d. h. dem Druck der putschistischen Offiziere der drei Teilstreitkräfte. Der Damm stützte sich einzig und allein auf den guten Willen der Oberbefehlshaber, auf die »Reinheit des Gesetzes« (die mit jedem Mal weniger taugte) und auf das Verlangen der Christdemokratie nach Wahlen. Vielleicht ist an dieser Stelle das Zeugnis eines Teils dieses bewaffneten Damms am besten geeignet, dessen innere Situation zu begreifen. Der Luftwaffenpilot und Ingenieur Alamiro Castillo sagte nach dem Putsch im Exil:

»Die Zivilbürger kennen die Mentalität der Militärs nicht, und werden sie nur schwer begreifen lernen – ich beziehe mich hier auf das, was die Mehrheit der Befehlshaber und Offiziere in den chilenischen Streitkräften denkt. Es geht um ihre Ideologie oder ihre Philosophie. Deshalb haben viele Politiker keine ausreichende Erklärung für das, was geschehen ist. Deshalb beharren sie häufig auf unrealistischen Vermutungen und zimmern sich subjektive Gedankengebäude in bezug auf den zukünftigen Verlauf des Prozesses, der die Zerstörung der traditionellen Verfassung und seiner Institutionen bestimmte. Wir Wenigen, die wir die große Gelegenheit erkannten, die die Regierung Allende uns Soldaten bot: teilzunehmen an dem patriotischen Bemühen, unser Land auf den Weg des Fortschritts, der Demokratie, der Unabhängigkeit und Souveränität zu bringen, – wir wurden von unseren Kameraden und auch von den ausländischen Beratern darauf hingewiesen, daß wir aus den Streitkräften ausgestoßen, getötet oder zu schweren Strafen und Foltern verurteilt würden – wie es schließlich auch gekommen ist. In ihrer Denkweise meinten sie, daß wir ihnen aufgrund unserer Zusammenarbeit mit der Regierung fremd geworden seien, uns den Reihen des »Feindes« angeschlossen hätten. Daß ich lebe, ist ein Wunder. Denn ich bin sicher, daß sie mit mir nicht die Gerichtsfarce veranstaltet hätten wie mit meinen Kameraden von der Luftwaffe, die sie nicht umgebracht haben. Ich wäre unzweifelhaft tot. Aber mich interessiert nicht das Persönliche. Was mir jetzt Sorge macht, ist, daß die Politiker weiter über die Militärs oder andere Uniformierte faseln, ohne unsere Warnungen der Vergangenheit zu beachten. Ich glaube, daß man sich über das Denken und Verhalten der Militärs klar werden muß, um das in Chile angerichtete Chaos rückgängig zu machen.«[6]

Der bewaffnete Damm konnte gar nicht schwächer sein. Aber es war der einzige, den die Regierung hatte. Natürlich, so könnte man sagen, gab es noch eine andere Möglichkeit, nämlich den Volksaufstand. Aber mit welcher Politik? Mit welchen Kräften? Mit welchen Waffen? Und vor allem: mit welcher Führung?

Die Linke »außerhalb der Unidad Popular«, insbesondere der MIR, die Bewegung der Revolutionären Linken (Movimiento de la Izquierda Revolucionaria) war ziemlich weit davon entfernt, eine Alternative für die Massen oder vor allem eine Alternative für *die Klasse* zu sein. Höchstens konnte er, durch seinen offensichtlichen Einfluß im linken Flügel der Unidad Popular, einen gewissen *Druck* auf die Regierung ausüben. Dieser linke Flügel wiederum war weit entfernt davon, mit der Regierung der Unidad Popular zu brechen (und nichts deutet darauf hin, daß die Entwicklung günstiger verlaufen wäre, wenn der Bruch *vollzogen* worden wäre). Der Mangel an eigenen politischen Konzepten führte dazu, daß der linke Flügel sich immer wieder der einzig kohärenten Politik im Block der Unidad Popular unterordnete, der Politik der Kommunistischen Partei. Und je mehr er sich dieser Hegemonie unterordnete, desto stärker suchte er sich mit konfusen und demagogischen Parolen, die typisch für den Linkspopulismus sind, von ihr zu unterscheiden, was in der Massenbewegung Verwirrung stiftete.

Die neuen Massenorganisationen gerieten in einen Prozeß, der sie mehr und mehr zu offiziellen Institutionen werden ließ.[7] Das heißt nicht, daß die Regierung sich entschlossen hätte, ihren Rückhalt bei den Industriegürteln oder den entstehenden Kommunalen Räten zu suchen; im Gegenteil, diese Organisationen wurden durch eine Politik der Integration zur *territorialen Verlängerung* der Regierung und ihrer Institutionen. Die natürliche Entwicklung hätte zu einer Übertragung der Macht dieser neuen Organisationen an die Regierung geführt. In Wirklichkeit geschah das Gegenteil: die

Regierung übertrug ihnen ihre eigene Schwäche. Sie schuf die Grundlagen dafür, daß (insbesondere vom linken Flügel der Unidad Popular) in den Industriegürteln politische Positionen vertreten wurden, die eine falsch verstandene organisatorische Unabhängigkeit dieser neuen Organisationen von der Zentralen Einheitsgewerkschaft CUT forderten, was darauf hinauslief, die Arbeiterklasse organisatorisch, wenn auch nicht politisch, zu spalten. Der MIR, der auf die Gefahr der latenten Spaltung hinwies, wandte sich gegen den Parallelismus und Antagonismus zwischen den Industriegürteln und den gewerkschaftlichen Organisationen. Als Ausweg schlug er die Schaffung anderer Organe, der Kommunalen Räte, vor; sie sollten die Rolle der Befreiung der Klasse übernehmen, die die Industriegürtel nicht hatten erfüllen können. Diese neuen Organe, in ihrer Entwicklung als »Keime einer Doppelherrschaft« konzipiert, wären jedoch ohne Zweifel und unvermeidlich – in Anbetracht der bestehenden Kräfteverhältnisse und vor allem in Anbetracht des in der chilenischen Arbeiterklasse vorherrschenden Bewußtseins – von der Unidad Popular und der Regierung »absorbiert« worden. Als unmittelbare Machtalternative hätten sie den Parallelismus zu den Gewerkschaften und die organisatorische Spaltung der Arbeiterklasse hervorgerufen, also gerade das, was vermieden werden sollte. Die Probleme der chilenischen Arbeiterklasse *waren nicht organisatorischer, sondern politischer Art.* Es ging ja nicht darum, mehr oder weniger Organisationen zu erfinden, sondern darum, den *traditionellen Organisationsrahmen der chilenischen Arbeiterklasse zu verändern.* Das aber war, die Erfahrung zeigte es, nicht eine Aufgabe von Monaten, um so weniger in einer Situation, in der die Pole der Auseinandersetzung nicht zwischen Revolution und Konterrevolution verliefen, sondern zwischen der Verteidigung der Regierung und der Konterrevolution. Viele fortgeschrittene Sektoren der Klasse, die bereit gewesen wären, politisch und organisatorisch einen revolutionären Pol zu bilden, taten diesen Schritt nicht, aus dem einfachen Grunde, weil ein solcher Pol nicht entfernt so stark gewesen wäre wie die Konterrevolution.

Es ist bezeichnend, daß die Massenorganisationen, die in ihrer Entwicklung am weitesten und besten vorankamen, die JAP waren, die Kommissionen zur Überwachung der Versorgung und der Preise. Die JAP entsprachen der konkreten Wirklichkeit, der unmittelbaren Notwendigkeit der Verteilung von Lebensmitteln an das Volk. Sich in den JAP zu beteiligen, bedeutete nicht, ins Leere zu springen, für eine Zukunft, die die Massen nicht genau erkennen konnten. Aus demselben Grund wurde keine Volksorganisation von der Rechten so scharf angegriffen wie die JAP.

Um die Angriffe der politischen Rechten abzuwehren, beschränkte die Regierung die Entwicklung der JAP, nicht nur dadurch, daß sie

sie institutionalisierte, sondern sie wurden auch militarisiert.[8] Nach der Auffassung der Generäle Prats und Bachelet sollten die JAP nur eine »Hilfs«-Funktion haben. Wenn schon die Regierung das soziale Machtpotential in den JAP nicht erkannte, dann waren diese beiden Generäle noch viel weniger dazu in der Lage, wie stark ihre Sympathien für das Volk und wie unerschütterlich ihre Loyalität zur Regierung auch sein mochte. Aber die konterrevolutionären Kräfte konnten nicht einmal bürokratisierte oder »militarisierte« JAP dulden. Auf der anderen Seite schränkten die JAP ihr traditionelles Verteilungsmonopol ein. Als der Finanzminister Fernando Flores einige Maßnahmen ankündigte, um die chaotische Verteilung der Lebensmittel zu rationalisieren, machte die Rechte einmütig einen Skandal. Der Druck wurde so stark, daß die im Kabinett vertretenen Militärs sich gezwungen sahen, folgende Erklärung herauszugeben:

»Gegenüber den Reaktionen auf die Erklärung der Regierung, die von den Ministern für wirtschaftliche Angelegenheiten vorbereitet und von Minister Flores veröffentlicht wurde, erklären wir, daß wir uns als Mitglieder der Streitkräfte nicht mit jenen politischen Definitionen in dem Dokument solidarisieren, die parteilichen Charakter tragen. Aber wir sind gemeinsam von der nationalen Notwendigkeit überzeugt, dringende Maßnahmen zu ergreifen und die ganze Strenge des Gesetzes anzuwenden, um die Ursachen und Auswirkungen des Schwarzmarkts, der Spekulation und des Hamsterns von Waren zu bekämpfen.«[9]

Die Rechte lehnte die Militärs als Garanten der »Normalisierung« ab, sie wollte Putschisten.

Wer jedoch die Regierungsbeteiligung der Militärs am besten ausnutzte, war ein Christdemokrat, der noch weiter rechts stand als Frei: Juan de Dios Carmona. Diese finstere Figur war während der Frei-Regierung Verteidigungsminister gewesen und hatte wahrscheinlich von diesem Posten aus enge Kontakte zu vielen Militärs geknüpft. Er war auch direkt verantwortlich für das Massaker an den Arbeitern des Kupferbergwerks »El Salvador«.

Juan de Dios Carmona hatte eine wahre Zeitbombe gegen die Regierung vorbereitet. Sie hieß Waffenkontrollgesetz, auch bekannt als Gesetz Carmona. Dieses Gesetz, dessen wirkliche Tragweite und verhängisvolle Folgen weder die Unidad Popular noch die Regierung richtig einschätzten, schien zu Anfang ganz harmlos und der Atmosphäre der latenten Gewalt jener Zeit vollauf zu entsprechen.[10] Mit diesem Gesetz wurde den Militärs der Auftrag erteilt, auf jede Anzeige hin Personen oder Gruppen von Personen, die irgendwelche Waffen trugen, zu verhaften bzw. bei ihnen Durchsuchungen vorzunehmen. Alle Welt war sich darüber im klaren – mit Ausnahme der Unidad Popular –, daß das eigentliche Ziel dieses Gesetzes nicht die Beschlagnahme von Waffen oder die Verhaftung waffentragender Personen war. Es ging vielmehr darum, der *Exekutive die Entscheidungsgewalt bei repressiven Maßnahmen zu entziehen und einen legalen Kanal zu schaffen, damit die putschistischen Offiziere* – auf irgendwelche Anzeigen hin – *direkt gegen die Massen vorgehen konnten.* Carmona und andere Putschisten hatten bemerkt, daß die Kräfteverhältnisse in den Streitkräften nicht zugunsten des verfassungstreuen Sektors ausfielen. Aber das nützte nicht viel, solange die Putschisten in ihren Kasernen eingesperrt waren, wo sie lange bleiben konnten, denn Allende berief natürlich nur jene Militärs in öffentliche Ämter, denen er vertraute. Das Waffenkontrollgesetz mit dem »altruistischen« Ziel, das Land zu befrieden, hatte seinen eigentlichen Sinn darin, die putschistischen Militärs auf die Straße zu holen, damit sie Armenviertel, Parteien, Organisationen der Linken und die Fabriken schon vor dem Putsch unter ihre Kontrolle brachten.

Die Unidad Popular fand diesem Gesetz gegenüber keinen Ausweg. Sie war nicht einmal geschickt genug, einige seiner Teile zu ändern. Das Parlament und die Regierung billigten die Gesetzesvorlage der Einfachheit halber ohne Gegenstimme; die Unidad Popular träumte wohl davon, daß auch die Rechte die Strenge des Gesetzes zu spüren bekäme, da diese sehr viel mehr Waffen besaß als die Linke. Eine vergebliche Hoffnung. Die putschistischen Militärs unternahmen nicht nur nichts gegen die Rechte, sie arbeiteten auch mit ihr zusammen.

Als wolle er sich über die Regierung und die Unidad Popular lustig machen, schlug der Putschist Carmona zur selben Zeit, da er sein »Friedens«-Gesetz verfaßte, der Rechten die Parole des »zivilen Ungehorsams« vor.

3. Der Charakter der Regierungskoalition »Unidad Popular – Generäle«

Auf den ersten Blick mag es befremdend erscheinen, daß die Regierung Allende in einem Augenblick der Mobilisierung der Massen auf die Hilfe der Militärs hat zurückgreifen müssen, wo doch diese Regierung ein politisches Bündnis mit klarer Vorherrschaft der beiden chilenischen Arbeiterparteien war, der Kommunistischen und der Sozialistischen Partei, und unzweifelhaft mit der Unterstützung des Volks rechnen konnte.

Der allgemeine Eindruck in Chile nach dem Oktober 1972 war, daß die Regierung wieder einmal eines ihrer vielen taktischen Manöver vollzogen hatte. So wurde innerhalb der Linken darüber diskutiert, ob diese Taktik angebracht war oder nicht oder, was auf dasselbe hinausläuft, ob mit den Militärministern der revolutionäre Prozeß gefestigt, verzögert oder aufgehoben würde.

Für andere Sektoren war die Aufnahme der Militärs in das Kabinett der Beweis dafür, daß der Klassencharakter der Regierung sich verändert hatte, daß seine Merkmale als Arbeiterregierung verdrängt worden waren durch die der Kleinbourgeoisie und Bourgeoisie.[11]

Wir haben schon darauf hingewiesen, daß viele Entscheidungen der Regierung als Taktik hingestellt wurden, als vorübergehende und notwendige politische Kompromisse. Wir haben aber auch darauf hingewiesen, daß es sich dabei nicht um Taktik handelte, sondern daß sich in diesen Entscheidungen die politische und soziale Natur der Unidad Popular und der in ihr vorherrschenden politischen Strategie offenbarte.

Deshalb auch läßt sich die Beteiligung der Militärs an der Regierung nicht von der vorherrschenden Strategie der Unidad Popular trennen, im Gegenteil: es war deren *praktische Krönung.* Das heißt natürlich nicht, daß die Strategie der Unidad Popular ins Auge gefaßt hätte, die Militärs an der Regierung zu beteiligen. Es war vielmehr ein *objektives Ergebnis* dieser Strategie.

Folglich war die Regierungsbeteiligung der Streitkräfte weder eine aus dem Zusammenhang herausfallende Taktik noch ein Wechsel des Klassencharakters der Regierung. Es war, wenn man so will, *die praktische Bestätigung einer Strategie, die nicht proletarisch war, weil sie weder die Unabhängigkeit des Proletariats noch seine Rolle als historisches Subjekt beinhaltete, so sehr auch diejenigen, die diese Strategie vertraten, vom Proletariat unterstützt wurden.*

Der größeren Genauigkeit halber müssen wir die Strategie der Unidad Popular von ihrem Programm unterscheiden. Wir erinnern an die Äußerung des nordamerikanischen marxistischen Ökonomen Paul Sweezy, der zu Anfang der Regierung der Unidad Popular Chile besuchte; er sagte, daß ihm das Regierungsprogramm der Unidad Popular radikaler erschien als das Programm der Bewegung des 26. Juli in Kuba. Und er hatte recht. Denn ein fortschrittliches Programm kann von Kräften getragen werden, die nicht notwendigerweise proletarisch sein müssen, genauso wie ein Programm, das weniger fortschrittlich ist, von authentisch proletarischen Kräften getragen werden kann. Es hängt entscheidend vom Entwicklungsstand der Produktivkräfte ab, von der herrschenden Sozialstruktur, den politischen und sozialen Kräfteverhältnissen und dem Grad des politischen und sozialen Bewußtseins des Proletariats und der anderen untergeordneten Klassen. Dagegen hängt eine Strategie von dem *politischen Klassencharakter* der Führung eines politischen Prozesses ab oder, mit anderen Worten, von dem Weg, der eingeschlagen wird, um entweder die Hegemonie oder die Unterordnung des Proletariats, seine klassenmäßige Unabhängigkeit oder Abhängigkeit zu sichern.

Wir müssen daher aufzeigen, welches die vorherrschende Strategie in der Unidad Popular war.

Die Unidad Popular hatte eine im wesentlichen proletarische Klassenzusammensetzung.[12] Aber wie schon gesagt, ist nicht die Klassenzusammensetzung, sondern die Strategie der entscheidende »Faktor«, der in letzter Instanz den Klassencharakter eines Blocks, einer Front oder einer Partei bestimmt. Und die *einzig kohärente Strategie innerhalb der Unidad Popular war die der Kommunistischen Partei.*

Das bedeutet nicht, daß es nicht auch andere Interpretationen des Prozeßverlaufs gegeben hätte, besonders im linken Flügel innerhalb der Unidad Popular (MAPU, Linke Sozialisten), aber es waren nur partielle oder gelegentliche strategische und politische Ansätze. Das heißt, *es gab nicht zwei politische Konzepte in der Unidad Popular.* Es gab eine vorherrschende strategische Linie der Kommunistischen Partei und (zuweilen sehr konfuse) Ansätze zu einer alternativen Linie. So erklärt sich, warum der linke Flügel innerhalb der Unidad Popular der Kommunistischen Partei nie eine alternative Politik entgegenstellen konnte. Nur gelegentlich konnte er sich ihrer Politik mit Losungen wie »Schneller vorwärts!« oder »Vorwärts ohne Kompromisse!« widersetzen. Mehrfach konnte er sogar verhindern, daß die Politik der Kommunistischen Partei sich durchsetzte, ohne jedoch eine andere Linie als Alternative anzubieten, was die Handlungsfähigkeit der Unidad Popular und der Regierung gefährlich beeinträchtigte. In den meisten Fällen bemühte sich der linke Flügel, die Politik der Kommunistischen Partei in Teilaspekten zu ändern. Um sich von der Kommunistischen Partei abzusetzen, begab er sich häufig auf die rhetorische Ebene, mit flammenden demagogischen Reden und Parolen. Im Licht dieser fehlenden politischen Linie können wir uns zum Beispiel die Beweglichkeit des Generalsekretärs der Sozialistischen Partei, Carlos Altamirano, erklären, der mit seinen unglaublichen Sprüngen von einem Ufer zum anderen innerhalb der Unidad Popular und über sie hinaus die Massen jedesmal verblüffter und verwirrter zurückließ.

Der Schlüssel zum Verständnis der Politik der Unidad Popular liegt also im Verständnis der Politik der Kommunistischen Partei.

Lange Zeit glaubten große Teile der intellektuellen Linken in Chile und anderen Ländern Lateinamerikas außerhalb der Kommunistischen Partei, daß deren Politik, entsprechend ihrer Analyse der Sozialstrukturen, von der Existenz einer anti-imperialistischen, anti-monopolistischen und anti-feudalen Bourgeoisie ausginge, was wiederum für das Proletariat bedeutete, eine mögliche demokratische, anti-imperialistische und anti-feudale bürgerliche Revolution zu unterstützen. Vor allem nach der Kubanischen Revolution sind viele, z. T. ausgezeichnete Arbeiten geschrieben worden, um nachzuweisen, daß es eine »nationale Bourgeoisie« im klassischen Sinn des Worts nicht gibt, weil es keinen »amerikanischen Feudalismus« gab und somit der Weg einer demokratisch-bürgerlichen Revolution historisch nicht gangbar sei. Auf diese Weise meinte man, die Strategie der Kommunistischen Partei ideologisch zu zerstören. Aber in Wirklichkeit zerstörte man nur die historische Begründung der Politik der Kommunistischen Partei, nicht ihre Politik selbst.[13]

Die Politik der Kommunistischen Partei beinhaltete, daß das Proletariat einem bürgerlichen Block, Fraktionen der Bourgeoisie oder der Bourgeoisie in Form des Staats untergeordnet ist. Bei dieser Unterordnung wechseln ständig die Gruppen, Sektoren, Kräfte oder Institutionen. Als daher die Kommunistische Partei die Unterordnung unter Fraktionen der Bourgeoisie in Chile für einen gangbaren Weg hielt, brauchte sie den Mythos von der anti-feudalen nationalen Bourgeoisie, so wie sie, als sie sich dem Staat in seiner militärischen Form unterordnen mußte, den Mythos vom a-politischen, beruflich orientierten und außergewöhnlichen Patriotismus der chilenischen Streitkräfte brauchte. Die Mythen wechseln. Sie dienen als Legitimations-Ideologien. *Die Unterordnung ist das durchgängige Merkmal.*[14]

Ideologisch besiegt, strich die Kommunistische Partei aus ihrem Programm das »Konzept« des »Feudalismus«, aber an ihrer Strategie änderte sich absolut nichts. An die Stelle einer fehlenden nationalen Bourgeoisie trat im Programm der Unidad Popular eine »anti-monopolistische Bourgeoisie«. Und als sich auch diese Bourgeoisie nicht als strategischer Bündnispartner des Proletariats zeigte, versuchte die Unidad Popular durch ihre Wirtschaftspolitik dieses Vakuum vor allem mit dem Kleinbürgertum und der zivilen Bürokratie zu füllen, bis sie dann schließlich über die Militärs die direkte Allianz mit dem Staatsapparat suchte.[15]

Doch der soziale Kompromiß mit dem Staat begann nicht erst mit dem Eintritt der Militärs in die Regierung. *Dadurch wurde er nur endgültig vollzogen.* Allende war überhaupt nur im starren Rahmen dieses Kompromisses an die Regierung gelangt. *Die Regierung selbst war institutioneller Ausdruck dieses Kompromisses.* Das heißt nicht, daß die Regierung Allende keine Volksregierung war. Es geht hier einfach darum, die objektiven und subjektiven Grenzen dieser Regierung zu erkennen.

Die Kommunistische Partei mußte für ihre Hegemonie und die Einheit der Unidad Popular einen hohen Preis an ihre Bündnispartner zahlen.

Erstens wurde bei den Wahlen von 1970 ein Sozialist Präsidentschaftskandidat. Vor der Ernennung Allendes zeigte die Kommunistische Partei Sympathien für ein Mitglied der Radikalen Partei, Alberto Baltra, der später die Unidad Popular verlassen und sich dem Lager der Konterrevolution anschließen sollte.

Zweitens erwies es sich als unmöglich, mit der Christdemokratie einen »historischen Kompromiß« zu schließen, einen Kompromiß, der nach der Logik der Strategie der Kommunistischen Partei möglich war (und ist).[16]
Drittens verlor die Kommunistische Partei trotz Aufrechterhaltung ihrer ideologischen Hegemonie in der Unidad Popular vielfach die praktische Führung des Prozesses – aufgrund der Radikalisierung ihrer Bündnispartner, des erbarmungslosen Angriffs der Konterrevolution und des Drucks, den die Arbeiter- und Massenbewegung mit den verschiedensten Mitteln ausübten. In Anbetracht dieses Führungsverlusts der Kommunistischen Partei gewann die Person Salvador Allendes immer größere Bedeutung.
In Chile hatte es vor der Regierung Allende nie eine »Allende-Bewegung« gegeben wie etwa den *»peronismo«* in Argentinien oder den *»varguismo«* in Brasilien. Allende war bei den Wahlen nur der Vertreter einer Arbeiter- und Volksbewegung, die *politisch und gewerkschaftlich* organisiert war. Aber gleichzeitig war niemand besser geeignet als Allende, der Vertreter eines politisch und sozial so heterogenen Blocks zu sein. Allende war ein Mann zweier Welten.
Auf der einen Seite war er einer der Gründer der Sozialistischen Partei, einer Arbeiterpartei mit langer Entwicklungsgeschichte, in der auch kleinbürgerliche und populistische Einflüsse wirkten. Und er war Mitglied der chilenischen Freimaurerloge. Auf der anderen Seite hatte er 1967 an der Konferenz der OLAS[17] in Kuba teilgenommen. Aber in seinem politischen Leben war er immer ein Staatsmann gewesen, sei es als Minister, Parlamentarier oder Senatspräsident. *Als Volksvertreter im Staat vertrat er gleichzeitig den Staat vor dem Volk.* Dennoch war er kein Betrüger. Er war die verkörperte Synthese der chilenischen Linken. Der »chilenische Weg« lief nicht am Staat vorbei, sondern durch ihn hindurch. In Chile gibt es keinen »Langen Marsch« wie in China und auch keine »Sierra Maestra« wie in Kuba. Deshalb bedeutete die Zerstörung der Unidad Popular durch die Militärs auch die Zerstörung des ganzen politischen Systems Chiles.
In dem Maße, in dem die Unidad Popular eine Staatspolitik entwickelte, die in der Losung der Kommunistischen Partei, »Kräfte um die Regierung konzentrieren!«, zum Ausdruck kam, konnten nur einige ihrer Vertreter Zugang zum Staat haben. Die Politik der Unidad Popular, die einen Prozeß der Festigung und Stärkung des Staats einleitete, führte dazu, daß ihre Staatsvertreter wichtiger wurden als ihre Volksvertreter und sogar eine gewisse Autonomie gegenüber der Unidad Popular erlangten. Die Regierung entfaltete damit eine eigene Kraft und Dynamik, die sich immer mehr von ihrer sozialen und politischen Basis entfernte (ohne in Widerspruch zu ihr zu treten). Der *»allendismo«*, den es vorher nicht gegeben

hatte, entstand erst während und nach der Regierung Allende. Aber dieser »*allendismo*« war nichts anderes als die »Entfremdung« der Arbeiter- und Massenbewegung vom bürgerlichen Staat. Wenn er ideologisch als »Spiegelung« der Arbeiter im Staat verstanden worden war, dann wurde er mit der Festigung des Staats zur »Spiegelung« des Staats in der Arbeiterschaft.
Und so wuchs der Glaube des Volks an die übernatürliche politische Geschicklichkeit des Präsidenten. Es geht hier nicht um die Frage, ob er diese Geschicklichkeit wirklich besaß. Wir meinen, daß dieser Glaube eine gewisse Grundlage hatte. Aber die Überbewertung der persönlichen Fähigkeiten Allendes oder, was dasselbe ist, die Reduzierung aller politischen Probleme auf ein einfaches Spiel vielfältiger Taktiken war nichts anderes als der entstellte Ausdruck des Bündnisses der Unidad Popular mit dem Staat, das mit der Aufnahme der Militärs in die Regierung konkrete Wirklichkeit wurde.
Daß das Bündnis der Unidad Popular mit dem Staat eine *indirekte Folge* der Strategie der Kommunistischen Partei gewesen ist, bedeutet nicht, den anderen politischen Sektoren der Unidad Popular ihre Unschuld oder ihre richtige Politik zu bescheinigen. Diese Sektoren, insbesondere der »linke Flügel« der Unidad Popular, die stets bereit gewesen waren, sich jeglichem Bündnisversuch der Kommunistischen Partei oder Allendes mit der Bourgeoisie, Fraktionen der Bourgeoisie oder mit der Christdemokratie zu widersetzen, gaben ihr Einverständnis zur Aufnahme der Militärs in die Regierung. Natürlich konnte Allende bei der in der Unidad Popular herrschenden strategischen Logik und seinen eigenen politischen Auffassungen in diesem Augenblick gar nichts anderes tun. Aber eine objektive Grenze des Prozesses zu akzeptieren ist etwas anderes, als diese Grenze in einen Sieg der Massen umzumünzen.
Wir glauben, daß das Bündnis der Unidad Popular mit dem Staat in Form der Militärs sich im »Ansatz« schon an dem Tag abgezeichnet hat, als Allende von einem mehrheitlich reaktionären Kongreß zum Präsidenten der Republik ernannt wurde. Kurz darauf wurde derselbe Allende hart kritisiert, als er in einer Rede sagte: ». . . ich bin Präsident dank der Streitkräfte.« Und es war tatsächlich so. Sicherlich wollte er damit sagen: »Meine Regierung hängt von den Streitkräften ab.«
Natürlich wäre es der Kommunistischen Partei lieber gewesen, wenn das Proletariat sich mit der Rolle des untergeordneten Bündnispartners der Bourgeoisie oder eines ihrer politischen oder sozialen Fraktionen begnügt, d. h. sich nicht der militärischen Vertretung der Bourgeoisie im Staat unterworfen hätte. Als Realisten – was die kurzfristige Einschätzung betrifft – sahen die Kommunisten, daß dieses Bündnis ziemlich schwach war. Anders gesagt, daß es leichter war, die Militärs durch ein Bündnis mit der Bourgeoisie

zu neutralisieren, als die Bourgeoisie durch ein Bündnis mit den Militärs. Die Tatsache, daß ein Bündnis mit der Bourgeoisie als Klasse gescheitert war, ließ in der Tat sehr wenig Hoffnung, daß ein Bündnis mit ihrem »bewaffneten Arm« Erfolg haben würde. Die Kommunistische Partei Chiles übte sogar offene Kritik an der Kommunistischen Partei Uruguays, als diese vergeblich Kontakte zu den Militärs suchte, die heute Diktatoren dieses Landes sind. Für die Kommunistische Partei war das Bündnis mit den Militärs zweifellos ein *unvermeidbares Schicksal* und nicht ein erwünschter Weg, ein Schicksal allerdings, das gleichzeitig das Ergebnis ihrer eigenen strategischen Logik war. Deswegen versuchte sie als letzte Alternative, die Arbeiter- und Volksbewegung den Streitkräften unterzuordnen, um die Regierung zu retten. Und sie tat dies mit dem Verzicht auf jeden revolutionären Versuch. Jorge Godoy, der Präsident der Zentralen Einheitsgewerkschaft CUT, drückte es so aus:

»Die Streitkräfte stehen tatsächlich den Arbeitern immer sehr nahe, und ich würde sagen, daß *sie die Arbeiter sehr hochschätzen* und vielleicht mehr als jeder andere Sektor unsere Funktion zu werten wissen, denn *ihre* Funktion, die Verteidigung und der Schutz des Landes, ist eng verknüpft mit dem, was die Arbeiter auf dem Gebiet der Wirtschaft tun. *Die Vergrößerung und Verbesserung der technischen und beruflichen Leistungsfähigkeit der Streitkräfte hängt eng damit zusammen, was die Arbeiter zur Entwicklung des Landes beitragen.* Eine starke Wirtschaft, eine Arbeiterklasse, die fähig ist, die Entwicklung der Wirtschaft voranzutreiben, ist eine Sicherheit und eine Garantie für die Wirksamkeit der Streitkräfte, *denn neues und modernes technisches Gerät ist etwas, das man mit Geld bezahlt, und dieses Geld kommt von dem, was die Arbeiter herstellen.* Und außerdem, *um siegen zu können – das wissen die Streitkräfte aus militärischer Sicht –, müssen sie eine gute Nachhut haben. Und diese Nachhut sind diejenigen, die die Lebensmittel herstellen, eine disziplinierte Arbeiterklasse mit hohem patriotischen Bewußtsein.«*[18] (Hervorhebungen von uns)

Kann die Offenheit brutaler sein? Auch wenn man die »Hochschätzung« der Streitkräfte für die Arbeiter beiseite läßt, die zum Inventar diplomatischer Taktik gehören mag, so lassen sich die Bedingungen des Bündnisses, die der Präsident der chilenischen Arbeiterschaft vorschlägt, nicht klarer benennen. Godoy bot den Militärs besseren Sold, bessere Waffen, besseren Status – alles mit dem »Geld der Arbeiter«. Aber er bot ihnen noch sehr viel mehr: eine ganze organisierte, disziplinierte, patriotische Arbeiterklasse als Nachhut. Hier erübrigt sich jeder Kommentar . . .

Siebtes Kapitel

Die politischen Vorstellungen des General Prats

Kurz vor den Präsidentschaftswahlen von 1970 erklärte der damalige Oberkommandierende der Streitkräfte, General René Schneider:

».. . wir werden den Wahltag unter Wahrung unserer Tradition erreichen, wir werden die Entscheidungen der verfassungsmäßigen Regierung der Republik achten, wir werden den normalen Verlauf der Wahlen garantieren und gewährleisten, daß derjenige die exekutive Gewalt übernimmt, der gewählt wird. Die Streitkräfte werden die verfassungsmäßige Entscheidung garantieren.«

Diese Worte kosteten den General Schneider das Leben. Aber sie enthielten nichts Neues, sie bestätigten nur einen alten Verfassungsgrundsatz. Aus dieser Sicht gab es daher keine hinreichende Rechtfertigung dafür, daß die politische Linke diese Erklärungen zur »Schneider-Doktrin« erhob. Worin bestand dann das Neue?

Es waren nicht die Worte des Generals, sondern der politische Zusammenhang, in dem sie gesprochen wurden.

Selten war das Ergebnis der Präsidentschaftswahlen so knapp zwischen den Kandidaten ausgegangen wie 1970. Keiner der drei Kandidaten verfügte im Parlament über die zu seiner Wahl notwendige absolute Mehrheit, solange er sich nur auf sein eigenes politisches Lager stützen konnte. Vor allem aber bestand die Möglichkeit einer Wahl Allendes – und in diesem Fall ergab sich ein Widerspruch zwischen der Verfassung und den Militärs einerseits, soweit sie verfassungstreu handelten, und andererseits den unmittelbaren Interessen der Bourgeoisie. Zu einem Zeitpunkt, da die Garantie für die Verfassung gleichbedeutend war mit der Garantie für den Sieg der Volksregierung, mußte der General Schneider für die putschistischen Kräfte *objektiv* die Rolle eines Verbündeten der Volkskräfte einnehmen.

So unklar es ist, ob es je eine »Schneider-Doktrin« gab, so ist doch sehr viel klarer, daß es eine »Prats-Doktrin« gegeben hat. Denn General Prats sollte nicht nur einen legalen Tatbestand von einer Position außerhalb der Regierung sanktionieren, sondern er sollte *selbst an der Regierung beteiligt werden.* Das änderte die Lage vollkommen. Ob er wollte oder nicht, seine Vorstellungen standen immer in einem bestimmten politischen Zusammenhang.

Andererseits mußte der General sich angesichts der sozialen und politischen Kräfteverhältnisse innerhalb und außerhalb der Streitkräfte nicht nur auf das Gesetz berufen, sondern er war darüber hinaus gezwungen, es zu *interpretieren*, hauptsächlich deswegen, weil innerhalb der Streitkräfte andere Interpretationen zur Rechtfertigung eines Staatsstreiches aufgetaucht waren.[1] Kaum hatte er den Ministerposten angetreten, erklärte General Prats:

»Solange der Rechtsstaat besteht, müssen die staatlichen Ordnungskräfte die Verfassung respektieren, und es steht ihnen nicht zu, ›a priori‹ zu entscheiden, ob die anderen Institutionen des Staats die Verfassung einhalten oder sie verletzen. Die eigene Auffassung unter Anwendung von Gewalt durchzusetzen, oder die für die Entscheidung der Kontroverse in der Verfassung vorgesehenen Organe zu ersetzen, würde bedeuten, ›sich die Verfassung in die Tasche zu stecken‹. Dagegen ist offensichtlich, daß die staatlichen Ordnungskräfte das legitime Instrument sind, mit dem der Präsident der Republik diejenigen zur Einhaltung der Verfassung zwingen kann, die gegen die öffentliche Ordnung verstoßen, sei es durch Aufruhr, Subversion oder dadurch, daß sie das Land mit Gewalt paralysieren wollen.«[2]

Diese Vorstellungen standen zwar in einer Linie mit den Vorstellungen des General Schneider, doch waren beide nicht identisch. General Schneider bezog sich nur auf den *legitimen Ursprung der Regierung*. Prats jedoch fügte zwei neue Punkte hinzu – die *Legitimität der Regierung und ihr legitimes Recht, die staatlichen Ordnungskräfte gegen diejenigen anzuwenden, die gegen die innere Sicherheit verstießen.* Mit diesen Erklärungen bezog Prats nicht nur Stellung gegen die politischen Feinde Allendes, sondern hauptsächlich gegen die Teile der Streitkräfte, mit deren Verfassungstreue nicht zu rechnen war.
In ähnlicher Form erklärte er:

»Die geltenden Gesetze müssen mit Autorität und ohne Diskriminierung angewandt werden, damit alle Sektoren in ihrer Überzeugung und ihrem Vertrauen bestärkt werden, daß die *Strukturveränderungen in einem wirksamen gültigen demokratischen Rahmen vollzogen werden* – wie es das Regierungsprogramm beinhaltet.«[3] (Hervorhebung von uns)

Diese Worte waren für eine auf dem Vormarsch befindliche Konterrevolution zuviel. Der Oberkommandierende General erkannte nicht nur die Verfassungsmäßigkeit der Regierung an, sondern betonte außerdem, daß die Streitkräfte die Verwirklichung des Regierungsprogramms in der Legalität garantieren – und nicht verhindern würden. Aber eine »reine Legalität« gibt es nicht, immer begünstigt oder benachteiligt sie irgend jemand. In Chile bedeutete zu dieser Zeit die Verteidigung der Legalität eine Verteidigung der Regierung und der »Strukturreformen«, die das Programm der Unidad Popular vorsah; sie bedeutete den Widerstand gegen die Konterrevolution. General Schneider hatte sich einer Konterrevolution nicht widersetzt, weil es sie noch nicht gab oder, besser gesagt, weil sie sich noch in der Phase der Verschwörung befand. Dagegen bezog General Prats Stellung gegen eine Konterrevolution, die *politisch und sozial* akut war, auch in den Kasernen. Angesichts jener Erklärungen gibt es keinen Grund, Prats für einen naiven Legalisten zu halten. Selbstverständlich kannte er sich auf seinem Gebiet aus und wußte, daß er *inmitten* einer offenen Austragung des Klassengegensatzes stand, an der Spitze einer

Institution, den Streitkräften, in der sich die gesellschaftlichen Widersprüche widerspiegelten. Sich auf die Verfassung und die Legitimität der Regierung berufen hieß, eine *eindeutige politische Position* beziehen, denn in diesem Augenblick war es für das Militär unmöglich, ihr auszuweichen. Alles weist darauf hin, daß Prats sich der realen Entwicklung des Prozesses bewußt war. Aus diesen Gründen war er gezwungen, nicht nur eine juristische oder militärische, sondern eine politische Sprache zu verwenden, die den realen Zuständen entsprach. So bekräftigte er:

»*Die Entfaltung der Massenbewegung ist angesichts der Dynamik der heutigen Welt legitim,* denn sie ist ihrem Wesen nach in die Legalität eingebettet. Die Führer des chilenischen Volkes wissen, daß die Streitkräfte nicht besonderen politischen Zielen dienen, sondern über die grundlegenden Interessen des Vaterlandes wachen.«[4]

»Die Streitkräfte sind nicht auf eine Klasse festgelegt. Ihre Mitglieder spiegeln die soziale Wirklichkeit wider, weil sie proportional den verschiedenen Ebenen der nationalen Gemeinschaft entstammen.«[5]

Die Verfassung unterstützen hieß, die Regierung unterstützen; und die Regierung unterstützen hieß, die Massenbewegung unterstützen. In diesem Zusammenhang war es absolut unmöglich, einem Teil zuzustimmen, ohne das Ganze zu bejahen. Prats ließ keinen Teil aus, darin besteht die historische Bedeutung seiner Person. Auf ähnliche Weise waren die putschistischen Generäle gezwungen, das Ganze zu zerstören, denn die Regierung stürzen hieß, die Massenbewegung vernichten und die Verfassung zerfetzen – darin liegt ihr ungeheures Verbrechen. Als Prats betonte, daß die Streitkräfte klassenmäßig nicht festgelegt seien, sagte er damit auch, daß die Militärs, die sich gegen die Regierung stellten, *einen Klassenstandpunkt vertraten.*

Es ist jedoch wichtig, sehr klar festzuhalten, daß die genaue Definition des General Prats im Hinblick auf die Verfassung, die Regierung und die Massenbewegung ihn nicht automatisch zu einem sozialistischen General macht. Wir müssen sein Verhalten innerhalb dieser genau abgesteckten Grenzen verstehen. Es ist völlig absurd, den General Prats deswegen zu verurteilen, weil er sich nicht für die Revolution ausgesprochen hat.[6] Diejenigen, die meinten, daß der General nach dem Putsch von Süden her auf Santiago vorrückte, und diese Nachricht verbreiteten, indem sie ihre Wünsche mit der Wirklichkeit verwechselten und eine verhängnisvolle Illusion bei denen weckten, die Widerstand leisteten, hatten nicht einmal, als der Putsch schon da war, den wirklichen Charakter der Widersprüche in den Streitkräften verstanden. Sie zogen es vor, ihrer eigenen Mythologie zu folgen. Sie hatten immer davon gesprochen, »das Heer nicht zu spalten«, ja sogar, sich in seine »Nachhut« zu verwandeln. Deswegen glaubten sie in der vom Putsch hervorgerufenen Neurose, daß Prats als eine Art »General

der Armen« das Volk führen werde. Für sie war nicht nur die Revolution legal, sondern die Legalität revolutionär, nichts daher leichter, als den Titel des Revolutionärs den Personen zu verleihen, die auf die Legalität eingeschworen waren. Dieser General Prats, der die Arbeiter anführte, um das Land zu befreien, ist ein Mythos, der ideologisch die Unterordnung des Proletariats beinhaltet.
Derselbe General Prats ging nach dem Putsch daran, seine Position zu verdeutlichen. Er schrieb in einem Brief an Moy de Toha, die Witwe des von der Pinochet-Junta ermordeten ehemaligen Verteidigungsministers der Unidad Popular, José Toha:

»Erinnere Dich andererseits daran, daß weder die Unidad Popular noch die Opposition auf mich hörten, als ich nach einer politischen Lösung rief, die all das Geschehene hätte vermeiden können.«[7]

Wegen der Rolle, die er in den Streitkräften spielte, begriff Prats vielleicht besser als andere, daß das Handeln der Streitkräfte nicht unabhängig, sondern unmittelbar abhängig war von den sozialen und politischen Kräfteverhältnissen. Vermieden werden konnte der Putsch nur mit einem umfassenden sozialen und politischen Block, der die Regierung unterstützte, *unabhängig von seinem Klasseninhalt,* denn wie wir schon sagten, wollte Prats möglicherweise weder den Aufbau des Sozialismus in Chile noch die Machtübernahme des Proletariats, aber er wollte die *Stabilität der Regierung.* Prats war *vor allem Soldat.* Er konnte weder seine Sympathien für die Regierung und die Massenbewegung, noch die persönliche Freundschaft, die ihn mit Allende verband, noch die Notwendigkeit, die Regierung zu retten, verbergen – aber er wollte *auch die Streitkräfte retten.* Denn es war offensichtlich, daß die Bourgeoisie als Klasse – abgesehen von ihrer militärischen Repräsentation – keine Macht besaß. Jede Auseinandersetzung mußte in letzter Instanz zwischen den Streitkräften und der Massenbewegung stattfinden. Die Streitkräfte mußten so ihre Klassenfunktion definieren und ihre formal apolitische Haltung aufgeben. Sie mußten folglich ihren eigenen »Schein« zerstören. Aber dieser Schein war ihre Macht im Staat. Durch ein offenes Eintreten für die Klasse, deren Interessen sie objektiv vertraten, hätten die Streitkräfte den Konsens verloren, den sie in den anderen Klassen erreicht hatten. Der Verlust des Ansehens, des Konsens, der gesellschaftlichen Legitimität sowie die moralische Erniedrigung, die eine *dauernde* Auseinandersetzung mit den Massen mit sich bringen mußte, entging mit Sicherheit nicht dem Scharfsinn des General Prats. Er wußte: *Auch wenn das Volk noch nicht regieren konnte, so konnte doch niemand ohne das Volk regieren.* Deswegen brauchte er eine Stärkung des regierenden Blocks, um die Streitkräfte zu neutralisieren. Der Plan war zwar logisch, aber a-historisch, denn die Kräfte, die diesen Block stärken sollten, in erster Linie die Christdemokratie, taten es nicht, eben weil die Streitkräfte nicht neutralisiert waren.

Prats versuchte mit allen Mitteln, die politische Wirklichkeit mit der militärischen zu verknüpfen. Er selbst machte sich zum konkreten Symbol dieser Verknüpfung.

»Prats ist Allende in Uniform« sagte man damals, und zum Teil war das richtig. Es stimmte auch, daß er für eine gewisse Zeit eine Barriere gegen den Staatsstreich war, um die Regierung und die Streitkräfte zu retten. Aus diesem Grunde war Pinochet für ihn nicht nur ein Verräter, sondern außerdem auch ein »Schänder« des Militärs. In demselben Brief an Moy de Toha schrieb Prats:

»In bezug auf das Verhalten Pinochets kann ich Dir sagen, daß sein Verrat nichts Vergleichbares in der Geschichte Chiles hat.«

Und treffend bemerkte er:

»Die Erklärung ist, daß in seiner Persönlichkeit – wie im Fall von Duvalier – ein ausgeprägt beschränkter Geist mit einer großen Dosis geistiger Wirrheit zusammentrifft.«[7]

Dem Konzept des General Prats, mit einem Bündnis zu regieren, lag ein *Projekt politischer Herrschaft zugrunde*, das vielleicht niemals genau formuliert wurde, aber in gewissem Sinn implizit vorhanden war. Prats sollte die militärische Macht des Staats einbringen, Allende die nicht geringere Macht der sozialen Unterstützung, die Christdemokratie als dritte Komponente den politischen Konsens. Dieses politische Projekt, das nicht verwirklicht wurde, bewies, daß die Vorstellungen des General Prats über seine militärisch-soziale Basis genauso wenig der Wirklichkeit entsprachen wie die Vorstellungen Allendes über seine politische Basis.

Als die Militärs mit Ministern im Kabinett vertreten waren, schien die Regierung zwei Köpfe zu haben. Aber das war nur die äußere Form. Weder Prats noch Allende repräsentierten in Wirklichkeit das, was sie zu repräsentieren schienen. Vom Gesichtspunkt der »reinen Vernunft« war die militärisch-soziale Allianz vielleicht die einzige Möglichkeit, *in diesem Augenblick* das Land zu regieren. Aber der Klassenkampf richtet sich nicht nach den Regeln der »reinen Vernunft«.

Wie schon gesagt, war die Christdemokratie die dritte Komponente in dieser möglichen Allianz. Sie trägt als Partei eine große Verantwortung für das, was in Chile geschah. Es geht hier nicht darum, mit einer abstrakten Moral zu richten. Politisch gesehen war die Christdemokratie völlig konsequent, d. h. sie vertrat die Interessen der in der Partei vorherrschenden Klasse, als sie sich gegen die Regierung Allende stellte, für deren Sturz sie verantwortlich ist. Doch auch politisch gesehen, liegt es auf der Hand, daß die Christdemokratie verantwortlich dafür ist, dem demokratisch-parlamentarischen System in Chile das Grab geschaufelt zu haben, dem einzigen System, in dem diese Partei bestehen konnte. Sie ist

verantwortlich für ihre eigene Tragödie, die sicher geringer als die der Linken, aber dennoch eine Tragödie ist.
In der Hoffnung, von der Diktatur ein Plätzchen in der Regierung zu erhalten, ebnete ihr die Christdemokratie den Weg. Anders jedenfalls läßt sich nicht erklären, warum Frei, wenige Tage nach der Ermordung Allendes, der Junta in einem Interview mit der Zeitschrift ABC vor lauter Freude die Legitimität bescheinigte, Frei, dessen Verbindungen zu den Putschisten alle Welt kannte, die aber niemals mit konkreten Beweisen belegt werden konnten. Natürlich sagte er später vertraulich: »Sie (die Militärs) haben alles ruiniert, sie machen alles mit Fußtritten«.[8]
Aber was erhoffte sich der Frei'sche Flügel der Christdemokratie? Einen demokratischen Staatsstreich, mit Parlament und allem Drum und Dran? Die nicht mehr erscheinende Zeitung der Christdemokratie, »La Prensa« – übrigens von der Diktatur geschlossen –, bemerkte in einem Leitartikel einen Monat nach dem Putsch, daß man ja einverstanden wäre mit dem Sturz der Allende-Regierung, aber nicht damit, daß das *System* zerstört würde. Aber – konnte man die *Regierung* stürzen, ohne das System zu stürzen? Ist es möglich, einen Präsidenten zu ermorden, ohne das Präsidialsystem zu Fall zu bringen? Ist es möglich, Parlamentarier zu ermorden und zu verhaften, ohne das parlamentarische System zu zerstören? Ist es möglich, Tausende von Chilenen zu ermorden, ohne die eh schon korrupte Justiz völlig zu pervertieren? War es möglich, »das Krebsgeschwür des Marxismus« auszurotten, wie Junta-General Leigh sich ausdrückte, ohne das Krebsgeschwür der bürgerlichen Demokratie auszurotten?
Wahrscheinlich wußte Prats um diesen Ausgang und mit ihm andere Militärs. Und es steht außer Zweifel, daß er einerseits die Regierung, aber andererseits auch die Streitkräfte retten wollte. Alles deutet darauf hin, daß Prats die sozialen und politischen Kräfteverhältnisse zwar ungünstig für die Revolution einschätzte, daß dies für ihn aber nicht bedeutete, sie *begünstigten ausschließlich* den Staatsstreich, wenigstens nicht in der Form, wie ihn Chile am 11. September 1973 erleben sollte. Denn die Tatsache, daß Sektoren der Bourgeoisie die Kapitulation Allendes wollten, bedeutet nicht, daß sie einen Pinochet wollten.[9]
Die Wahlstatistiken, die in Chile insofern politische Gültigkeit haben, als die Wahlen ziemlich »sauber« geführt wurden, zeigen, daß im März 1973 44% der Wahlbevölkerung die Regierung unterstützten. Wenn wir nun die Trennungslinie nicht zwischen Anhängern und Gegnern der Regierung, sondern zwischen Diktatur und Demokratie ziehen, d. h. die Stimmen der Putschgegner in der Christdemokratie denen der Unidad Popular hinzuzählen, dann erhalten wir eine Ziffer, die weit über die absolute Mehrheit hinausreicht. Daß diese demokratische Verteidigungsbarriere nicht

zustandekam, heißt ja nicht, daß es solche demokratischen Sektoren nicht gegeben hat. Auf der Grundlage vor allem dieser Mehrheit, die eher ein zerstreutes Konglomerat bildete, versuchte Prats, die Militärs von einem Putsch abzuhalten, nicht nur, um die Regierung Allende, sondern auch die Einheit der Streitkräfte zu retten. Er schrieb bei einer Gelegenheit:

»Für die Streitkräfte sind die Menschen vergänglich, wichtig ist das unbefleckte Überleben der Institutionen, die das Bollwerk für die Souveränität und die bleibenden Interessen der Nation sind. Nur zu diesem Zweck übergeben der Staat und das Volk den staatlichen Ordnungskräften Waffen. Deshalb ist es nicht erlaubt, die militärische Macht dafür zu gebrauchen, die Integrität der nationalen Gemeinschaft und das System ihres demokratischen Zusammenlebens zu zerstören.«[10]

Bemerkenswert ist auch, wie Prats theoretisierend den »Gesellschaftsvertrag« Rousseaus ausweitet, um ihn auf die vertraglichen Beziehungen anzuwenden, die zwischen Staat, Volk und Streitkräften bestehen sollen. Für ihn gibt es tatsächlich eine »Vernunft der Streitkräfte« und nicht eine »Vernunft der Klasse«. Das alles ist Teil der bürgerlichen Ideologie in ihrer Anwendung auf die Streitkräfte. Aber es besteht kein Grund, an den Sympathien Prats' für die Regierung Allende zu zweifeln. Für ihn war der Sturz der Regierung gleichbedeutend mit dem Sturz des demokratischen Systems, das sich auf den Konsens der Massen stützte, eine Grundlage, auf der seiner Meinung nach die Kraft und der innere Zusammenhalt der Streitkräfte beruhten. Prats wußte, daß mit den Schüssen gegen das System und die Massen diese Grundlage zusammenstürzen und damit die künftige Spaltung der Streitkräfte verursacht würde. So erklärt sich auch der Nachdruck, mit dem er folgende Erklärung formulierte:

». . . wenn ein ganzer Apparat von Nachrichtenmedien in Bewegung gesetzt wird mit dem psychologischen Ziel, die öffentliche Meinung an der Legitimität und der Gerechtigkeit des Verhaltens oder der Entscheidungen eines Oberkommandierenden der Streitkräfte zweifeln zu lassen, kann man vermuten, daß dahinter die – unbewußte oder böswillige – Absicht steht, *das Nachlassen oder die Zerstörung der Disziplin in den Streitkräften zu betreiben.* Dieses Ziel wird man nicht erreichen, weil die Streitkräfte ihren wahren Auftrag kennen, weil wir Soldaten uns hinreichend bewußt sind, daß der Verfall oder die Auflösung der vertikalen Befehlsstruktur das Land in eine Eskalation der Gewalt reißen würde, die für die Zukunft und das Schicksal der Nation verhängnisvolle Folgen hätte. *Wir Soldaten werden nicht das Verbrechen des Landesverrats begehen, indem wir zu Maßnahmen greifen, die unsere Waffen und Uniformen mit dem Blut von Tausenden von Landsleuten beflecken werden.*«[11] (Hervorhebung von uns.)

Mit dem kollektiven Verbrechen des Putsches beginnt eine neue Etappe in der Geschichte der chilenischen Streitkräfte. Ihre traditionelle, aber vor allem scheinbare politische Abstinenz ist beendet.

Von jetzt an – d. h. mit der Diktatur Pinochets – werden sich die Streitkräfte nicht mehr spalten können über die Frage einer Beteiligung an der Politik, sondern nur noch darüber, auf der Seite welcher politischen Kräfte sie stehen werden.[12]

Für die Junta war klar, daß General Prats wegen seines hohen Ansehens als Soldat und verfassungstreuer Offizier zu einem Katalysator werden mußte für eine zukünftige politische Spaltung der Streitkräfte, eine Spaltung, die die Diktatur selbst mit dem Putsch heraufbeschworen hat. Wahrscheinlich hat sie ihn aus diesen Gründen im Exil ermorden lassen. Wieviele wird Pinochet noch umbringen müssen in dem Versuch, das Unvermeidbare zu vermeiden?

Achtes Kapitel

Vom März-Sieg zum Juni-Putsch

Nach den März-Wahlen: die große Leere. Die Parlamentswahlen hatten gezeigt, daß die Unidad Popular mit ihrem Stimmenanteil von 44% auf eine wirklich große, aber nicht mächtige soziale Unterstützung zählen konnte. Keine Regierung in der Geschichte Chiles hatte es je geschafft, dasselbe Wahlergebnis wieder zu erreichen, mit dem sie an die Macht gekommen war. Der Unidad Popular hingegen gelang es, ihr Wahlergebnis von 1970 noch zu verbessern. Für jede andere Regierung hätte ein entsprechendes Wahlergebnis die endgültige Stabilisierung bedeutet, denn es hätte ihr ermöglicht, unter günstigen Bedingungen mit der Opposition zu verhandeln. Aber mit einer Konterrevolution kann man nicht verhandeln, man kann nur gegen sie kämpfen. Und die Regierung der Unidad Popular hatte weder militärisch noch politisch die Waffen, um gegen diese Konterrevolution anzutreten. (Es ist daran zu erinnern, daß dank der Christdemokratie die Rechte die Parlamentsmehrheit behielt.)

Der März war ein guter Vorwand gewesen, den institutionellen Frieden aufrechtzuerhalten. Während der Zeit vor der Wahl hatte sich das politische Leben wieder im traditionellen Rahmen abgespielt. Selbst die putschistischen Militärs waren neutralisiert. Ein Putsch wäre unter diesen Umständen absurd gewesen, hätte er doch den Anschein hervorgerufen, als bezweckte er die Verhinderung der Wahlen.

Nach den Märzwahlen verließen die Generäle ihre Ministerposten und kehrten in ihre Kasernen zurück. Der augenscheinliche Grund ihres Eintritts in die Regierung, nämlich den institutionellen Frieden bis zu den Wahlen zu garantieren, war jetzt hinfällig geworden. Allende gab die Waffen wieder aus der Hand, die die Legalität seiner Regierung verteidigt hatten. Aber fatalerweise gab es für diese Legalität keine andere Verteidigungsmöglichkeit. Das nächste Mal würde er die Militärs rufen, um sich gegen die Konterrevolution zu verteidigen – ohne irgendeinen Vorwand.

Alle Illusionen vom sozialen Frieden verschwanden am Tag nach den Wahlen. Die Konterrevolution baut nicht auf Wahlen, und kann es auch gar nicht.[1]

1. Die Rolle der Schüler und Studenten in der Planung der Putschisten

Die Konterrevolution nutzte jede Gelegenheit, die Regierung anzugreifen. Die erste Möglichkeit bot sich nach den Märzwahlen mit der Bildungsreform, dem Projekt der Nationalen Einheitsschule

ENU (Escuela Nacional Unificada). In Wahrheit handelte es sich dabei um nichts anderes als um die Fortsetzung der christdemokratischen Reform, die von den Plänen der UNESCO für Lateinamerika inspiriert war. Aber dieser laue Reformvorschlag reichte aus, um eine beispiellose Kampagne der Rechten zu entfesseln. Man erfand eine ganze Reihe von Märchen wie »die marxistische Indoktrination der Kinder«, »Gehirnwäsche«, usw. Die Oberschüler, die die Rechte zum großen Teil für sich gewonnen hatte, besetzten die Straßen, bauten Barrikaden, steckten Autos in Brand.

Daß die Oberschüler von der Rechten mobilisiert werden konnten, war ein schlechtes Zeichen. In der Tat verlor die Unidad Popular hier Positionen wie nirgendwo sonst. Es war auch ein Zeichen für ihre völlig unzulängliche Politik gegenüber Schülern und Studenten.

Eines der deutlichsten Kennzeichen für die politische Krise während der Frei-Regierung waren die Studentenunruhen gewesen. In der Studentenbewegung gab es bis zur Regierung Allende zwei Strömungen: die eine vertrat eher materielle Forderungen, die andere war antiautoritär. Die materiellen Forderungen hingen mit der immer drohender werdenden Gefahr der Jugendarbeitslosigkeit zusammen. Dieses strukturelle Problem konnte die Unidad Popular kaum lösen, schon gar nicht in einer Situation allgemeiner wirtschaftlicher Krise. Sie hätte aber wenigstens die *Richtung* der antiautoritären Strömung *bestimmen* können. Stattdessen tat sie das Gegenteil.

In Chile gab es vielleicht nichts, was so autoritär war, wie das Bildungssystem. Aber die Bildungsreform der Unidad Popular enthielt kaum Vorstellungen zur Demokratisierung und studentischen Mitbestimmung. Für die Mehrheit der wenig politisierten Schüler und Studenten hatten die Autoritäten nur den Namen gewechselt. Als die Autoritäten konservativ waren, orientierten sich die Studenten natürlicherweise nach links. Che Guevara wurde für sie zum Lebensideal als Symbol für Heldentum und Edelmut. Als dagegen die neuen Autoritäten davon sprachen, »den neuen Menschen zu schaffen«, ohne die Struktur des Bildungssystems zu verändern, erschien ihnen dieser »neue Mensch« als autoritäres Dekret. Der »neue Mensch« auf Befehl von oben bedeutete für sie dasselbe wie der »anständige Junge« der konservativen Autoritäten. Beide Vorstellungen kamen von oben, keine war aus ihrer eigenen Aktivität hervorgegangen.[2]

Am besten begriff die Christdemokratie das Mobilisierungspotential der Schüler und Studenten. Die Partei zog sich kämpferische und antiautoritäre Anführer heran, die lange Haare trugen und eine etwas anarchische Sprache redeten. Es war genau der Typ von jungen Leuten, den sie während ihrer Regierungszeit bekämpft hatte. Die Ergänzung bildeten die paramilitärischen Jugendorganisationen der Nationalen Partei und von Patria y Libertad. In einem raffinierten Doppelspiel schickte die Christdemokratie die Studenten und Schüler auf die Straße, damit sie ihrer aggressiven Phantasie freien Lauf ließen; gleichzeitig jammerten ihre Parlamentarier in heuchlerischen Aufrufen an die Eltern der Studenten und Schüler über die Unruhe und das Chaos – alles, nach ihrer Meinung, von der Unidad Popular provoziert.

Beim Kampf um die Bildungsreform konnte die Konterrevolution in ganz unterschiedlichen Bereichen Kräfte sammeln, wie etwa in Elternorganisationen und auch Teilen der Kirche, so daß sich der Kardinal genötigt sah, eine ablehnende Erklärung zur Reform abzugeben. In dieser Reihe durfte das Militär selbstverständlich nicht fehlen. Der Vertreter des Putschismus in der Christdemokratie, Juan de Dios Carmona, kündigte den Streitkräften an:

»... nach den letzten Bestätigungen durch das Bildungsministerium über das unmittelbare Bevorstehen der Nationalen Einheitsschule ENU werden die militärischen Fachschulen vom nächsten Jahr an Schüler aufnehmen, die aus der Einheitsschule hervorgegangen und entsprechend vom marxistischen Sozialismus indoktriniert sein werden ... So beginnt auf subtilste Weise die Aushöhlung der Struktur unserer Streitkräfte, die beruflich ausgerichtet und unparteilich sind. Nicht einmal die extremste Linke hätte diesen Angriff besser führen können.«[3]

Angesichts eines derartigen Drucks mußte die Regierung die Reformvorlage zurückziehen. Ein weiterer wichtiger Teil des Programms der Unidad Popular blieb unverwirklicht, um nicht eine Konterrevolution zu entfesseln, die ihre Fesseln längst gesprengt hatte.

Die Unidad Popular hatte die Bildungsreform auch zur falschen Zeit vorgelegt. Ebenfalls im April hatte die Regierung im Parlament einen Plan zur Angleichung der Löhne an die gestiegenen Lebenshaltungskosten eingebracht, um die Parlamentarier der Rechten mit den materiellen Forderungen der Arbeiter zu konfrontieren. Wenn das Parlament den Lohnangleichungen nicht zustimmte, würden selbst die christdemokratischen Arbeiter in diesem Parlament ihren ökonomischen Feind sehen. Doch dadurch, daß die Unidad Popular parallel dazu die Bildungsreform vorschlug, verlagerte sie den Konflikt zwischen Proletariat und Parlament auf einen nicht klassenspezifischen Konflikt mit der Regierung. Im Endergebnis konnte die Regierung keinen der beiden Konflikte gewinnen. Gedeckt durch die Mobilisierung gegen die Unidad Popular konnten die Parlamentarier der Rechten fast unbemerkt die Vorlage zur Lohnangleichung ablehnen.

2. *Der Streik der Bergarbeiter von »El Teniente«*

Der Sieg bei den Märzwahlen schien kaum etwas eingebracht zu haben. Die Rechte verfolgte unverändert ihre Pläne, als hätten die Wahlen gar nicht stattgefunden. Das einzige, was sich geändert hatte, war, daß die Rechte die Möglichkeit eines »legalen Putsches« aufgegeben hatte, da sie ihr Wahlziel, die Zwei-Drittel-Mehrheit, nicht erreicht hatte. Aber das war ein unwichtiges Detail. »Es gibt zwei Alternativen, entweder wir retten uns oder wir verfallen der marxistischen Diktatur«, sagte der Vorsitzende des Verbands der Fuhrunternehmer, León Vilarin.[4]

Zwischen den drei Kräften der Konterrevolution entwickelte sich eine regelrechte Arbeitsteilung. Die Verbände organisierten Kampagnen gegen die Regierung; das Parlament und die politischen Kräfte legalisierten sie; und das Militär plante.

Die Stärke, die die Regierung bislang bewiesen hatte, gründete auf ihrem sozialen Rückhalt. Nach den parlamentarischen Niederlagen war der Oktober 1972 dafür ein eindrucksvolles Beispiel gewesen. Nach dem parlamentarischen Erfolg vom März hingegen zeichnete sich eine Schwächung des sozialen Rückhalts der Regierung ab, und zwar *innerhalb des Proletariats* selbst. Und ohne einen starken sozialen Rückhalt verwandelte sich die Legalität in eine leere Hülle.

Im April 1973 begann der Streik der Bergarbeiter in der Kupfermine »El Teniente«. Im Vergleich zu allen anderen Ereignissen war dieser Streik unserer Meinung nach ausschlaggebend für den endgültigen Vormarsch des Putschismus.

In den Bergbaugebieten der Provinz O'Higgins, »El Teniente« einbegriffen, errang die Linke traditionsgemäß den größten Stimmenanteil. Insbesondere in den Kupferminen hatten die Regierungen vor Allende ihre Massaker veranstaltet. Aber plötzlich entstand in denselben Kupferminen eine Bewegung für materielle Forderungen, die sich indirekt gegen die Regierung richtete.

Der Streik der Arbeiter von »El Teniente« wurde anfangs von der Kommunistischen und der Sozialistischen Partei unterstützt. Die gewerkschaftliche Tradition war und ist in Chile so stark, daß sich die politischen Parteien dem Kampf um ökonomische Forderungen haben *anpassen* und oft *unterordnen* müssen. Aber die Forderungen der Bergarbeiter von »El Teniente« waren unvereinbar mit der ökonomischen Realität und den Plänen der Regierung. Nicht daß ihre Forderungen maßlos gewesen wären – sie wollten nicht mehr, als das Lohnniveau wiedererreichen, das sie zu Beginn der Regierung der Unidad Popular gehabt und später durch die Inflation verloren hatten. Aber das hätte für die Regierung bedeutet, nicht nur die Löhne der Bergarbeiter von »El Teniente«, sondern auch die aller übrigen Arbeiter des Landes zu erhöhen, die sich nun ihrerseits berechtigt gefühlt hätten, ihre eigenen Forderungen durchzusetzen. So war es jedenfalls bisher Tradition in Chile gewesen. Aufgrund ihres hohen gewerkschaftlichen Organisationsgrades waren die Kupferarbeiter unter früheren Regierungen zur Avantgarde der Arbeiterbewegung in den Arbeitskämpfen geworden. Ihre starke Verhandlungsposition kam auch daher, daß sich eine Stillegung der Kupferförderung sofort als schwere finanzielle Einbuße für die öffentliche Hand auswirkte. Nicht so sehr die Führung als vielmehr die »Begleitung« durch die Arbeiterparteien, Kommunisten und Sozialisten, bei den Kämpfen der Kupferarbeiter ermöglichte es, daß diese sich der politischen Linken anschlossen.

Bei dem Streik von »El Teniente« sind zwei Aspekte zu unterscheiden: zum einen *der Konflikt als solcher* und zum anderen seine *objektive politische Funktion.*

Wenn wir den Streik der Arbeiter von »El Teniente« von dem politischen Zusammenhang trennen, in dem er sich entwickelte, müssen wir festhalten, daß er gerechtfertigt war. Schließlich war es nicht die Schuld der Bergarbeiter, daß die Einkommensverteilung rückläufig verlaufen war und daß die Bourgeoisie durch Spekulation und Preiserhöhungen die relative Lohnerhöhung der Arbeiter eingestrichen hatte. Natürlich konnten sie die Bourgeoisie nicht zur Kasse bitten, denn es gab niemanden, der ihren Konflikt in diese Richtung gelenkt hätte. Es blieb ihnen nichts anderes übrig, als zu dem Mittel zu greifen, zu dem sie immer gegriffen hatten, dem Mittel, das sie am besten kannten und das vielleicht das einzige war, das sie kannten: auf den Staat Druck auszuüben, um ihre Löhne zu erhöhen. *Die Bewegung der Arbeiter von »El Teniente« setzte in direkter Linie die Arbeitskämpfe fort, die gegen frühere Regierungen geführt worden waren.* Der einzige Unterschied bestand darin, daß die Parteien, die sie bisher begleitet hatten, sich nun in der Regierung und sogar im Staatsapparat befanden.

Der Wechsel des politischen Zusammenhangs, den nicht alle Bergarbeiter voll erfassen konnten, ließ neue Begleiter ihres traditionellen Kampfes auftauchen. Statt sozialistischer und kommunistischer Parlamentsabgeordneter erschienen andere, elegantere, die nicht wie Arbeiter redeten. Auf einmal sahen sich die Bergleute in den Straßen von hübschen Studentinnen umjubelt, die sie nur aus der Ferne kannten und die von der aristokratischen Katholischen Universität und aus der »Oberstadt« Santiagos kamen. Der äußere Rahmen hatte sich sehr verändert. Aber der Kampf, den sie führten, war derselbe wie früher. Sie hatten niemals um die Macht gekämpft. Sie kämpften immer um ihre Löhne, und in diesem Kampf setzten sie Leib und Leben ein. Auch unter der Unidad Popular zogen sie in den Kampf wie immer, mit ihren Werkzeugen, mit ihrem Dynamit, um sich mit der Polizei zu schlagen, die allerdings dieselbe war wie früher. Es war die kämpferischste

Bewegung der Arbeiter unter der Volksregierung, aber leider gegen eben diese Regierung gerichtet.

Die Reaktion der Kommunisten und Sozialisten auf den Streik war, milde ausgedrückt, unverantwortlich; sie gipfelte darin, daß sie der Rechten auch noch die Teile der Arbeiterschaft auslieferten, die noch schwankten, ob sie den Streik oder die Regierung unterstützen sollten.

Als erstes zogen die Kommunistische und die Sozialistische Partei ihre Mitglieder aus dem Streik zurück. In einer Arbeiterschaft mit starker gewerkschaftlicher Tradition gilt es als unverzeihlich, sich aus einem Konflikt zurückzuziehen, für den man vorher gestimmt hat, ganz gleich aus welchem Grund der Rückzug erfolgt. Natürlich wäre es absurd gewesen, wenn Kommunisten und Sozialisten die Bergarbeiter in dem Konflikt mit der Regierung angeführt hätten, aber das zwang sie noch lange nicht, sich zurückzuziehen, *im Gegenteil.* In dem Augenblick, in dem der Widerspruch zwischen ökonomischem und politischem Kampf aufbrach, beraubten sie die Arbeiterbewegung ihrer politischen Überzeugungskraft und lieferten sie der Christdemokratie aus, die eine so herrliche Gelegenheit nicht ungenutzt verstreichen ließ. Wenn sie beim Streik geblieben wären, hätten sie zumindest versuchen können, ihm eine Wendung gegen die Bourgeoisie zu geben. Indem sie sich zurückzogen, ließen sie anderen freie Hand, ihn gegen die Regierung zu richten. Außerdem büßten sie selbst an Stärke ein, denn viele kommunistische und sozialistische Arbeiter folgten der Anweisung ihrer Parteien nicht und blieben im Streik. Als Information muß man hinzufügen, daß der MIR im Kupferstreik keinen politischen Einfluß nahm und daß er in diesem Teil der Arbeiterbewegung praktisch keine politische Arbeit leistete.

Als zweites verletzten die Kommunistische und die Sozialistische Partei Abkommen, die unter den Kupferarbeitern schon seit vielen Jahren galten. Wenn eine Mine bestreikt wurde, mußten sämtliche anderen Minen den Streik unterstützen. Mit Hängen und Würgen wurde in einer Abstimmung von 5000 Arbeitern in der Kupfermine Chuquicamata, der größten der Welt, mit einem knappen Vorsprung von 100 Stimmen, die Entschließung der Unidad Popular angenommen, sich dem Streik nicht anzuschließen. Damit war gelungen, was die Reaktion nicht geschafft hatte: die Arbeiterklasse zu spalten.

Als drittes leugnete die Unidad Popular, da sie den Kupferkonflikt nicht beilegen konnte, daß die Bergarbeiter der Arbeiterklasse angehörten. Zuerst bezeichnete sie sie als »Arbeiteraristokratie« (in Chile gibt es keine Arbeiteraristokratie; es gibt Arbeiter, die verhungern, und andere, die überleben können, weil sie bis zu einem gewissen Grade die Möglichkeit haben, um ihre Löhne zu verhandeln). Dann erklärte sie, daß es sich um eine Bewegung von

Angestellten handele, was nicht stimmte, denn wenn auch die Angestellten und Techniker von »El Teniente« den Streik unterstützten, so war doch die Mehrheit der Streikenden Proletarier. Schließlich bezeichnete sie die Arbeiter als Faschisten und verwechselte so den Charakter der Bewegung mit denjenigen, die davon politisch profitierten.

In diesem letzten Punkt gibt es ein Bindeglied zwischen der Strategie der Kommunistischen Partei und dem Linkspopulismus (oder theoretisch ausgedrückt: zwischen dem Rechts- und dem Linksrevisionismus). Dieses Bindeglied heißt: *die Arbeiterklasse ist immer revolutionär.*

In dem Maße, in dem die Kommunistische Partei ihre Politik auf Evolution, auf schrittweise Reformen ausrichtet, gewinnt für sie jede Bewegung der Arbeiterklasse für materielle Forderungen, soweit sie sich im Rahmen ihres politischen Reformismus bewegt, den Charakter einer revolutionären Bewegung und wird als solche nach außen dargestellt. Indem sie schrittweise Reformen mit revolutionären Reformen verwechselt, verleiht sie den Titel »revolutionär« all jenen Reformbewegungen ökonomischer oder politischer Art, die nicht ihrer grundsätzlichen politischen Linie widersprechen. Sogar das äußere Erscheinungsbild täuscht: in vielen Fällen verdeckt die Stärke des Engagements, mit dem um bestimmte Reformen gekämpft wird, das *Ziel,* auf das sich dieses Engagement richtet. Diese Erscheinung hat dazu geführt, daß sich in der Linken außerhalb der Kommunistischen Partei Träume und Illusionen entwickelten, in denen die apokalyptische Vision von Massenbewegungen auftaucht, die die traditionelle Führung hinwegfegen oder, wenn das nicht möglich ist, die traditionelle Führung von innen her verändern. Wenn nun diese Reformbewegungen mit der politischen Linie der Kommunistischen Partei zusammenstoßen, sei es von rechts oder links her, dann bedeutet das, daß sie keine revolutionären Bewegungen sind, da sie der »Partei des Proletariats« nicht folgen. Und wenn man den Gedankengang fortsetzt, sind sie auch keine Arbeiterbewegungen, da die Arbeiterklasse immer revolutionär ist. Im Fall des Streiks von »El Teniente« ging die Kommunistische Partei, der sich die Sozialistische Partei anschloß, so weit, Allende öffentlich zu kritisieren, weil er sich bereit erklärt hatte, mit den Arbeitern zu verhandeln. Zornig antwortete Allende mit der Erklärung, seine Regierung werde sich niemals weigern, mit Arbeitern zu verhandeln. Er zeigte in diesem Punkt mehr politischen Realismus als beide Arbeiterparteien zusammen.

Nach der Auffassung des radikalen Populismus ist die Arbeiterklasse immer bereit, den Kampf voranzutreiben, aber sie wird von ihren Führungen betrogen. Die Probleme der Klasse liegen außerhalb von ihr, in ihrem »politischen Überbau«. Die Lösungen sind

folglich organisatorischer Art. Die Geschichte Lateinamerikas im 20. Jahrhundert ist voll von vergeblichen Versuchen – schon vor den »Fokustheorien« –, »neue« Organisationen zu schaffen oder, wenn das erfolglos blieb, in bestehende Organisationen einzudringen. Traurige und heldenhafte Beispiele von einsamen Trotzkisten, die die reale Klasse durch die mystische Klasse oder die konkrete Realität durch die abstrakte Ideologie ersetzen; tapfere Guerrilleros, die für eine Arbeiterklasse kämpfen, die von ihrer Existenz nichts weiß; hunderte von Vorschlägen für eine neue Organisation, usw. In ihren Augen befindet sich die Klasse immer im »Reinzustand«, unabhängig davon, daß diese Klasse oftmals noch nicht einmal als Klasse entwickelt ist. Sie begreifen nicht, daß eine Führung, die nicht revolutionär ist, wie die der Kommunistischen Partei in Chile, nur möglich ist auf der Grundlage von Bedingungen, die innerhalb der Klasse selbst liegen und das Handeln der Führungen in derselben Weise bestimmen, wie die Führungen das Handeln der Klasse bestimmen. Sowohl die Kommunistische Partei als auch der Linkspopulismus haben die revolutionäre Immanenz der Klasse zum Dogma erklärt. Jeder Versuch, das in Zweifel zu ziehen, wird als »fehlendes Vertrauen in die Arbeiterklasse« bezeichnet, wobei sie das Denken der Klasse mit dem Denken der Partei oder der Organisation verwechseln.
Im Fall des Streiks von »El Teniente« trat die Linksabweichung nicht mit der Stärke auf wie die Rechtsabweichung; denn die harte Wirklichkeit zeigte, daß das Verhalten der Arbeiter von »El Teniente« (der bestorganisierte Teil der Arbeiterklasse in einem vom Bergbau bestimmten Land) *nicht politisch* und daher objektiv *politisch konterrevolutionär* war. Aber auf diese exemplarische Lektion der Realität wußte der Linkspopulismus, innerhalb und außerhalb der Unidad Popular, nicht zu reagieren. Die Vertreter dieses Linkspopulismus entschieden sich dafür, den Konflikt herunterzuspielen, was in diesem Moment die Hauptsache war, denn dadurch konnten sie der Notwendigkeit entgehen, ihre politischen Vorstellungen zu überprüfen. Statt ihre Vorstellungen der Realität anzupassen, entschieden sie sich dafür, die Realität ihren Vorstellungen anzupassen. Statt die Klasse in ihrer Gesamtheit zu sehen, zogen sie es vor, nur einen Teilaspekt ins Auge zu fassen, und leugneten wie die Kommunistische Partei, wenn auch auf andere Weise, den proletarischen Charakter des Streiks von »El Teniente«. Natürlich war es viel schöner, von der »Doppelherrschaft« zu reden, wenn man halsstarrig daran festhielt, nur die aktivsten Fraktionen der Arbeiter ins Auge zu fassen. Hätten sie den Konflikt von »El Teniente« wirklich verstanden, dann hätten sie den politischen Prozeß nicht als revolutionär oder vorrevolutionär bezeichnen können, was sie ebenso wie die Kommunisten taten, wenn auch aus anderen Gründen. Die Gesamtheit wurde zugunsten eines Teils

geopfert. Und so blieben die Organisationen weiterhin im »Recht«.

Der Konflikt von »El Teniente« war das Ergebnis und nicht die Ursache eines Prozesses der zunehmenden Verwirrung, Zersplitterung und Spaltung der Arbeiterklasse. Das gab sogar die Regierung selbst zu, indem sie die Unnachgiebigkeit gegenüber den Lohnforderungen zur »Prinzipienfrage« erhob. Dieses »Prinzip« war die Folge der Unfähigkeit der Unidad Popular, die Bestrebungen nach wirtschaftlichen Reformen wie auch die politischen Erwartungen aufzugreifen und ihnen eine Richtung zu geben.

Der Oktoberputsch von 1972 war hauptsächlich an der monolithischen Antwort der Arbeiter gescheitert, einer Antwort, die sogar die putschistischen Militärs neutralisierte und sie zwang, die Legalität zu respektieren. Der Konflikt von »El Teniente« führte genau zu dem Riß in der Arbeiterklasse, den die Bourgeoisie im Oktober hatte erreichen wollen. Deshalb zögern wir nicht mit der Feststellung, daß von den Ereignissen, die dem Putsch vorausgingen, dieses das entscheidende war.

Mit dem Streik von »El Teniente« verschwanden auch die Möglichkeiten, daß sich die politische Entwicklung auf ihren Grundwiderspruch zuspitzen würde: Proletariat – Bourgeoisie. Indem sich die Bergarbeiter unbewußt, aber objektiv zum »Begleittrupp« der Konterrevolution wandelten, nahm der Widerspruch die äußere Form eines Konflikts zwischen zwei sich klassenmäßig nicht unterscheidenden nationalen Sektoren an. *Dies ist von entscheidender Bedeutung für das Verhalten der Militärs.*

Die zögernden putschistischen Teile der Streitkräfte konnten die nicht klassenspezifische Form der Auseinandersetzung als »Auflösungsprozeß der Nation« begreifen und daraus die Notwendigkeit ihres rettenden, gleichsam messianischen Eingreifens ableiten. An die Stelle ihres schlechten Gewissens, »Werkzeug der Reichen gegen die Armen« zu sein, trat das gute Gewissen, Werkzeug eines »Teils der Staatsbürger« gegen einen anderen zu sein. Diese Spaltung des Proletariats nutzend, weigerte sich der militärische Ortskommandant der Stadt Rancagua, Christian Ackerknecht, gegen die bewaffneten Aktionen vorzugehen, mit denen die Rechte die streikenden Bergleute unterstützte; er ließ sogar das sozialistische Parteibüro der Stadt durchsuchen, wobei mehrere Funktionäre und Mitglieder der Partei verhaftet wurden. Als die Regierung diesen Offizier wegen seines Verhaltens seines Postens enthob, gab der Stellvertretende Oberkommandierende des Heeres eine Erklärung heraus, in der er zu verstehen gab, daß »die von diesem Offizier ergriffenen Maßnahmen seine uneingeschränkte Unterstützung und Anerkennung« hätten.[5] Vielleicht sollte man hinzufügen, daß der Stellvertretende Oberkommandierende Augusto Pinochet Ugarte hieß.

Diese objektive Spaltung der Arbeiterklasse ist der Grund, warum die Mannschaften während des Putsches Pinochet und den Seinigen auf so überraschende Weise folgten. Da der soziale Widerspruch nicht in seiner natürlichen Form – Proletariat gegen Bourgeoisie – ausgetragen wurde, war die Möglichkeit eines Konfliktes zwischen Mannschaften auf der einen und Offizieren auf der anderen Seite sehr gering. *Das Ausbleiben einer Spaltung der Streitkräfte steht in direkter Beziehung zur Spaltung des Proletariats.*

3. Soziale Heterogenität und Bildung eines historischen Blocks. Einige Überlegungen

Die Spaltungen des Proletariats lassen sich nicht ausschließlich aus dem Verhalten seiner Parteien erklären. Das hieße, den Klassenkampf auf einen reinen Subjektivismus reduzieren. Die subjektive Bedingung gründete im Fall Chiles auf einer objektiven Bedingung: der sozialen Heterogenität des Proletariats. Diese Heterogenität ist kennzeichnend für alle kapitalistischen Länder mit einer abhängigen, zurückgebliebenen und deformierten Ökonomie.[6]
Selbst das Programm der Unidad Popular beruhte auf dieser objektiven Bedingung. Der Hauptträger der sozialen Umwälzungen sollte »das organisierte Proletariat« sein, eine Fraktion des chilenischen Proletariats also, im Bündnis mit der Bürokratie und Technokratie des Staatsapparats und der »nicht monopolistischen« Bourgeoisie. Diesem zentralen Kern waren folgende soziale Schichten untergeordnet: die Fraktionen des unorganisierten Proletariats, das Halb- und Subproletariat, die Kleinbauern und Landarbeiter sowie das Kleinbürgertum. Dieser zentrale Kern mit seinen untergeordneten oder »unterstützenden« Schichten sollte unter Ausnutzung der Verteilungsmechanismen des Staats den sozialen Wandel in Angriff nehmen; das heißt: es handelte sich um eine Fortsetzung und nicht um eine Veränderung der traditionellen Verteilerrolle des Staats.
So finden wir im Programm der Unidad Popular drei Dimensionen, die mit der Einteilung von Alain Touraine übereinstimmen[7]: die Dimension der Klassenbeziehungen, die Dimension der Abhängigkeit und die Dimension der Modernisierung; oder politischer ausgedrückt: anti-kapitalistischer Kampf, nationale anti-imperialistische Befreiung und Entwicklung der Produktivkräfte.
Im strategischen Plan der Unidad Popular, nicht in ihrem Programm, überwiegen die beiden letzten Dimensionen über die des Klassenkampfs. Diese sekundäre Bedeutung des Klassenkampfs ist zurückzuführen auf die Zusammensetzung und Rolle des »zentralen Kerns«, der die sozialen Umwälzungen verwirklichen sollte. Es war nicht nur ideologische Akrobatik, die zur Konzeption dieses zentralen Kerns führte, sondern es gab auch eine bestimmte empiri-

sche Basis, auf der diese nicht-revolutionäre Strategie ihre Realitätsgrundlage fand, nämlich die soziale Heterogenität des Proletariats.

Die Interessen des Industrie- und Bergbauproletariats und von Teilen des ländlichen Proletariats paßten durchaus in diese Bündniskonzeption. Sie profitierten direkt von der Erweiterung der Verteilungskompetenzen des Staats etwa bei der Nationalisierung des Kupfers (anti-imperialistischer Kampf), den Verstaatlichungen und der Landreform (wirtschaftliche Entwicklung). Aber es gab und gibt Fraktionen des Proletariats, des Halb- und Subproletariats, der Kleinbauern und Landarbeiter, Sektoren des öffentlichen und privaten Dienstleistungsbereichs, Handwerker und selbständige Arbeiter, Arbeitslose und Bewohner der Elendsviertel, deren Forderungen, selbst die unmittelbaren, nur mit einer Strategie zu vereinbaren sind, deren grundsätzliche Ausrichtung anti-kapitalistisch ist. Oder, was dasselbe ist: eine Strategie, deren grundsätzliche Ausrichtung nicht antikapitalistisch ist, kann nur auf einer *objektiven Spaltung* der Arbeiter und nicht auf ihrer *historischen Einheit* aufbauen. Aber auch eine Strategie, die diese Sektoren nicht als Hauptverbündete betrachtet, braucht auf jeden Fall ihre *Unterstützung*, sei es, um bei strategischen Bündnissen mit Fraktionen der Bourgeoisie sozialen Druck ausüben zu können, sei es, um sie als »Wählerreservoir« zur Erhaltung bestimmter Machtanteile einzusetzen. Die Integration dieser Sektoren als untergeordnete Kraft verläuft hauptsächlich über zwei Mechanismen. In wirtschaftlicher Hinsicht spielen sie die Rolle von weniger wichtigen Kunden, die die Vergünstigungen erhalten, die in Zeiten reichlich vorhandener öffentlicher Gelder möglich sind. In politischer Hinsicht dienen sie als Stoßtrupp bei sozialen Auseinandersetzungen.

So kam es, daß die traditionelle Linke in Chile notwendigerweise einen linkspopulistischen Flügel entwickelte, der mit formalen Parolen die Gefolgschaft und Kontrolle der sozial explosiven Schichten gewährleistete. Dies war im wesentlichen die Funktion des linken Flügels der Unidad Popular.

Der »Linksradikalismus«, den die Kommunistische Partei dem MIR vorwarf, bestand vor allem darin, daß der MIR versuchte, die oben genannten sozialen Schichten in einem anderen Rahmen zu organisieren. In dem Maße jedoch, in dem es in politischen Krisensituationen unmöglich wurde, den radikalen Populismus weiterhin als »untergeordneten Verbündeten« zu halten, brachen die sozialen Widersprüche durch, die sich aus der sozialen Heterogenität des Proletariats ergaben. Ihren stärksten Ausdruck fanden sie, innerhalb und außerhalb der Unidad Popular, *in der Auseinandersetzung um die Aufrechterhaltung oder Überwindung des staatlichen Herrschaftsapparats.* Ein führendes Mitglied des MAPU drückte das so aus: »Wir müssen uns einigen, ob wir wirtschaftliche

Effizienz oder die Eroberung der Macht wollen, denn beides gleichzeitig können wir nicht haben.«
Die grundlegende Bedingung für den Erfolg der Strategie der Kommunistischen Partei war der Aufbau eines wirtschaftlich starken Staats, der imstande gewesen wäre, eine Umverteilung der Einkommen durchzusetzen und damit das soziale und politische Bündnis zwischen den Fraktionen des organisierten Proletariats und der »nicht monopolistischen« Bourgeoisie zu ermöglichen. Daher war es völlig konsequent, wenn die Kommunistische Partei die Bedeutung der kapitalistischen Effizienz mit der Losung hervorhob: »Gewinnen wir die Produktionsschlacht!« Doch der Aufbau dieses wirtschaftlich starken Staats war nicht möglich. Angesichts der von Bürokratismus, Spekulanten- und Parasitentum geprägten chilenischen Bourgeoisie war er unserer Meinung nach sogar *ganz und gar unmöglich*, vor allem wenn man bedenkt, daß die institutionell-republikanischen Spielregeln die Unterhaltung eines »teuren« Staates erheischen und seine bürokratischen Auswüchse bewahren und fördern. Ein selbst vom kapitalistischen Standpunkt aus wirtschaftlich effizienter Staat läßt sich nur durch Umwälzungen innerhalb dieses Staates selbst erreichen. Und dafür gibt es nur zwei Mittel: Konterrevolution oder Revolution.
Auch die Landreform blieb in einem Stadium der Unentschiedenheit stecken. Niemals wurde klar definiert, ob nun kleine landwirtschaftliche Einheiten als Privatbesitz oder größere Kollektiveinheiten geschaffen werden sollten; so entschied man sich zuweilen für gemischte Übergangsformen. Außerstande, mit dem starken landwirtschaftlichen Kapitalismus mit guter technischer Ausstattung zu konkurrieren, sanken die »reformierten Sektoren« fast auf die Stufe einer Subsistenzwirtschaft herab oder gerieten über den Schwarzmarkt auf die Bahn der Spekulation und mußten von dem sowieso schon ausgebluteten Staat subventioniert werden. Die politische Konsequenz war klar: eine Aktionseinheit von Arbeitern und Bauern ließ sich nicht aufbauen.
Die Strategie der Kommunistischen Partei verhinderte so konkret die Bildung eines historischen sozialen Blocks mit revolutionärem Charakter. Aber auf der anderen Seite zog der Verzicht auf den Aufbau dieses Blocks die innere Spaltung gerade der organisierten Fraktion des Proletariats nach sich, mit der in der Bündnisstrategie gerechnet wurde. Der Bergarbeiterstreik war das deutlichste, aber nicht das einzige Beispiel. Wir wiederholen jedoch, daß die Strategie der Kommunistischen Partei eine Realitätsgrundlage hatte, nämlich die soziale Heterogenität des Proletariats. Um Mißverständnissen vorzubeugen: das soll nicht heißen, daß diese Heterogenität ein unausweichliches historisches Schicksal oder ein unüberwindliches Hindernis ist. Das zentrale Problem ist, daß die Unidad Popular sich an diese Heterogenität lediglich *anpaßte*, ohne

zu versuchen, sie politisch zu überwinden. Und schließlich gibt es diese Heterogenität des Proletariats, weil es auch eine Heterogenität der Bourgeoisie gibt, die mindestens ebenso stark oder noch stärker ausgeprägt ist als die des Proletariats. Das erklärt, warum die Bourgeoisie vor dem Putsch sich zwar als konterrevolutionärer Block formieren konnte, nach dem Putsch aber als gesellschaftlicher Machtblock auseinanderfiel. Außerdem kann die soziale Heterogenität der Bourgeoisie nur ökonomisch überwunden werden, was in einem abhängigen, zurückgebliebenen und deformierten kapitalistischen Land unmöglich ist. Die soziale Heterogenität der Arbeiter dagegen kann politisch durch den Aufbau eines revolutionären historischen Blocks überwunden werden. Die Bourgeoisie kann als Klasse nur herrschen, wenn sie gegen sich selbst kämpft, d. h. ihre inneren Widersprüche austrägt.

4. *Der Juni-Putsch*

Der Streik der Bergarbeiter von »El Teniente« und der Staatsstreichversuch vom 29. Juni sind nicht voneinander zu trennen. Der Konflikt von »El Teniente« war die Konsequenz der Isolation des Proletariats, das sich, ohne klare Führung, in verschiedene und zuweilen entgegengesetzte Richtungen zu bewegen begann. (Ähnliche Tendenzen begannen sich auch in den übrigen Kupferminen und in den erdölverarbeitenden Unternehmen der Provinz Concepción abzuzeichnen.)
Während sich der Arbeitskampf der Bergarbeiter gegen die Regierung richtete, mobilisierten sich die Industriearbeiter gegen die Unternehmer und suchten dabei die Unterstützung der Unidad Popular. Unter den Arbeitern entwickelten sich Ansätze zu autonomen Organisationen, aber die heterogene Arbeiterbasis und die noch heterogenere politische Führung konnten den wahren Charakter dieser neuen Organisationen weder erfassen noch definieren. So wurden die »Cordones« (Gürtel), »Consejos« (Räte), »Comandos« (Kommandos), die »Asambleas Populares« (Volksversammlungen) und die »Comites Coordinadores« (Koordinierungskomitees) von der einen Seite als »territoriale Erweiterungen der Gewerkschaften«, von der anderen Seite als »autonome Organe einer Rätemacht«, als »Sowjets« begriffen. In dieser konfusen Heterogenität sah jede politische Organisation nur das, was sie sehen wollte, analysierte, was sie analysieren wollte, definierte, was sie definieren wollte. Die konkrete Totalität wurde nicht wahrgenommen, und an Bruchstücken der Arbeiter- und Bauernbewegung die allgemeine Klassenbewegung abgelesen. Aufgrund dieser bruchstückhaften Betrachtungsweise wurde der Prozeß auf die verschiedenste Art interpretiert, und jede dieser Interpretationen enthielt einige Körnchen Wirklichkeit.

Aber diejenigen, die zumindest einen gewissen Gesamtüberblick hatten, die führenden Vertreter der CUT, der Zentralen Einheitsgewerkschaft, charakterisierten die Situation im Juni 1973 in einem internen Bericht folgendermaßen:

»Die Arbeiter der Unidad Popular fühlen sich vollkommen zersplittert. Das schwerwiegendste Problem ist, daß viele unserer Funktionäre und Arbeiter sehr entmutigt sind.«

Und weiter:

»General Prats hat die Führer der Unidad Popular und der CUT zu der Disziplin beglückwünscht, die sie bei den Arbeitern durchgesetzt hätten und die dieselbe sei, wie sie im Heer praktiziert werde. Aber das einzige Problem ist, daß 70% der Streitkräfte die Opposition unterstützen.«[8]

In diesem Klima brauchte die Rechte nicht einmal mehr die minimalsten demokratischen Formen zu wahren, und sie rief offen zum Putsch auf. Erinnern wir uns einiger Erklärungen:

Patria y Libertad:

»Wir sind bestärkt in unserer früheren Überzeugung, daß es für das Land keinen traditionell-politischen Ausweg gibt. Die einzige Kraft, die fähig ist, diesen kritischen Augenblick zu überwinden, besteht in der moralischen und militärischen Stärke der Streitkräfte, der Unterstützung der arbeitenden Menschen in der Bewegung der Verbände und im Nationalismus als einer Ideologie.«[9]

Juan de Dios Carmona, Putschist der Christdemokratie:

»Man kann nicht länger einer nicht verfassungsmäßigen Regierung gehorchen.«[10]

Francisco Bulnes, Senator der Nationalen Partei:

». . . Und der Präsident der Republik, Herr Salvador Allende – und soll er mich ruhig hören und die Aufhebung meiner Immunität fordern –, ist augenblicklich ein illegitimes Staatsoberhaupt.«[11]

Und schließlich eine wahre Prinzipienerklärung der chilenischen Bourgeoisie, der Feder eines ihrer »Intellektuellen« entflossen, der später die »Philosophie« des Pinochet-Regimes begründen sollte, Carlos Vicuña Fuentes:

»Für die höchsten Ämter muß man Männer von untadeligstem, strengstem und fruchtbarstem Lebenswandel auswählen, vorzugsweise reife, besonnene, sittenstrenge, intelligente Männer. Diese Wahl kann man nicht den Massen überlassen, die, unwissend und dem Laster ergeben, mit anstrengender körperlicher Arbeit beschäftigt sind und jeder Anteilnahme am öffentlichen nationalen Wohl ermangeln, in Unkenntnis der Probleme, die die Regierung meistern muß. Die Demokratie ist ein Mythos und eine Verirrung und mit Sicherheit die Quelle der politischen Wirren, die wir gegenwärtig durchleiden. Diejenigen, die die Militärs beraten, sollten ihnen Namen von hervorragenden Staatsbürgern nennen, denen sie die höchste Macht der Republik zu übergeben hätten.

Um dieses erlösende politische Unternehmen durchzuführen, muß man auf die Parteien verzichten, auf die Wahlmaskerade, auf die verlogene und vergiftete Propaganda, und einer kleinen Zahl ausgewählter Militärs die Aufgabe übertragen, der politischen Anarchie ein Ende zu setzen.«[12]

Am 29. Juni erfolgte der Staatsstreichversuch. Vier Tage zuvor hatte die Oberste Kommandantur des Heeres einen anderen Putschversuch aufgedeckt und die Anführer verhaften lassen. Am frühen Morgen des 29. Juni begannen die Panzer des Panzerregiments Nr. 2, Tacna, die »Moneda« (den Präsidentenpalast) unter Beschuß zu nehmen. Die Rundfunkstationen der Rechten begrüßten den Staatsstreich. In den Provinzen und den übrigen Regimentern von Santiago blieben die Militärs unschlüssig in ihren Kasernen und erwarteten Befehle von oben. Doch die Spitze der Hierarchie der Streitkräfte stellte sich gegen den Putsch. Das Ergebnis der putschistischen Aktion unter dem Kommando des Hauptmanns Roberto Souper: 22 Tote, Zivilisten und Soldaten, 32 Verletzte und 50 Verhaftete.

Noch immer bestehen Zweifel darüber, ob der gescheiterte Putsch vom 29. Juni eine bewußt geplante »Generalprobe« für den Putsch im September war oder einfach ein Abenteuer einiger rechtsradikaler Militärs. Die zweite Hypothese ist insofern wahrscheinlich, als die Mehrheit der Anführer des Putschversuchs Mitglieder von Patria y Libertad waren, deren führende Vertreter, einschließlich Pablo Rodriguez, in der Botschaft von Ekuador in Santiago um Asyl baten, als der Putsch niedergeschlagen war.

Aber obwohl der »Tancazo« – so wurde der Putschversuch in Anlehnung an den »Tacnazo« des Generals Viaux getauft – anscheinend nicht als Generalprobe geplant war, erfüllte er zweifellos objektiv diese Funktion. Pinochet und sein Gefolge konnten mehrere Schlußfolgerungen ziehen:

Zum einen hatten sich die Generäle in den Provinzen nicht automatisch gegen den Putsch gestellt, sondern die Anordnungen der Oberbefehlshaber abgewartet. Das war vielleicht der beste Beweis, daß in den Streitkräften keine allgemeine Bereitschaft herrschte, die Regierung zu verteidigen.

Zum zweiten waren Teile des Offizierskorps bereit, politisch mit ihrer obersten Führung zu brechen, wenn diese sich nicht schnell zu einem Putsch entschloß; mehr noch: sie standen »politisch bereit«, anderen Führungen außerhalb der Streitkräfte zu folgen, wie z. B. Patria y Libertad. Es drohte also die Spaltung der Streitkräfte. Die Behauptung von General Bonilla nach dem Putsch vom September, daß die Offiziere nicht mehr hätten zurückgehalten werden können, ist vielleicht nicht ganz unrichtig. Viele Generäle, die vor dem September nicht als Putschisten galten, wurden von ihren Untergebenen förmlich zum Putsch gedrängt. Damit dieser Putsch Erfolg haben konnte, fehlte nur noch ein Detail. *Es mußte vermieden werden, daß die vertikal-hierarchische Befehlsstruktur zerbrach.* Solange Generäle wie Prats an der Spitze der

Streitkräfte standen, war eine Spaltung sehr wahrscheinlich, bei der sich die »Verfassungstreuen« und vielleicht auch die Unentschlossenen auf die Seite der Regierung stellen würden. Anders gesagt, vor dem Staatsstreich mußte man einen Putsch innerhalb der Streitkräfte durchführen. Um Allende zu stürzen, mußte man Prats stürzen. Um die Macht ohne einen Bürgerkrieg übernehmen zu können, mußte der Putsch »von oben« beschlossen sein.
Eine dritte wichtige Lehre aus dem »Tancazo« war, daß die Partei der Mitte, die Christdemokratie, keinerlei Neigung zeigte, die Regierung zu unterstützen. Frei, der bei jedem seiner Angriffe gegen die Regierung, die er von Zeit zu Zeit vorzutragen pflegte, geradezu rituelle Zeremonien um sich herum veranstaltete, hüllte sich angesichts des »Tancazo« in komplizenhaftes Schweigen. Der Schutzwall der Legalität erschien sehr viel weniger stabil, als man erwartet hatte.
Und schließlich: was für Pinochet den Ausschlag gegeben haben muß, denn sonst hätte er sich nicht an die Spitze des Putsches gestellt, war *die zögernde, desorganisierte und schwache Verteidigung der Regierung durch die Arbeiter.* Fabrikbesetzungen ohne jede Organisation, Gruppen, die auf die Straße gingen, um die Regierung zu verteidigen – ohne Waffen; all das mußte die putschistischen Generäle begeistert haben.
Am Abend des 29. Juni rief die CUT zu einer Massenkundgebung vor dem Präsidentenpalast auf. Allende hielt eine beschwichtigende Rede. Der Tenor seiner Worte vermittelte den Eindruck, als stünden mehr als die Hälfte der Streitkräfte auf der Seite der Regierung. Plötzlich eine unerwartete Geste des Präsidenten: er läßt die kommandierenden Generäle der Streitkräfte und der bewaffneten Polizei an die Fenster der Moneda treten, damit sie das Volk hochleben lasse. Offensichtlich hat er sie dazu gezwungen. Zweimal mußte er mit lauter Stimme wiederholen: »Ich befehle Ihnen, herauszukommen!« Ganz Chile sah auf dem Fernsehschirm das haßerfüllte Gesicht des Luftwaffengenerals César Ruiz Danyau, späterer Putschist und heute als halber Analphabet Rektor der chilenischen Staatsuniversität – das Volk bejubelte ihn stürmisch. Wenn wir uns heute an diese Szenen erinnern, erhebt sich die unausweichliche Frage: Warum tat Allende das? Wozu mußte er die Generäle dem Volk vorzeigen, und vor allem, wozu mußte er das Volk vor den Generälen demütigen? Zweifelsohne konnte Allende nicht zum Volksaufstand aufrufen, aber das zwang ihn noch nicht, zu mystifizieren. Diese Menschenmenge, die da im Chor die Namen der Generäle skandierte, hätte die Wahrheit begriffen, wenn man sie ihr gesagt hätte. Wenn man ihr zum Beispiel gesagt hätte, daß dies kein Sieg des Volkes war, weil das Volk gar nicht dabeigewesen war, und daß es nicht durch Generäle vertreten werden konnte, von denen einige nur deswegen nicht putschten, weil sie sich noch nicht

trauten. Das Volk jedoch applaudierte den Generälen. In diesem Augenblick brauchte es etwas, woran es »glauben« konnte. Der Mangel an politischer Rationalität ließ ein Vakuum entstehen, das mit dem Mythos ausgefüllt wurde. Wenn man sich an diesen Abend des 29. Juni erinnert, möchte man meinen, jener Satz von Marx, daß die Geschichte sich wiederhole, erst als Tragödie und dann als Farce, auf Chile in umgekehrter Reihenfolge zutraf. Erst als Farce und dann als Tragödie.

Neuntes Kapitel
Die Agonie der Unidad Popular

Während die Regierung nach dem sogenannten »Tacnazo« keinen Versuch machte, die Massen – weder defensiv noch offensiv – zu mobilisieren, gingen die parlamentarische und außerparlamentarische Rechte, die Verbände und alle Kräfte der Konterrevolution nach demselben Schema wie im Oktober 1972 zum Generalangriff über. Diesmal aber hatten sie zwei »Pluspunkte« auf ihrer Seite: die Zersplitterung und Desorientierung der Arbeiterbewegung und die Aufhebung der Neutralität der Militärs. Diese beiden Punkte stehen miteinander in Verbindung. Die Wiederberufung der Militärs auf die Ministerposten hatte eine völlig andere Bedeutung als während des Oktoberstreiks. Im Oktober schlossen die Regierung und die Streitkräfte ein wirkliches Bündnis zu dem Zweck, die Autorität des Staats zu stärken. Der spätere Versuch Allendes, das Bündnis zu wiederholen, hatte nur noch formale Bedeutung. Es war lediglich ein Bündnis mit einigen Generälen, aber keineswegs mit der Gesamtheit der Streitkräfte. Diese griffen nämlich – gedeckt von dem Waffenkontrollgesetz und unter Führung putschistischer Offiziere – mit beispielloser Brutalität die Arbeiterklasse und die Massenbewegung an. Während des gesamten Zeitraums vom Juni-Putsch bis zum September-Putsch fand ein sich beschleunigender Prozeß der *Verselbständigung der Streitkräfte* statt. So kam es zum Höhepunkt der konterrevolutionären Phase, als schließlich die Bourgeoisie ihre traditionelle Herrschaftsform aus eigenem Entschluß auflöste.

Die Krise der traditionellen Herrschaftsform, die sowohl für revolutionäre wie für konterrevolutionäre Prozesse charakteristisch ist, führte in diesem konkreten Fall zur unmittelbaren Verbindung der Bourgeoisie als Klasse mit den Streitkräften, die auf diese Weise zur *militärischen Partei der Gesamtheit der Bourgeoisie wurden.*[1]

In dieser Eigenschaft begannen die Streitkräfte, in einer »internen Säuberung«, die sich noch nach dem Putsch fortsetzte, all jene ihrer Führer auszustoßen oder zu neutralisieren, die sich in irgendeiner Weise nicht nur der Regierung, sondern der traditionellen Bestimmung und Funktion der Streitkräfte verpflichtet fühlten. Das wichtigste Ereignis war die Abdankung von General Prats, ein regelrechter »Militärstreich«, die absolut notwendige Vorbedingung für die erfolgreiche Durchführung des Staatsstreichs.

Erschrocken vor den Geistern, die sie gerufen hatten, begriffen einige Teile der Christdemokratie, daß sie bereits eingeladen waren, dem Begräbnis nicht etwa der Unidad Popular, sondern des gesamten traditionellen politischen Systems Chiles beizuwohnen, dessen wichtigster Bestandteil sie selbst waren, und sie versuchten, in letzter Minute einen Rückzieher zu machen und mit der Regierung der Unidad Popular einige Vereinbarungen gegen den Putsch zu schließen. Es war zu spät.

1. Die Entwaffnung des Volks

Der Konterrevolution genügte es nicht, daß Allende nach dem »Tancazo« keinerlei genaue Anweisungen für eine Massenmobilisierung gegeben hatte, und daß die Putschisten in den Streitkräften nicht verfolgt wurden. Es genügte ihr auch nicht, daß sich das Volk am 29. Juni fast völlig wehrlos gezeigt hatte. Die Konterrevolution wollte die Regierung und das Volk vollkommen handlungsunfähig machen, was ihr auch gelang. Die Führer von Patria y Libertad hatten die Lage falsch eingeschätzt, als sie in der Botschaft Ekuadors in Santiago Asyl suchten. Sie rechneten damit, daß die Regierung aus dem gescheiterten Juni-Putsch gestärkt hervorgehen und eine Gegenoffensive, insbesondere gegen sie selbst einleiten werde. Womit sie nicht rechneten, war, daß der Putschismus weit über ihre Organisation hinausreichte und die sogenannte »demokratische Opposition« zu diesem Zeitpunkt schon nicht mehr existierte. Allende hatte immer zwischen »Gegnern« und »Feinden« unterschieden, aber in diesem Moment, da die Zukunft der Regierung an einem dünnen Faden hing, war Gegnerschaft oder Opposition zur Regierung gleichbedeutend mit Feindschaft und Konterrevolution. Um ihre Positionen zu halten, wurde die sogenannte Opposition objektiv zu einem Teil der Konterrevolution.

Am 2. Juli lehnte das Abgeordnetenhaus eine Vorlage der Regierung ab, für drei Monate den Ausnahmezustand im Land zu erklären. Damit sollte verhindert werden, daß die Regierung von ihren verfassungsrechtlichen Möglichkeiten Gebrauch machte, den Putschismus zu entwaffnen. So ließ die parlamentarische Opposition den putschistischen Militärs freie Hand, die damit nach dem gescheiterten Juni-Putsch jeder Verpflichtung zur Verteidigung der Legalität entbunden waren. Die Opposition ließ Allende keine andere Wahl, als die Massen zu mobilisieren. Aber auch diesen möglichen Ausweg verbauten sie ihm. Sie verhinderten nicht nur, daß sich die Militärs für die Verteidigung der Regierung einsetzten, sondern hetzten sie auch unter dem Deckmantel der »Legalität« gegen die Massen auf.

Teile der Massenbewegung in einigen Fabriken, aber besonders in den sogenannten »Cordones Industriales«, den Industriegürteln, hatten instinktiv und fast autonom versucht, sich zu organisieren und für ein Minimum an Bewaffnung zu sorgen. Das Ganze hatte einen rein defensiven Charakter. Angesichts dieser Anzeichen bewaffneter Selbstverteidigung begann die Rechte genau die Maßnahmen zu ergreifen, die den Zielen des »Carmona-Gesetzes« entsprachen. Während die Rechte bewaffnet war und die Putschisten in den Kasernen die Messer wetzten, erklärte die parlamentarische Rechte am 5. Juli unter anderem folgendes:

»Diese Situation, die unvereinbar ist mit unserer republikanischen und demokratischen Rechtsordnung, macht es notwendig, daß die Streitkräfte für die Einhaltung des Waffenkontrollgesetzes sorgen, um zu verhindern, daß sich parallel zu den verfassungsmäßigen Streitkräften eine extremistische, zum großen Teil aus Ausländern bestehende Armee bildet.«[2]

Man beachte die verfängliche Kombination: eine extremistische Armee von Ausländern parallel zu den Streitkräften.

Im selben Sinn äußerte sich der Senatspräsident Eduardo Frei, der zum Juni-Putsch kein einziges Wort gesagt hatte:

»Die sogenannte ›Volksmacht‹ (Poder Popular) ist nicht das chilenische Volk. Es sind politische Gruppen, die sich selbst als Volk bezeichnen und mit Gewalt andere Arbeiter zu unterdrücken versuchen, wobei sie vor nichts zurückschrecken.«[3]

Und Tomas Pablo, christdemokratischer Senator, ging noch weiter:

»Wenn Waffen verteilt worden sind, dann richten sie sich in der Hauptsache gegen die Streitkräfte der Republik, denn es erscheint unlogisch, daß diese Gruppen sich gegen unbewaffnete Zivilisten bewaffnen.«[4]

In derselben Weise griffen viele andere Parlamentarier der Rechten wenige Tage nach dem »Tancazo« die Regierung an und verdammten sie zur völligen Wehrlosigkeit, als die Putschvorbereitungen in vollem Gang waren. Sie ermunterten die Streitkräfte zu einer brutalen Repression gegen das Volk. Kein künftiger politischer Pakt, den die chilenische Linke vielleicht aus Notwendigkeit mit diesen Parlamentariern wird eingehen müssen, kann und darf vergessen machen, daß sie Komplizen des Septemberputsches und der Massaker waren. Welche Absichten sie auch immer mit derlei Erklärungen verfolgt haben mögen – sie sind *objektiv Putschisten.* Es kann sein – wir wiederholen es –, daß der schwierige Kampf um die Wiedereroberung des großen Stück Wegs, das die chilenische Linke verloren hat, sie zwingen wird, bestimmte Pakte mit diesen Leuten zu schließen, was durchaus mit der Logik des Klassenkampfes vereinbar ist. Aber es muß klar sein, daß ein eventuelles Abkommen der Linken mit diesen Putschisten nichts anderes sein kann als eben dies: ein *Abkommen mit Putschisten.* Kein Abkommen wird ihnen je ein demokratisches Zeugnis ausstellen können. Frei ist kein Demokrat, nicht einmal im bürgerlichsten Sinn des Wortes. Wenn ein politisches Abkommen mit ihm und seiner Fraktion innerhalb der Christdemokratie notwendig sein sollte – und aus Gründen des politischen Realismus können wir das nicht ausschließen –, so muß dies als ein Abkommen mit dem Feind betrachtet werden, in wie starkem Gegensatz er sich auch zur Pinochet-Diktatur befinden mag. Ein Abkommen mit dem Feind kann in der Politik und im Krieg möglich sein, aber das macht den Feind noch nicht zum Soldaten derselben Front.[5]

Nach dem »Tancazo« begann also, angesichts der völligen Handlungsunfähigkeit der Regierung, eine furchtbare Repressionswelle gegen das Proletariat und die Organisationen des Volks. Diese Handlungsunfähigkeit beschleunigte wiederum den Prozeß, der zum Putsch führte.

Fassen wir die kurze Vorgeschichte des Putsches, die Agonie der Unidad Popular, zusammen:

Genau zu der Zeit, da Angehörige der Streitkräfte, weitgehend autonom von ihren Befehlshabern und gedeckt von dem »Carmona-Gesetz«, in einer riesigen und durchorganisierten Operation das Proletariat und das Volk im ganzen Land zu entwaffnen und zu unterdrücken begannen, ermordeten Angehörige der extremen Rechten am 26. Juli den Adjutanten des Präsidenten, Kapitän Arturo Araya Peters.

Obwohl die Marinejustiz einen armen Arbeiter als den Mörder hinzustellen versuchte, indem sie ihn unglaublichen Foltern unterwarf, enthüllte die Polizei den Zweck und die Täter des Mordes. Einen Augenblick lang dachte man damals, daß die Ermordung des Adjutanten denselben politischen Effekt haben würde wie die Ermordung des Generals Schneider, nämlich den Putschismus zu neutralisieren. Hier zeigte sich aber, daß ein und dasselbe Ereignis unter anderen politischen Bedingungen andere Auswirkungen und Folgen haben kann.

Die Ermordung des Kapitäns Araya neutralisierte den Putschismus weder außerhalb noch innerhalb der Streitkräfte. Die Marinejustiz zog es vor – in einem Akt bewußter Selbsterniedrigung – die Mörder des Adjutanten nicht zu kennen und einen der ihren zu opfern. Jener von den Marinesoldaten gefolterte Arbeiter, der im Fernsehen gezeigt wurde, in jammervollem körperlichem Zustand, war nur ein lebendiges Symbol für Hunderte, die vor dem Putsch, und Tausende, die nach dem Putsch von Militärs gefoltert und ermordet wurden.

Die Fabriken in Santiago wurden praktisch ununterbrochen von den Militärs besetzt und durchsucht. Doch in den Provinzen war die Situation noch schlimmer. Dort wurden die Garnisonschefs zur absoluten Autorität. In Punta Arenas, der südlichsten Stadt Chiles, hatte der General Torres de la Cruz im Einvernehmen mit den Teilstreitkräften praktisch die Stadt besetzt. In Temuco wurden gegen Ende August Bauern und Mitglieder linker Organisationen ständig gefoltert. In San Antonio, Rancagua, Concepción, Talca u. a. begingen die Militärs alle erdenklichen Grausamkeiten an Arbeitern. Wie in einem wirklichen Krieg besetzten sie zuerst die Fabriken, dann die Städte. Die Flugzeuge der Putschisten überflogen den ganzen Tag das Land, um für den entscheidenden Augenblick in Form zu sein. Die Linke übte sich in Selbstbeschwichtigung, indem sie sagte, daß die Flugzeuge sich auf die Festlichkeiten des Nationalfeiertages im September vorbereiteten. Im letzten Moment erst forderte die Unidad Popular den Präsidenten auf, das Waffenkontrollgesetz zu ändern, dem sie selbst im Parlament zugestimmt hatte. Die Orientierungslosigkeit des Volkes erreichte in dieser Zeit ihren Höhepunkt. Am 4. September, dem dritten Jahrestag des Wahlsiegs der Unidad Popular und Allendes, fanden im ganzen Land riesige Demonstrationen statt. Aber es gab nirgendwo irgendwelche Handlungsanweisungen oder Befehle, weder offensive noch defensive. Die Parolen, die früher im Kampf selbst entstanden waren, wurden jetzt ohne Begeisterung und ohne Phantasie geschrien, wie bei einem Karnevalsfest, sie hatten keine politische Bedeutung. Der Krieg war schon verloren, bevor er begonnen hatte.

Mitten in diesem offenen Krieg, den die Bourgeoisie und das Militär der Regierung und den Massen erklärt hatten, versuchte Allende erneut, die Generäle an der Regierung zu beteiligen. Er verteilte Ministerien an die Oberbefehlshaber der Teilstreitkräfte und der Polizei, um sie über die hierarchische Befehlsstruktur an die Regierung zu binden. General Carlos Prats (Heer) übernahm das Verteidigungsministerium, Admiral Raul Montero (Marine) das Finanzministerium, General César Ruiz Danyau (Luftwaffe) das Ministerium für Öffentliche Arbeiten und General José María Sepúlveda Galindo (Polizei) das Ministerium, das für die Verwaltung und Besiedlung des staatlichen Landbesitzes zuständig war. An diesem Tag, dem 8. August erklärte Allende: »Es ist die letzte Möglichkeit.« Aber weder die Regierung noch die Generäle waren dieselben geblieben. Die Regierung regierte nicht mehr. Die Generäle befahlen nicht mehr. Das neue zivil-militärische Kabinett war nur noch eine traurige Parodie jenes Kabinetts, das auf die Mobilisierung des Volkes im Oktober 1972 folgte. Äußerlich waren die Umstände die gleichen. Die Bourgeoisie hatte sich abermals in den Frontalangriff gestürzt, und wie ehedem erschienen die Fuhrunternehmer, Lastwagenfahrer und Studenten als »Stoßtrupp« und »Volksvertretung« der Konterrevolution. Aber diesmal war keine Parlamentswahl in Sicht, die den Christdemokraten Illusionen gemacht hätte. Außerdem hatte das Parlament schon Erklärungen abgegeben, in denen es der Regierung die legale Autorität aberkannte, das heißt, der verfassungsmäßige Damm war schon gebrochen. Das Proletariat und das Volk waren ohne Orientierung, sie befanden sich praktisch schon unter dem Stiefel der Militärs. Allende waren im »Gefängnis« der Verfassung die Hände gebunden. Und das mittlere Offizierskorps arbeitete bereits direkt mit den Putschisten zusammen.

2. *Der interne Putsch*

Genau zu diesem Zeitpunkt organisierten die Putschisten in den Streitkräften eine Art »internen Putsch« in zwei Richtungen: nach unten, indem sie jene Militärs, die bei dem endgültigen Staatsstreich ihren Vorgesetzten möglicherweise nicht folgen würden, verhafteten und folterten; nach oben, indem sie die verfassungstreuen Offiziere absetzten, um für den Staatsstreich die notwendige hierarchische Befehlsstruktur zu sichern.

Der interne Putsch gegen die verfassungstreuen Soldaten und Offiziere fand seinen deutlichsten Niederschlag in der Marine. Mitte August wurden über 100 Marinesoldaten des Geschwaders in Talcahuano und Valparaiso verhaftet und die meisten von ihnen grausam gefoltert. Auf diese Ereignisse reagierte die Regierung in unglaublicher Form: sie verurteilte die Marinesoldaten, die sich gegen den Putsch stellten, als »ultralinke Elemente«, die die Disziplin in den Streitkräften untergraben hätten. Dabei wußte man im ganzen Land, daß die Marinesoldaten von den Putschisten nur deswegen gefoltert wurden, weil sie keine Putschisten waren. Selbst Radomiro Tomic sagte angesichts der Grausamkeit der Folterer:

»... (die Foltern) sind moralisch verwerflich, juristisch unannehmbar und bewirken in der Praxis das Gegenteil dessen, was man erwartet.«[6]

Das Oberkommando der Marine nutzte außerdem die Gelegenheit, den MIR, die Sozialistische Partei und den MAPU direkt anzugreifen, indem es Haftbefehle gegen die jeweiligen Generalsekretäre dieser Parteien ausstellte.

Die Marinesoldaten wurden nicht nur aus schierem Sadismus gefoltert – obwohl das sicher auch mitspielte –, sondern vor allem um jene Soldaten und Offiziere abzuschrecken, die etwa versuchen sollten, sich am entscheidenden Tag dem Putsch zu widersetzen. Außerdem darf man annehmen, daß die verfassungstreuen Teile der Streitkräfte zutiefst demoralisiert waren, als sie feststellen mußten, daß ihre legale Unterstützung der Regierung von dieser selben legalen Regierung nicht verstanden wurde, daß diese im Gegenteil den Putschisten Tür und Tor öffnete, als sie im Namen der Berufsehre und der militärischen Unparteilichkeit – also im Namen eines von ihr selbst geschaffenen Gespensts – den loyalen Militärs ihre Unterstützung verweigerte.

Es ist überflüssig zu sagen, daß die parlamentarische Rechte sich den Plänen des internen Putsches in den Streitkräften anschloß. Zitieren wir zwei Erklärungen – die eine von der Nationalen Partei (15. 8.), die andere von Frei (17. 8.) –, um ihre vollständige Gleichschaltung aufzuzeigen.

Die Nationale Partei sagte:

»Herr Allende und die marxistischen Führer haben kaltblütig und vorsätzlich unter anderem folgende Taktiken angewandt ...: die militärischen Minister mit illegalen und unlösbaren Situationen zu konfrontieren, um durch ihr Versagen dem Ansehen der Streitkräfte zu schaden, die die schlecht informierte Öffentlichkeit durch jene Minister repräsentiert glaubt. So wird der Höhepunkt der wirtschaftlichen Katastrophe der Marine, die Verfolgungen und Übergriffe gegen die Fuhrunternehmer und andere Verbände der Luftwaffe in die Schuhe geschoben.«[7]

Und Frei:

»Diese Regierung hat das Land in eine Katastrophe gestürzt, und in einem geschickten und kühnen Schachzug bürdet sie jetzt den Streitkräften diese Katastrophe auf und konfrontiert sie mit den Folgen einer verhängnisvollen Politik, für die sie keinerlei Verantwortung tragen.«[8]

Heute kann man sagen, daß Frei in Opposition zur Diktatur steht. Genauer gesagt steht die Diktatur in Opposition zu ihm. Seine Partei, die Christdemokratie, ist fast vollständig zerstört, und die Diktatur hat ihr keinen Anteil an den staatlichen Pfründen zugestanden. Dagegen ist die Nationale Partei zu einer Gruppe geworden, die die Diktatur ideologisch und finanziell unterstützt. Sie braucht das Parlament nicht mehr, in dem sie eine direkte Entscheidungsgewalt ohnehin weder hatte noch hätte erlangen können; sie hätte sich immer mit der traurigen Rolle abfinden müssen, der Christdemokratie zu folgen. Heute folgt die Nationale Partei der Diktatur, aber ihr gegenüber hat sie eine viel weiterreichendere Entscheidungsgewalt als vorher im Rahmen des Parlaments. Der Nationalen Partei ist klar, daß sie ihr Schicksal nicht an die bürgerliche Demokratie binden kann, nicht einmal an eine solche, die jedwede Form der Arbeiter- und Volksvertretung einschränken würde; sie wird weder dem Inhalt noch der Form der bürgerlichen Demokratie zustimmen. Im parlamentarischen Wettbewerb kann sie keinerlei Rolle spielen. Ihr Schicksal ist mit der Diktatur verknüpft, sie muß mit ihr oder ihren Resten untergehen. Die Alternativen der Christdemokratie reichen weiter, das weiß die Diktatur. Denn die Christdemokratie braucht zum Überleben andere Quellen, minimale Formen bürgerlicher Demokratie. Aber wie erklärt sich dann Freis offene Teilnahme am Putsch? Wie läßt sich sein nicht einmal stilles Einverständnis mit dem entsetzlichen Massaker begreifen, das die Militärs am chilenischen Volk begangen haben und weiter begehen? Nur mit moralischen Begründungen? Ausschließlich durch seine individuellen Klasseninteressen? Unserer Meinung nach können diese Gründe die verschlungenen Pfade seines politischen Verhaltens zum Teil erklären, aber sie lassen sich nur dann richtig verstehen, wenn man das unmittelbare Projekt betrachtet, das der rechte Flügel der Christdemokraten und Frei zu diesem Zeitpunkt vertraten.

Erstens sollte durch die Konfrontation zwischen Regierung und Parlament – das die Christdemokratie aufgrund einer Art Entfrem-

dung für das Wichtigste hielt – die Regierung vom Parlament für illegal erklärt werden.
Zweitens sollte die Regierung mit dem sogenannten »Programm der Richtigstellung« den Militärs nicht nur die oberste Ebene der Exekutive, sondern auch die mittlere Ebene öffnen, d. h. ihnen die ganze Macht überlassen und sich selbst mit der Rolle eines Statisten in einer Regierung aus Militärs und Parlament begnügen. Das war in der Konzeption Freis der sog. »weiße« oder »trockene Putsch«.
Schließlich sollte das Parlament unter Beteiligung der Streitkräfte eine mittelfristige Übergangsregierung bilden, um später zu Neuwahlen aufzurufen.
Dieses illusorische Schema spiegelt die Dialektik der Konterrevolution wider. Die politische Macht, die Macht der Verbände und die Macht der Militärs bildeten die drei Pfeiler des Staatsstreiches, aber alle drei *befanden und befinden sich gleichzeitig in Konkurrenz zueinander.* Was außer Zweifel stand, war die Notwendigkeit des konterrevolutionären Putsches. Nicht klar dagegen war – und ist es immer noch nicht –, welche dieser drei Kräfte die Oberhand haben und die Konterrevolution anführen sollte. So kommt es, daß der Kampf um die Führung der Konterrevolution, den Frei verlor, nach dem Putsch weitergeht und sich in dem Maße zuspitzt, in dem die verschiedenen wirtschaftlichen und politischen Fraktionen der Bourgeoisie vor allem infolge der tiefen ökonomischen Krise sich untereinander und mit der Junta überwerfen. Der (geheimnisvolle?) Tod des Generals Bonilla, Freis Vertrauensmann in den Streitkräften, ist vielleicht ein Beispiel für den Stil, in dem dieser Kampf ausgetragen werden wird.
Bonilla war unter den Generälen nicht nur wegen seines populistischen Auftretens besten republikanischen Stils aufgefallen, sondern auch wegen seiner Absichten, die Streitkräfte als »Übergangsmacht« darzustellen.
So läßt sich erklären, warum die Nationale Partei und Frei fast die gleichen Worte benutzten. Beide wollten den Putsch, *aber sie wollten zwei verschiedene Putsche.*
Im Rahmen des internen Putsches fand die erste Machtenthebung vor dem eigentlichen Staatsstreich in der Luftwaffe statt. Das Opfer war paradoxerweise ein putschistischer General, der damalige Minister César Ruiz. Allende hatte wegen seiner ständigen Illoyalität und seiner Teilnahme an putschistischen Verschwörungen seinen Rücktritt als Minister und General der Luftwaffe gefordert. Trotz einiger »Sympathie«kundgebungen nahmen die Putschisten in der Luftwaffe Ruiz' Rücktritt hin, da er wegen seiner Unentschlossenheit bekannt war und außerdem einem entschiedenen Faschisten den Platz räumte, General Leigh. Auf jeden Fall aber diente Ruiz' Absetzung zum Anlaß für eine Kampagne gegen die politische Manipulation, der Allende die Militärs angeblich unterzog.

Die zweite, wichtigste Machtenthebung fand im Heer statt, als die Putschisten den Rücktritt von Carlos Prats erzwangen. Sie erreichten dies auf teuflisch geschickte Weise: Offiziere und Generäle schickten ihre Frauen vor das Verteidigungsministerium und die Wohnung des Generals Prats, um seinen Rücktritt zu fordern. Warum trat Prats tatsächlich zurück? Wir wissen es nicht. Mit Ausnahme vielleicht derjenigen, die ihn persönlich kannten, wird niemand wissen, wie Carlos Prats auf die Hinterhältigkeit seiner früheren Waffenbrüder reagierte, welche Spannungen sich in ihm angestaut hatten und wie er die neurotische Situation verkraftete, mit einem Fuß in der Regierung und mit dem anderen im Heer zu stehen, zwei Institutionen, die antagonistisch geworden waren. Wir können nur einige Vermutungen anstellen, anhand des offenen Briefs, in dem er Präsident Allende seinen Rücktritt mitteilte. Darin hieß es:

»... Im Verlauf der von mir beschriebenen zwei Jahre und zehn Monate habe ich allen erdenklichen beleidigenden, verleumderischen und entehrenden Angriffen derer standgehalten, die die verfassungsmäßige Regierung, an deren Spitze Sie stehen, zu schwächen oder zu stürzen suchten – in der Überzeugung, daß in der Institution, der ich vorstehe, die Einsicht in die niedrigen politischen Beweggründe überwiegen würde, die hinter der Kampagne gegen mich stehen.
Als ich in den letzten Tagen bemerkte, daß es denen, die mich verleumdet haben, gelungen war, das Urteil eines Teils der Offiziere des Heeres zu verwirren, hielt ich es für meine Pflicht als Soldat mit festen Prinzipien, nicht zum Faktor des Bruchs der institutionellen Disziplin und der Zerschlagung des Rechtsstaats zu werden, noch denen als Vorwand zu dienen, die den Sturz der verfassungsmäßigen Regierung suchen.«[9]

Zunächst drängt sich der Schluß auf, daß bei Prats die »Militärraison« über die »Staatsraison« siegte, daß er dem Putsch freie Bahn ließ, damit das Heer nicht gespalten würde. Aber vielleicht lagen die Dinge nicht ganz so einfach. Von einem anderen Standpunkt aus könnte dieser Rücktritt als Versuch der Selbstopferung erscheinen, um die Spannungen innerhalb des Heeres zu »entschärfen«, da Prats zur Hauptzielscheibe der Putschisten geworden war. Aber man kann das Problem auch umgekehrt sehen: Warum nahm Allende seinen Rücktritt an? Es steht ganz außer Zweifel, daß Allende den Rücktritt Prats' nie angenommen hätte, wenn er sicher gewesen wäre, daß diesem Rücktritt der Putsch folgte. Es steht auch außer Zweifel, daß Allende wie Prats an die Verfassungstreue des stellvertretenden Oberkommandierenden des Heeres, Augusto Pinochet Ugarte, glaubten. Berücksichtigt man dies alles, so kann man über die wahre Genialität des Verrats nur staunen, die der Diktator von Chile bewiesen hat. Er täuschte Prats, Allende samt all seinen Ministern, Frei und die Christdemokratie, er täuschte seine politischen Verbündeten nach dem Putsch, viele Generäle

und Offiziere, er täuschte sogar die Militärjunta, als er die Position des Heeres gegenüber den anderen Waffengattungen stärkte und sich selbst den pompösen Titel »Oberster Staatschef« verlieh. Und so wird er weiterhin alle Welt täuschen, bis in den Streitkräften irgend jemand auftaucht, der noch besser täuschen kann als er, oder bis er zum Opfer seiner eigenen Fallen wird.
Es war auch klar, daß Allende die Person und den Namen Carlos Prats als Symbol der Einheit zwischen Streitkräften und Volk zu erhalten gedachte, einer Einheit, die trotz (und vielleicht gerade wegen) allem, was geschehen ist, eines Tages klar hervortreten wird. Das jedenfalls kann man folgendem Abschnitt aus Allendes Antwortbrief an Prats entnehmen:

»Deshalb stellt Ihre Geste eine moralische Lektion dar – daß Sie als hochverdienter Staatsbürger zur Verfügung bleiben werden, das heißt als ein Mitarbeiter an den Geschicken des Vaterlands, auf den es zählen kann, wenn die Umstände es erfordern.«[10]

In der Marine war das Problem des internen Putsches für die Konterrevolution geringer. Admiral Montero bat regelmäßig um seine Entlassung, aber Allende gewährte sie ihm nicht, band ihn an die Regierung, weil auf ihn der Admiral José Toribio Merino gefolgt wäre, ein bekannter Reaktionär, der heute Mitglied der Junta ist. So verfügte Allende nur über den Schatten der Marinehierarchie und nicht über die wirkliche Hierarchie. Die Befehlsgewalt hatte in Wirklichkeit der Admiral Merino.
Wie es schließlich mit der Polizei stand, hing von der Entwicklung in den Streitkräften ab. Der Sturz des Oberkommandierenden Generals Sepúlveda Galindo durch den General Mendoza sollte jedenfalls am Tag des Putsches stattfinden.
Die militärische Partei der Bourgeoisie hatte ihre Führer bestimmt. Diese vier Mörder sind das Ergebnis einer Art natürlicher Auslese, zu der die Entwicklung des Faschismus während der drei Jahre der Regierung Allende geführt hat.

3. Der Bürgerkrieg der Kommunistischen Partei

In dieser Situation konzentrierte die Kommunistische Partei ihre Agitation auf die Parole: »Den Bürgerkrieg vermeiden!« Alle Linksparteien innerhalb und außerhalb der Unidad Popular beteten diese Parole nach, auch wenn sie jeweils einiges hinzufügten, um sich formal zu unterscheiden oder den üblichen Antagonismus zu erzeugen: »Den Bürgerkrieg vermeiden durch Voranschreiten oder Konsolidieren.« Sogar Allende gab seiner Maibotschaft an den Kongreß den Titel: »Für die Demokratie und die Revolution, gegen den Bürgerkrieg«.
Was man dabei außer acht ließ, war die Tatsache, daß ein Bürgerkrieg die Spaltung der Streitkräfte voraussetzt. Anders ist er nicht

möglich. Daher hätte eine solche Parole zu Beginn der Regierung Allende einen realistischen Hintergrund haben können, aber nicht im Jahre 1973.

Es war also offensichtlich, daß die Parole der Kommunistischen Partei nicht auf die Vermeidung eines Bürgerkriegs zielte, der gar nicht bevorstand, sondern vielmehr ein taktisches Manöver war.

Die Kommunistische Partei versuchte mit dieser Parole, die zu diesem Zeitpunkt zersplitterte Linke in einem defensiven Bündnis zu einigen, die volle politische Unterstützung des Volks für die in der Regierung verkörperte Legalität zu erreichen, um so ihre vorangegangene Parole »Kräfte um die Regierung konzentrieren!« unter der Drohung eines Bürgerkriegs zu verwirklichen. Es gelang ihr nicht. Die zentrale Parole der Sozialistischen Partei lautete in diesem Moment: »Jetzt die ganze Macht!«, und die des MIR: »Eine echte Arbeiterregierung bilden!« Wie man sieht, konnte die Zersplitterung der politischen Führungen nicht größer sein. Sie war gleichzeitig Ergebnis und Ursache der Zersplitterung der Massenbewegung.

Vor allem zwei Ziele wollte die Kommunistische Partei mit dieser Parole erreichen:

Erstens, die Streitkräfte auf die bestehende Legalität verpflichten; zweitens, durch den politischen Dialog zu einem relativ dauerhaften Abkommen mit der Christdemokratie kommen.

Bei den Streitkräften zeitigte diese Parole Ergebnisse, die im krassen Gegensatz zu den Erwartungen standen. Wenn man den Militärs einen Bürgerkrieg als unmittelbar bevorstehend darstellt, gibt es für sie nur zwei Alternativen: entweder steht der Feind in den eigenen Reihen, oder er steht außerhalb der Kasernen. In beiden Fällen setzt er eine bewaffnete feindliche Macht voraus, die nicht nur die bestehende Ordnung, sondern auch die Existenz und Einheit der traditionellen Streitkräfte bedroht. Natürlich sahen die Putschisten diese feindlichen Kräfte in den verfassungstreuen Militärs und den Massenbewegungen. So legitimierte die Parole »Den Bürgerkrieg vermeiden!« letztlich den Staatsstreich. Ohne Ausnahme erklärten nach dem Putsch alle Generäle, sie hätten so gehandelt, weil sonst der Bürgerkrieg im Land ausgebrochen wäre.

Für die Christdemokratie kam diese Parole zu spät. Die innere Dynamik des Klassenkampfs hatte einen »Sozialpakt« zwischen Fraktionen des Proletariats und der Bourgeoisie unmöglich gemacht und erschwerte auch ein politisches Bündnis mit der Christdemokratie oder einigen ihrer Sektoren. Wie wir in den vorangegangenen Seiten zu zeigen versuchten, wollte die Unidad Popular aufgrund der in ihr vorherrschenden Strategie das »Bündnisvakuum« durch ein Bündnis mit den Streitkräften füllen. Als sich auch dieses Bündnis als unmöglich erwies, weil die Streitkräfte schon zur »Partei der Bourgeoisie« geworden waren, versuchten Allende und die Kommunistische Partei, auf das Bündnisprojekt mit einer der traditionellen Parteien der Bourgeoisie, der Christdemokratie, zurückzugreifen. Aber auch diese Allianz war nicht mehr möglich, da die Christdemokratie als Partei keine eigenständige soziale Macht mehr darstellte und sich, um als »Opposition« zu überleben, bereits der Konterrevolution gebeugt hatte, deren Befehle sie über den Frei-Flügel befolgte. Das war der Hauptgrund für das Scheitern des Dialogs zwischen der Regierung und der Christdemokratie. Die Drohung des Bürgerkriegs reichte nicht mehr aus für ein politisches Abkommen, weil die Christdemokratie sich über Frei schon für den militärischen Krieg gegen die Regierung und die Massen entschieden hatte.

4. Die Erfahrungen mit dem Dialog

Obwohl der Dialog zwischen der Regierung und der Christdemokratie völlig scheiterte, wollen wir auf einige Punkte eingehen, die sich aus diesem Dialog ergeben, da sie für die künftige Entwicklung des Klassenkampfs in Chile wichtig sein könnten.
Hervorzuheben ist, daß der politische Dialog von Kardinal Silva Henriquez angeregt wurde, der damit das langjährige politische Schweigen der Kirche durchbrach. Mehr noch, indem der Kardinal sich als Vermittler zwischen den politischen Parteien betätigte, ergriff er faktisch Partei gegen die Veränderung des bestehenden politischen Systems, das heißt *gegen den Putsch*. Das ist außerordentlich wichtig. In sozialen Krisenprozessen, in denen die Parteien ihre Repräsentationsfähigkeit verloren haben, tendiert der Klassenkampf dazu, in anderen Institutionen seinen Ausdruck zu finden (Gewerkschaften, Streitkräfte, Kirche usw.). Natürlich wurde die Position des Kardinals nicht von der gesamten Kirche geteilt. Es gibt faschistische Priester; aber es gibt auch revolutionäre Priester. Im Unterschied zu den Streitkräften sollten in der Kirche jene Kräfte überwiegen, die für die Erhaltung elementarer demokratischer Regeln kämpften und kämpfen.
Man kann sagen, daß die Kirche in Chile nicht den Sozialismus will. Wahrscheinlich stimmt das auch. Aber niemand hat das Recht zu sagen: wer nicht für den Sozialismus ist, ist ein Verbündeter der Diktatur. Zwischen der Pinochet-Diktatur und der sozialistischen Revolution gibt es viel Raum und viele Schattierungen. Mehr noch, die unmittelbare Opposition gegen die Diktatur erheischt demokratische und nicht sozialistische Aufgaben, Ziele und Programme. Man mag theoretisch noch so sehr darauf verweisen, daß wahre Demokratie nur durch eine sozialistische Revolution gesichert ist, aber der Kampf um die Demokratie und der Kampf um den Sozialismus entsprechen *nicht derselben Periode,* auch wenn die Perioden ineinander übergehen können. Die Überwindung der

bürgerlichen Demokratie durch die sozialistische Demokratie setzt bestimmte Situationen voraus, die von bestimmten sozialen und politischen Verhältnissen abhängen – die entweder gegeben oder nicht gegeben sind. Auf jeden Fall ist dies nicht das Problem des heutigen Klassenkampfs in Chile.

Nach dem Putsch ging die sichtbarste Opposition gegen die Diktatur von der Kirche aus. Einige Linke werden darauf hinweisen, daß dies sehr gefährlich sei, da man die Massen einer nichtrevolutionären Führung überlasse. Auf dieses Argument kann man schlicht antworten, daß dies ein Problem der Linken und nicht der Kirche ist, denn warum sollte die Kirche eine revolutionäre Führung stellen? Und es ist absurd, sie deswegen zu kritisieren. Es reicht, daß sie nicht auf der Seite der Diktatur steht. Mehr noch, wenn eine religiöse Zeremonie sich *politisch objektiv* gegen die Diktatur richtet, spricht nichts dagegen, daß die Linke diesem Akt beiwohnt, wie es ja tatsächlich schon geschehen ist (schlimm wäre es, wenn sie hinginge, weil sie glaubt, die Priester seien Sozialisten). *Auch nicht der heiligste ideologische Purismus rechtfertigt die politische Isolation.* Aufgrund abstrakter Prinzipien handeln, heißt päpstlicher sein als der Papst selbst.

Die chilenische Kirche durchläuft seit der Diktatur einen interessanten Prozeß. Die Grausamkeiten der Diktatur und das politische Vakuum, das die Unterdrückung der politischen Parteien hinterlassen hat, haben das Volk der Kirche nähergebracht, andererseits aber auch die Kirche dem Volk. Wenn auch durch die Abwesenheit der Linken die Gefahr besteht, daß die Kirche ins Volk eindringt, muß man das Problem doch in seiner Totalität sehen, d. h. daß auch das Volk in die Kirche eindringt. Wenn das Militär in einigen Ländern in Widerspruch geraten ist zum kapitalistischen Herrschaftssystem, kann man nicht ausschließen, daß den Priestern ähnliches geschehen könnte. Revolutionäre Prozesse finden nicht ausschließlich außerhalb des Systems statt, »reine« Klassenzusammenstöße gibt es nur in soziologischen Modellen oder in der Phantasie. Prozesse verlaufen auch in der Form einer Konzentration von Teilchen, die sich innerhalb der Herrschaftssysteme und ihrer traditionellen Kräfte zerstreuen und sammeln.

Das Scheitern des politischen Dialogs hat noch einen weiteren wichtigen Punkt gezeigt: die Existenz eines demokratischen (nicht revolutionären) Sektors in der Christdemokratie. Bestimmte Teile der Christdemokratie erkannten mit einiger Hellsicht, daß der Putsch nicht nur die Unidad Popular betraf, sondern das gesamte traditionelle, politische System Chiles. So hatten zum Beispiel wenige die Regierung Allende so scharf angegriffen wie der ehemalige Präsident der Christdemokratie, Renan Fuentealba. Aber auch wie wenige innerhalb seiner Partei versuchte er, als er den wirklichen Charakter des Putsches erkannt hatte, mit einem raschen

Manöver in letzter Minute sich auf die Seite der demokratischen Kräfte zu schlagen, seine Position gegen Frei und dessen Mehrheitsfraktion in der Christdemokratie durchzusetzen. Das gilt es anzuerkennen.

Als Voraussetzung für den Dialog hatte die Christdemokratie von der Regierung verlangt, eine größere Anzahl Militärs in die Exekutive aufzunehmen und auf ihr Programm zu verzichten; d. h. die Regierung sollte, um den Putsch zu verhindern, den Putsch selbst provozieren. Das war so absurd, daß nicht nur die Regierung Allende dies nicht annehmen konnte, sondern auch keine andere Regierung es hätte annehmen können. Die Fraktion Fuentealbas (mit Leighton, Tomic usw.) widersetzten sich hartnäckig der selbstmörderischen Taktik Freis. So sagte Fuentealba in einem Interview:

»Mir persönlich wäre es nicht angenehm – und ich glaube, es wäre auch von Nachteil für die Streitkräfte selbst und für das Land –, wenn morgen die mittlere Ebene der Exekutive, Intendenten und Gouverneure, von den Streitkräften besetzt würde.«[11]

Und die Position seiner Fraktion auf die Christdemokratie übertragend, fügte er hinzu:

»Innerhalb der Christdemokratie gibt es keinen einzigen Sektor, der bereit wäre, die Militärs zu unterstützen, damit sie die Regierung stürzen. Außerdem meine ich persönlich, daß das eine Dummheit wäre, denn ich glaube, daß unter den gegebenen Umständen unseres politischen Systems jeder, der es wagt, einen solchen Putsch zu fördern, entweder mit dem Putsch selbst oder danach als Regierung scheitern muß.[12]

Angesichts dieser Erklärungen kann man sagen, daß den demokratischen Teilen der Kirche und der Christdemokratie ein Platz im Kampf gegen die Diktatur zukommt. Mehr noch, insoweit der Kampf gegen die Pinochet-Diktatur ein demokratischer Kampf ist, ist er ohne diese Sektoren nicht möglich, nicht vorstellbar.[13]

Wie ein Todesröcheln der traditionellen chilenischen Politik mutet die Aufforderung der 29 Provinzpräsidenten der Christdemokratie vom 9. September 1973 an die Parteileitung an, sie möge den Rücktritt des ganzen Parlaments und des Präsidenten der Republik fordern, um Neuwahlen zu ermöglichen. Die Unidad Popular nahm nicht an.

Schließlich zeigte der Dialog das absolute Fehlen einer Politik der sogenannten Linken innerhalb der Unidad Popular, besonders der Sozialistischen Partei. Natürlich war sie gegen den Dialog zwischen Allende und der Christdemokratie, aber sie bot keine Alternative. Wie immer bemüht, sich von der Kommunistischen Partei formell zu unterscheiden, sagte sie, daß der Dialog auf der Ebene »der Basis« geführt werden mußte. Zu jenem Zeitpunkt war das reine Demagogie. Einen Dialog »an der Basis« vorschlagen, hieß prak-

tisch, ein politisches Klassenbündnis und nicht einen Dialog zu fordern, um über bestimmte Punkte zu einem Minimalabkommen zu gelangen. Ein Dialog auf Führungsebene würde wohl einige konkrete Vereinbarungen beinhalten. An der Basis müßte er viel umfassender sein und einer Kapitulation sehr viel näher kommen als der Dialog auf Führungsebene. Andererseits steht hinter dem Rückgriff auf »die Basis« oder »die Massen« oft die Unfähigkeit der Parteileitungen, die Führungsaufgaben, die ihnen obliegen, zu lösen, so daß sie sie der Basis oder den Massen zuschieben.[14]
Natürlich war der Weg des Dialogs nicht der optimale Weg. Weder Allende noch die Kommunistische Partei hatten ihn gewollt. Aber er war das Ergebnis des *politischen Scheiterns der Unidad Popular in ihrer Gesamtheit.* Man kann nicht von der Angemessenheit oder Unangemessenheit des Dialogs sprechen, ohne den vorhergehenden Prozeß zu berücksichtigen, der die Unidad Popular und die Regierung in die Sackgasse geführt hatte: zu kapitulieren oder gestürzt zu werden.
Der gescheiterte Dialog mit der Christdemokratie bedeutete nicht das politische Scheitern der Unidad Popular. Im Gegenteil, das politische Scheitern der Unidad Popular brachte sie zu diesem Dialog mit der Christdemokratie. Mit oder ohne Dialog war die Unidad Popular bereits gescheitert.
Die Militärs kamen nicht aus dem Nichts. Daß sie als militärische Führung der Gesamtheit der Bourgeoisie auftraten, beweist, daß der Putsch die Unidad Popular nicht als Zufall oder Unfall traf.[15] Daß die Militärs als direkte Klassenführung handeln konnten, setzte *einen Prozeß* voraus. Und schließlich ist hervorzuheben, daß sich zwar nicht die Ereignisse wiederholen, wohl aber die Prozesse. Der Rest der Geschichte ist bekannt.

Zehntes Kapitel

Wirtschaftliche Entwicklung und Militärstaat in Lateinamerika

Die Entwicklungsideologien oder, wie sie auch genannt werden, die Ideologien des »desarrollismo« (von span. desarollo = Entwicklung) sind das Ergebnis einer konkreten Situation: der »von außen« beschleunigten Entwicklung der kapitalistischen Produktivkräfte in den abhängigen Ländern.

In Lateinamerika hat diese beschleunigte Entwicklung nach dem Zweiten Weltkrieg begonnen; sie ist jedoch erst nach der Kubanischen Revolution ideologisch formuliert worden. Ihr erster kohärenter Ausdruck war die inzwischen veraltete »Allianz für den Fortschritt«. Danach begegnen wir den Entwicklungsideologien in den verschiedensten Formen.

Auf die Entwicklungsideologien eines integrierten Kapitalismus antworteten einige anti-imperialistische Intellektuelle mit einer Reihe ökonomischer Untersuchungen bezüglich einer deutlicheren Systematisierung der Beziehungen zwischen den imperialistischen »Metropolen« und den abhängigen kapitalistischen Ländern. Diese Untersuchungen führten zur sogenannten »Theorie der Abhängigkeit«.[1]

Es wäre eine Wiederholung, an dieser Stelle die neuere Entwicklung des Imperialismus und seine besonderen Beziehungen zum Phänomen der wirtschaftlichen Abhängigkeit zu interpretieren. Der »Kern« der Problematik, die wir in diesem Kapitel darstellen und untersuchen wollen, ist nicht das spezifisch Ökonomische. Es geht uns darum, einen allgemeinen Versuch zu unternehmen oder, vielleicht besser, zu dem Versuch aufzurufen, die immer engeren Verbindungen zwischen Ökonomie, Klassen, Ideologien und der politischen und militärischen Macht zu analysieren. Die Theorie der Abhängigkeit hat zwar einige wichtige Voraussetzungen geschaffen, die konkrete Realität zu begreifen, aber weder konnte noch kann sie, aufgrund ihrer hauptsächlich ökonomischen Ausrichtung, die konkrete Totalität erfassen.

Was die Analyse der lateinamerikanischen Streitkräfte betrifft, so sind im Rahmen der Theorie der Abhängigkeit Studien über Rüstungsprobleme und Militarismus erarbeitet worden. Sie liefern zwar eine empirische Grundlage für eine solche Analyse, *können sie aber nicht ersetzen.*

Die politischen Theorien in Lateinamerika befinden sich in Wahrheit im Stadium der Ideologisierung. Sie sind wenig entwickelt in bezug auf so zentrale theoretisch-praktische Probleme wie die Theorie der Produktionsweisen, die konkreten Analysen der Sozialstrukturen in den lateinamerikanischen Ländern, die Theorie der politischen Strukturen und natürlich auch in bezug auf die ungelösten Probleme der Massen, der Klassen, der Gewerkschaften und der Parteien. Das hat zur Folge, daß die meisten Untersuchungen nicht über die empirisch-ökonomisch-deskriptive Ebene hinausreichen. Oder sie sind im Gegenteil »über-ideologisiert«, d. h. die Wirklichkeit wird anhand von Kategorien rekonstruiert, die zwar eine konkrete Grundlage in vergangenen historischen Prozessen haben, aber dadurch, daß sie ohne ihren ursprünglichen theoretisch-praktischen Inhalt über eine andere Wirklichkeit gestülpt werden, diese Wirklichkeit meist zu bestimmen scheinen, statt daß umgekehrt die Wirklichkeit die Kategorien bestimmt.

Natürlich geht es bei diesen theoretischen »Leerstellen« nicht nur um unzulängliche oder mangelnde Kenntnisse. Diese Leerstellen lassen sich im allgemeinen auf ideologische Momente zurückführen, hinter denen gewisse ökonomische oder Machtinteressen stehen, die einer Legitimation bedürfen. Man sollte daher den Ursprung der Leerstellen nicht in der Unwissenheit suchen, sondern in den Interessen, auch denen der Linken, an ihrer Bewahrung.

Es stimmt nicht ganz, daß die Theorie sich aus Mangel an konkreten Erfahrungen nicht entwickelt hat. Im Gegenteil, diese konkreten Erfahrungen – wie etwa die Kubanische Revolution – haben die traditionelle ideologische »Verpackung« zerstört. Aber statt diese Erfahrungen in der realen Bewegung der Gesellschaft wahrzunehmen und zu verarbeiten, was das Ziel aller Revolutionäre sein sollte, hat man in Chile nach den alten Hüllen gegriffen, um das Neue darin zu verpacken.

Bei der Untersuchung des besonderen Problems der Streitkräfte ist es leider nicht die Linke Lateinamerikas gewesen, die sich an die Spitze gestellt hat. Das ist gefährlich, denn das Problem der Streitkräfte ist das Problem des Staats, und das Problem des Staats ist zum großen Teil das Problem der Revolution.

Es ist eigentlich überflüssig, hier darauf hinzuweisen, daß der Imperialismus an Nationalstaaten interessiert ist, die den kolonialen oder neokolonialen Pakt garantieren. Deshalb setzt er auch alles daran, die Festigung dieser Staaten durch eine ideologisch-technische Stärkung ihrer Streitkräfte zu erreichen. Für die Außenpolitik der USA sind die lateinamerikanischen Militärs zu den politischen Subjekten geworden, die als Institution den Status der Abhängigkeit verkörpern. Aber soll das heißen, daß die Militärs immer und bei jeder Gelegenheit der bewaffnete Arm des Imperialismus sind? Die Linke wurde schon vom »velasquismo« in Peru überrascht, der das Land zwar nicht in den anti-imperialistischen Kampf führte, aber dennoch eine gewisse Autonomie bewies, die man nicht vermutet hatte. Und das wiederholte Auftreten des militärischen Populismus in Lateinamerika? Erinnern wir uns an den brasilianischen »tenentismo«, oder die »Sozialistische Republik« Chiles aus dem Jahre 1932, um nur einige Beispiele zu nennen. Und in welches Schema paßt in unseren Tagen der Kampf des Oberst Caamaño in der Dominikanischen Republik gegen die Vereinigten Staaten? Und die Volksversammlung in Bolivien zur Zeit der Regierung des Generals Juan José Torres? Das sind zu viele Ausnahmen, um nicht zu dem Schluß zu kommen, daß es außer ihrer Verbindung zum Imperialismus auch eine Verbindung zu den Klassen im Lande gibt, insbesondere zu bestimmten Klassenfraktionen.

Natürlich verführen kollektive Verbrechen wie die Diktatur Pinochets in Chile leicht zur Schematisierung. Aber man darf auch nicht vergessen, daß eine Veränderung der heutigen Situation in Chile nur möglich ist über einen tiefgehenden Wandel in der Orientierung der chilenischen Streitkräfte, ihre Spaltung eingeschlossen. Man sollte mit bequemen Schematisierungen vorsichtig sein. Viele sagten, daß die peruanischen Streitkräfte ein bewaffneter Arm des Imperialismus waren, aber nach dem Auftreten des »velasquismo« sagen sie, daß es revolutionäre Streitkräfte sind. Außerstande, die Rolle der bewaffneten Institution des Staats in normalen oder Krisensituationen zu begreifen, kennzeichnen sie die Momente nur nach ihren Erscheinungsformen. Außerhalb Lateinamerikas sollte man mit Leidenschaft und Vorsicht auch die Ereignisse in Portugal betrachten.

Daß der Imperialismus im allgemeinen die Militärs hat manipulieren können, sagt uns, daß das Großkapital die praktische Funktion des Staatsapparats verstanden hat. Gleichzeitig sagt es uns, daß die Linke in diesem Verständnis im Rückstand ist. Für die Linke ist der Staat im allgemeinen ein Überbau, der von der Basis bestimmt wird, oder eine bloße Theorie. So ist der vorherrschende Tenor bemerkenswert, mit dem die chilenische Linke ihre Niederlage zu erklären versucht: »Unser Weg war richtig, aber es erschien eine äußere Kraft, der Imperialismus und die Streitkräfte.« Eine Kraft außerhalb des Klassenkampfs: der Staat?

1. Die Fremdbestimmung der Entwicklungsideologien

Die Entstehung der Entwicklungsideologien fällt zeitlich zusammen mit einer Art Hegemonieverschiebung zwischen zwei verschiedenen Formen der imperialistischen Penetration und ihren ökonomischen Strategien. Wir können heute feststellen, daß die imperialistische Wirtschaft zweigeteilt ist.

Einerseits finden wir einen traditionellen Imperialismus, dessen Eindringen in die abhängigen Länder die Versorgung mit Rohstoffen und die Ausnutzung der reichlich vorhandenen und billigen Arbeitskraft zum Ziel hat.[2]

Die Art des internationalen Bündnisses, das diese traditionelle

Form der imperialistischen Penetration brauchte, bestand ganz einfach darin, die Macht der lokal herrschenden Gruppen im Staat mit Hilfe der politischen, bürokratischen und militärischen Institutionen zu festigen.

Dieser traditionelle Imperialismus war bereit, sich international mit lokal herrschenden Gruppen zu verbinden, ohne daß diese die Bedingungen wirklich kapitalistischer Klassen erfüllt hätten. Ihre Allianz mit dem Imperialismus ist keine ausreichende Bedingung dafür, sie als kapitalistisch zu definieren, da sie im Produktionsprozeß, der zur internationalen Akkumulation des Kapitals führte, in den meisten Fällen am Rande standen. Sie zogen daraus zwar Gewinn, aber nicht aufgrund einer direkten Integration in den Produktions- und Reproduktionsprozeß des Kapitals. So führte die traditionelle Form der imperialistischen Penetration dazu, daß Regionen in das kapitalistische Weltsystem integriert wurden, ohne daß der Kapitalismus sich dort entwickelte. Dadurch blieb parallel zur Integration ein gewisser Grad von Desintegration bestehen, eben weil die dynamische Entwicklung des lokalen Kapitalismus – und sei es auch durch den Anstoß von außen – verhindert wurde. Die grundlegende Bedingung für das Eindringen des Imperialismus war die »Aufrechterhaltung der inneren Ordnung« durch die Kontrolle, die ein Teil der lokal herrschenden Gruppen über den Staat ausübte, den Eckpfeiler der wirtschaftlichen Abhängigkeit. Diese Form der imperialistischen Herrschaft war kennzeichnend für das vergangene Jahrhundert, besonders für den englischen Imperialismus, und wurde bis zu den 30er Jahren des 20. Jahrhunderts von den USA beibehalten. Seit dem Zweiten Weltkrieg, als das besondere Gewicht des Kapitalexports und der indirekten Investitionen merklich zunahm, kam es zu einer Ablösung der traditionellen Formen der imperialistischen Penetration. Das soll nicht heißen, daß diese Formen verschwunden sind, sondern daß sie *allmählich ihre Vormachtstellung verloren.*

Diese Ablösung war nicht einfach ein evolutionärer Prozeß, sondern drückte vielmehr einen offenen Widerspruch aus, der weiterhin den Verlauf der nordamerikanischen Geschichte prägt und in den lateinamerikanischen Ländern Konflikte innerhalb der Bourgeoisie oder der herrschenden Klasse auslöste.

Der traditionelle Imperialismus war bereit, sich mit Gruppen zu verbünden, die nicht wirklich kapitalistisch, sondern meist oligarchisch waren und deren lokale wirtschaftliche Vorherrschaft sich auf die Grundrente, die Überschüsse, über die der Staat verfügte, industrielle monopolistische Unternehmungen, kommerzielle und finanzielle Spekulations- und Wuchergeschäfte gründete. Diese Aktivitäten garantierten ihnen die Verknüpfung mit dem Imperialismus, dank der zumeist direkten Macht, die sie im Staatsapparat innehatten. Diese durch die imperialistische Penetration im kapitalistischen Sinne deformierten Sektoren konnten somit ihre lokale Herrschaft nicht gegen den, sondern dank dem *sozialkolonialen* Pakt festigen, den sie mit den Vereinigten Staaten schlossen. Doch ebenso mußte eine Veränderung, die der Imperialismus in den internen Produktionsverhältnissen verursachte, auch ihren deformierten Klassencharakter berühren.

Wir haben schon darauf hingewiesen, daß die zweite Form der imperialistischen Penetration erst vor kurzem einsetzte. Ihren Ursprung finden wir in der Notwendigkeit des Kapitalismus, neue Krisen wie die Katastrophe der 30er Jahre zu vermeiden. Der wachsende Kapitalexport und die Zunahme der indirekten Investitionen lassen sich hauptsächlich auf die Notwendigkeit zurückführen, den Kapitalismus auf lokaler und internationaler Ebene durch die Einführung von Regulierungs- und Planungselementen zu stabilisieren. Aus der Sicht der ökonomischen Theorie entspricht diese Regulierung und Planung des Kapitalismus zeitlich der Blütezeit des »Keynesianismus« in den Vereinigten Staaten, einer Theorie, die sich der Notwendigkeit einer konstanten Reproduktion des Kapitals auf der Grundlage einer im Anwachsen begriffenen Entwicklung der Akkumulation, Konzentration und Zentralisierung des Kapitals vollkommen anpaßt.

Unter Berücksichtigung dieser sich abzeichnenden neuen Horizonte im Zusammenhang des Weltkapitalismus können wir uns eine Reihe von historischen Perioden in Lateinamerika viel besser erklären, in denen relativ homogene wirtschaftliche und politische Prozesse ablaufen. So sind zum Beispiel die verschiedenen Prozesse der »Importsubstitution«, die die Wirtschaftsgeschichte Lateinamerikas seit den 30er Jahren kennzeichnen, nicht völlig autonom, sondern mit den neuen Formen der imperialistischen Penetration verknüpft. Diese neuen Formen der Penetration wiederum sind das Ergebnis einerseits der kapitalistischen Akkumulationskrisen und andererseits der Notwendigkeit des Kapitalismus, den konstanten Wert durch die Herstellung von Konsumgütern außerhalb der Metropolen zu vermindern. In bezug auf die Ausbeutung der Arbeitskraft auf internationaler Ebene spiegeln diese neuen Formen der Penetration das größere Schwergewicht wider, das der Kapitalismus auf die Produktion des relativen Mehrwerts legt.[3]

Da diese neue Form der Penetration – was ihre Organisation anbelangt – von der zunehmenden Internationalisierung des Kapitals nicht zu trennen ist, führt sie zur Entstehung neuer Unternehmen, die sich von den traditionellen Monopolen und internationalen Trusts mit Sitz in einem imperialistischen Nationalstaat unterscheiden. Es sind die *multinationalen Konzerne.*

Das hauptsächliche Merkmal der multinationalen Konzerne ist unserer Meinung nach nicht die Tatsache, daß sie sich in verschiedenen Teilen des Erdballs niederlassen, sondern daß es sich um eine

Assoziierung zwischen Kapitalisten verschiedener Nationen handelt. Es ist oft gesagt worden, daß diese neuen Unternehmen kein »Vaterland« haben.[4] Obwohl sie im allgemeinen den Sitz ihrer Stammhäuser in den Metropolen beibehalten, scheinen sie in der Tat mehr und mehr zur Emigration bereit zu sein, wenn sie andere Nationalstaaten finden, die ihnen bessere Bedingungen für ihre internationale Reproduktion sichern, seien diese Bedingungen nun wirtschaftlicher Art (günstigere Zölle, stabilere Währungen, potentielle Binnen- und Außenmärkte in den Nachbarländern, reichlich zur Verfügung stehende und billige Arbeitskraft usw.) oder politischer Art (Stabilität bei langfristigen Investitionen). Diese Unternehmen scheinen sogar immer geneigter zu sein, in sozialistischen Ländern zu investieren, da ihnen dort die genannten Bedingungen reichlich zur Verfügung stehen.[5]
Für die abhängigen Länder bedeutet dies, daß sie einem *neuen System internationaler Klassenallianz* unterworfen sind. Dabei sind in dieser Allianz hauptsächlich die Fraktionen der einheimischen Bourgeoisien vertreten, die die größte Bereitschaft zur inneren Entwicklung kapitalistischer Produktionsverhältnisse zeigen.
Die wachsende Internationalisierung des Kapitals beinhaltet ein verwickeltes System der *internationalen Allianz der Bourgeoisien.* Das bedeutet keineswegs, daß die lokalen Bourgeoisien und folglich die nationalen Staatsapparate von einer einzigen universalen Imperialistenklasse der multinationalen Konzerne verdrängt werden. Es bedeutet eher das Gegenteil. Denn diese internationale Allianz der Bourgeoisien ist nicht unabhängig von der Bildung *internationaler politischer Bündnissysteme,* insoweit diese Bourgeoisien Zugang zu den jeweiligen Nationalstaaten haben oder sie kontrollieren. Auch in bezug auf die einfache ökonomische Allianz wird die Rolle der Bourgeoisien oder des Staats auf nationaler oder lokaler Ebene nicht zweitrangig, denn das ursprüngliche Operationsfeld jeder Bourgeoisie in jedem Teil der Erde ist die Aneignung der Überschüsse und des Mehrwerts im Rahmen einer bestimmten Nation. Diese ursprüngliche Operation kann aber nicht ohne die direkte oder indirekte Kontrolle des Staatsapparats erfolgen.
Andererseits läßt sich die Internationalisierung des Kapitals nicht loslösen von dem Prozeß, in dem in wachsendem Maße ein *Subimperialismus in der imperialistischen Welt* entsteht. Das bedeutet auch die Stärkung bestimmter Nationalstaaten. Denn die Internationalisierung des Kapitals ist ein langanhaltender Prozeß der Kapitalemigration, der heute beginnt, das Schwergewicht auf die Verlagerung ganzer Produktionsabläufe in neue Nationen zu legen, der unter Umständen die Gründung neuer Stammhäuser folgen kann. Diese Entwicklung des internationalen Kapitals kann sich nicht unabhängig von der Stärkung des Nationalstaats vollziehen.

Der Subimperialismus hat zur Folge, daß neue nationalstaatliche Einheiten beim Kampf um die »Aufteilung der Welt« entstehen.[6]
In Verbindung mit der Neuorientierung der imperialistischen Penetration erlangten die sogenannten Entwicklungsideologien besondere Bedeutung, da sie dieser Penetration den Weg bereiteten.

2. *Der progressive Anstrich der Entwicklungsideologien*

Die Entwicklungsideologien haben in Lateinamerika fortwährend den Anschein progressiver Alternativen erweckt. Unserer Meinung nach hat das folgende Gründe.
Erstens führt das gegenwärtige Eindringen der imperialistischen Kräfte, insofern sie die kapitalistischen Produktionsverhältnisse auf lokaler Ebene auszuweiten suchen, zu einer Verdrängung der halbkapitalistischen sozialen Kräfte. Diese Entwicklungsansätze lassen sich somit ideologisch als »modernisierend«, »anti-oligarchisch« und »fortschrittlich« bezeichnen.[7]
Zweitens gibt es einen *historischen »Treffpunkt«* zwischen den objektiven Interessen des Imperialismus und der Bewegung weiterer Sektoren der Mittelschichten und des Kleinbürgertums gegen die »oligarchischen« Staaten. So hat sich mit der Zeit eine Verbindung hergestellt zwischen den sogenannten populistischen Bewegungen, der politischen Demokratie und den Projekten des »desarrollismo«. Das soll nicht heißen, daß die Entwicklungsideologien die Demokratisierung der politischen Herrschaft vorantreiben, sondern daß sie in einem historischen Augenblick auftauchten, in dem das Verlangen nach politischer Demokratisierung in vielen Ländern des Kontinents besonders stark war. So mußte sich der »desarrollismo« dieser Wirklichkeit anpassen.
Die Phase der politischen Demokratisierung begann in Kolumbien 1957, als der General Gustavo Rojas Pinilla abgesetzt wurde; in Guatemala mit dem Tod des Diktators Carlos Castillo Armas; 1958 in Venezuela mit dem Sturz des General Marcos Perez Jimenez; 1959 machte die Kubanische Revolution der Tyrannei Batistas ein Ende, und 1969 starb in der Dominikanischen Republik der Diktator Rafael Leónidas Trujillo.
Wir übertreiben nicht, wenn wir feststellen, daß sich zu jener Zeit in Lateinamerika ein *Zyklus von nationalen und Volksbewegungen* entwickelte. Selbst die Kubanische Revolution war keine Ausnahme, sondern, zumindest zu Anfang, ein Teil dieses Prozesses.
Die Unfähigkeit, die nationalen und demokratischen Forderungen dieser Volksbewegungen zu erfüllen, die verschiedenen Regierungen historisch gestellt wurden (wie Romulo Betancourt in Venezuela, Juan Bosch in der Dominikanischen Republik, José Figueres in Costa Rica, der bolivianische MNR 1952-64, Janio Quadros und

Joao Goulart in Brasilien, usw.), führte schließlich zum politischen Scheitern dieser Regierungen. Vielfach wurden sie durch Militärdiktaturen abgelöst, in anderen Fällen mußten sie sich mit der wirtschaftlichen und politischen Krise abfinden. Die meisten Regierungen versuchten, zwischen den verschiedenen Fraktionen der Bourgeoisien und/oder der Gesamtheit der Bourgeoisien einerseits und den Volksmassen andererseits einen Kompromiß-Kurs zu steuern. Das konnte nur mit der Zerstörung der nationalen und demokratischen Hoffnungen enden, entweder weil die Reaktion das »Gleichgewicht« zerstörte oder weil die Antagonismen in verstärkter Form bestehen blieben. Nur in Kuba schlug das Pendel zugunsten des Proletariats und der Bauernschaft aus, und nur deshalb konnten die nationalen und demokratischen Ziele erreicht werden. Zumindest in Lateinamerika bewies die Kubanische Revolution, daß die national-demokratischen Ziele nur durch das Bündnis des Proletariats und der Bauernschaft zu erreichen sind. Wenn dieser *historische Block* wie in Kuba eine revolutionäre Führung hat, dann eröffnet dies die Möglichkeit, die national-demokratischen Ziele in den Kampf für den Sozialismus aufzunehmen; und dieser Kampf ermöglicht es seinerseits, diese Ziele voll zu verwirklichen.

Die demokratischen Volksbewegungen in Lateinamerika, die in der letzten Zeit eine stärkere politische und ökonomische Beteiligung forderten, richteten sich gegen einen Staatsapparat, der im allgemeinen von »oligarchischen« Kräften besetzt war. So ergab sich eine objektive Verknüpfung zwischen den historischen Projekten der neuen imperialistischen Kräfte, die diese »oligarchischen« Kräfte aus der Wirtschaft zu verdrängen suchten, und den Teilen des mittleren und Kleinbürgertums, die mit dem Ziel einer Demokratisierung der politischen Herrschaft Schichten des Volkes mit sich rissen. Das ideologische Bindeglied dieser verschiedenen, im wesentlichen entgegengesetzten Interessen war der »desarrollismo« in seinen verschiedensten Formen. Leicht ließe sich nachweisen, daß in vielen Ländern Lateinamerikas die Zeit populistischer, republikanischer und demokratischer Regierungen mit der Zeit des besonders starken Eindringens des Imperialismus zusammenfällt.[8] In Chile zum Beispiel betrieb die Regierung Frei, die sich vieler populistischer Manipulationsmechanismen bediente, den größten Ausverkauf des Landes an den Imperialismus. In Phasen wie den hier beschriebenen können wirtschaftliche Abhängigkeit und politische Demokratisierung als einander ergänzende und funktionale Prozesse erscheinen. Natürlich kommt der Augenblick, da die politische Demokratie, die den Populismus und die Volksbewegung ausgelöst und die sozial unterdrückten Kräfte freigesetzt hat, in Widerspruch zur imperialistischen Penetration gerät. Das ist der Punkt, an dem die Entwicklung aufhört, ein Vermächtnis der

Demokratie zu sein, und zum Vermächtnis der Militärdiktaturen wird.
Es gibt noch einen dritten Grund für den fortschrittlichen Anstrich der Entwicklungsideologien: der Einfluß des marxistischen Revisionismus, der den verschiedenen Fraktionen der lateinamerikanischen Bourgeoisien ihre »Fortschrittlichkeit« bescheinigte, indem er an Systemen von Klassenbündnissen strickte, in denen aufgrund eventueller bürgerlicher Revolutionen das Proletariat – auch ideologisch – untergeordnet blieb. Wir wollen diesen Punkt wegen seiner Komplexität bei anderer Gelegenheit untersuchen.

3. Die Entwicklungsideologien und die Macht des Staats

Unsere allgemeine Aussage ist, *daß eine zunehmende Verbindung besteht einerseits zwischen der Ideologie und Praxis des »desarrollismo« und andererseits der in Lateinamerika immer stärker vorherrschenden Tendenz zur Errichtung repressiver Regierungssysteme technokratisch-militärischen Charakters.* Mit dieser Aussage schließen wir nicht aus, daß eine bürgerliche Demokratie mit einer abhängigen Wirtschaft vorübergehend vereinbar ist. Wir stellen nur eine Tendenz fest, die empirisch auf dem lateinamerikanischen Kontinent bereits vorherrscht und deren Ursachen wir hier untersuchen wollen.

a) Technische Antwort auf eine chronische sozioökonomische Krise

Die Entwicklungsideologien entstanden als Antwort auf die Verschärfung der chronischen Strukturkrisen in Lateinamerika seit dem Zweiten Weltkrieg.
Diese Antworten waren *vorwiegend technokratisch,* d. h. die aktiven Subjekte der vorgeschlagenen Reformen sah man in ausgewählten Sektoren der Technokratie und nicht in sozialen Kräften, denen bestenfalls die Rolle einer »Unterstützungsbasis« zugewiesen wurde.

b) Die Kooptation durch den Staat

Insofern für den »desarrollismo« die aktiven Subjekte der Veränderungen in Wirtschaft und Gesellschaft nicht Klassen, sondern *technokratische Gruppen* sind, können diese Veränderungen, die das imperialistische System erfordert und in Gang setzt und die der »desarrollismo« ideologisiert, nicht von sozialen Bewegungen getragen werden; an ihre Stelle treten Methoden und Aktionen der Kooptation. Das heißt:
Für die Entwicklungsideologien ist der Staat das hauptsächliche Instrument, der Hauptträger der pro-imperialistischen Strukturreformen.

Diese staatliche Kooptation ist nicht notwendig autoritär oder diktatorisch, wenigstens nicht in der Anfangsphase. In bestimmten Perioden ist sie durchaus vereinbar mit der bürgerlichen Demokratie, und es kann, unter der Kontrolle des Staats, sogar zu einer Manipulation sozialer Bewegungen »von oben« kommen. Genau dies wollte die chilenische Christdemokratie während der Frei-Regierung mit ihrer »Revolution in Freiheit« in die Praxis umsetzen (ein typischer Fall populistischer Manipulation über den Staatsapparat). Die zweite Regierung Peron sowie ihr Nachfolger spiegeln gleichfalls den objektiven Versuch wider – wenn auch in viel komplexerer Form –, einem hegemonialen Staat sowohl die technokratischen Wirtschafts- und Sozialreformen in Abhängigkeit vom Imperialismus wie die Manipulation der Massen zu übertragen.
Doch insoweit der Staat das wirtschaftliche Zentrum (als technokratische Planungsinstanz) sowie das politische und administrative Zentrum (als höchste Autorität) ist, führt die Inangriffnahme all jener Reformen, die die Entwicklung des abhängigen Kapitalismus erfordert, zu einem Machtzuwachs des staatlichen Personals (Verwaltungsbürokratie, Streitkräfte und Polizei). Diese Entwicklung steht jedoch im Widerspruch zur Ausweitung der Demokratie, die der Staat in Bewegung setzt und lenkt. Die Mobilisierung des Volks, die er selbst auslöst, kann sich gegen seine totale Herrschaft richten. In dem Maße, in dem die Volksbewegungen einen bestimmten Entwicklungs- und Radikalisierungsgrad erreichen, können sie auf diese oder jene Weise die totale Hegemonie des Staatsapparats gefährden. Die Dialektik des Prozesses liegt paradoxerweise darin, daß wiederum der Staat als Institution aufgrund der Notwendigkeit gestärkt worden ist, eben diese Reformen durchzusetzen.
In Wirklichkeit deutet das »Machtvakuum«, das in verschiedenen lateinamerikanischen Staaten häufig auftritt, nicht auf die »Abwesenheit« des Staats hin, sondern auf die »Ohnmacht« bestimmter bürokratischer und technokratischer Schichten oder auch »politischer Klassen«, ihre Hegemonie im Staat zu bewahren.
Die Zentralisierung der Macht, deren es zur Stärkung des Staats bedarf, führt zur Ablösung derjenigen Teile im Staat, die sich manipulativ nicht an der Macht halten können, damit die Herrschaft und/oder Hegemonie des Staats bewahrt bleibt.
Die Militärs fühlen sich im allgemeinen berufen, die Integrität des Staats zu verteidigen und gleichzeitig die Strukturreformen einzuleiten, wobei sie die autoritäre populistische Manipulation durch den reinen Autoritarismus ersetzen, d. h., in politischen Termini ausgedrückt, sie ersetzen die *bürgerlich-demokratische Diktatur durch eine einfache bürgerliche Diktatur mit militärischem Autoritarismus.*
Die Teile der lokalen Bourgeoisie, die vom Einfluß der neuen

multinationalen Unternehmen profitieren, haben im allgemeinen keine großen Probleme mit dem neu entstehenden politischen Herrschaftssystem. Ob dieses nun demokratisch, autoritär oder repressiv ist, es garantiert ihnen unter den bestmöglichen Rentabilitätsbedingungen die Verwirklichung der von ihnen angestrebten Reformen im Rahmen der abhängigen kapitalistischen Entwicklung. Für diese hauptsächlich industriellen Sektoren ist das Problem nicht ideologischer Art. Die Behauptung von Gramsci, daß die Industriellen keine Partei hätten, findet in Lateinamerika ihre internationale Bestätigung. Genauer gesagt: sie haben *nicht nur eine Partei.* Sie haben Interessen und verbünden sich mit demjenigen, der imstande ist, sie am besten zu wahren, sei das ein populistischer Bourgeois, ein konservativer oder liberaler Republikaner, ein bonapartistischer Militär, ein Faschist oder ein blutiger Tyrann wie Pinochet in Chile. So finden wir diese Teile der Bourgeoisie im Argentinien Perons »geduckt«, im Brasilien der Militärs »repräsentiert«, im Peru Velasco Alvarados »verdrängt«. In ein und demselben Land können sie in kurzer Zeit ganz verschiedenen politischen Herrschaftsmodellen verhaftet sein. In dieser Hinsicht ist der Fall Chile in höchstem Maße beispielhaft: im Jahre 1958 unterstützen sie die Regierung der traditionellen Rechten unter dem Präsidenten Jorge Alessandri, 1964 den Christdemokraten Eduardo Frei bei den Präsidentschaftswahlen und während seiner ersten Regierungsjahre, gegen Ende dieser Regierung von neuem mit großer Mehrheit die Kandidatur Alessandris gegen den Christdemokraten Radomiro Tomic. Während der Regierung Allende können wir wenigstens drei Phasen im politischen Verhalten der proamerikanischen Unternehmer unterscheiden. In einer ersten Phase, vom Wahlsieg der Unidad Popular bis gegen Ende 1971, stehen sie hinter der traditionellen Rechten und der Christdemokratie, d. h. dem Parlament, und unternehmen sogar einige geschickte Versuche zu Abmachungen mit der Regierung Allende. In einer zweiten Phase, bis zum sogenannten Unternehmerstreik im Oktober 1972, zeigt sich bei ihnen zum ersten Mal in der Geschichte Chiles im 20. Jahrhundert ein Prozeß wachsender politischer Autonomie, wobei sie auf der Suche nach einer Führung außerhalb des traditionellen politischen Systems mit diesem System brechen. Diese autonome Entwicklung äußert sich organisatorisch in Form der Verbände-Korporation. In der dritten Phase, nach dem Scheitern des Oktoberstreiks 1972, besonders aber nach den Märzwahlen 1973, schwindet für diese Sektoren jede Illusion, daß das parlamentarische System ihren Interessen nützen könnte; sie stellen sich hinter die Streitkräfte und konzentrieren ihre Bemühungen darauf, sie als »Militärpartei der Gesamtheit der Bourgeoisie« zu konstituieren. Nach dem Putsch vom September 1973 gibt es untrügliche Anzeichen dafür, daß unter dem militärisch-staatlichen Schutz ihre Widersprüche mit anderen Fraktionen der Bourgeoisie wieder aufbrechen, so daß sie auf die Militärs Druck ausüben mit dem Ziel, eine »Fraktion« der Militärpartei auszugliedern, die ihre Interessen vertritt.

4. *Industrialisierung*

Entwicklung bedeutet Industrialisierung. Das ist die Prämisse der Entwicklungsideologien, bei denen die Begriffe Industrialisierung und Modernisierung eine Einheit bilden.
Die Industrialisierung verstehen die Ideologen des »desarrollismo« natürlich als einen Prozeß, der von »außen in Gang gesetzt wird«. Unserer Auffassung nach ist diese Form der Industrialisierung der Hauptfaktor, der das »bürgerlich-demokratische System« politischer Herrschaft unvereinbar macht mit den Strukturreformen dieser Industrialisierung, die tendenziell die folgenden Auswirkungen auf die Gesamtwirtschaft der abhängigen Länder hat:
a) Sie zerstört vorhandene Formen lokaler Industrieproduktion.
b) Sie tendiert dahin, die Nachfrage der Sektoren mit hohen Einkommen zu befriedigen, was zu einer »selektiven Produktion« führt und die Nachfrage der Sektoren mit niedrigen Einkommen in den Hintergrund drängt. Diese Tendenz enthält einen Widerspruch: Während der Markt Sektoren mit hoher Kaufkraft braucht, werden gerade die Sektoren, die diese Kaufkraft besitzen, aus der Produktion verdrängt, denn in Lateinamerika handelt es sich dabei im allgemeinen um Teile der Bourgeoisie, die nicht mit den neuen Formen der imperialistischen Penetration verknüpft sind. Widerspruch und Bündnis, Widerspruch in der Produktion, Bündnis auf dem Markt. Diese modernen Bourgeoisien müssen den bürgerlichen Block aufbrechen, aber gleichzeitig brauchen sie ihn für ihre Entwicklung.
c) Die Industrialisierung erfordert eine Rationalisierung der Agrarproduktion, was im allgemeinen Agrarreformen notwendig macht. Die innerbürgerlichen Widersprüche äußern sich daher zuweilen in der *herrschenden Form des Widerspruchs zwischen Stadt und Land* – je nach dem besonderen Gewicht, das die Agrarproduktion in einem bestimmten Land hat.
d) Es kommt zu einer völligen Umstrukturierung der Arbeitskraft, da im allgemeinen der Produktionszyklus dieser Industrialisierung *unvollständig ist, weil abhängig, und abhängig, weil unvollständig;* das heißt, daß die Herstellung der Produktionsmittel nicht in derselben Region oder demselben Land erfolgt, sondern den Stammhäusern vorbehalten bleibt.
Wegen all dieser Auswirkungen auf die Gesamtstruktur besteht ein Widerstand gegen diese Form der Industrialisierung seitens der sozialen Schichten auf dem Kontinent, die alten Produktionsweisen

verhaftet sind. Anders ausgedrückt: die durch die neue Abhängigkeit bedingte Ausweitung der kapitalistischen Produktionsverhältnisse und die lokale Entwicklung der Produktivkräfte haben eine *Aktivierung* der unterschiedlich ausgerichteten Interessen in der lateinamerikanischen Gesellschaft zur Folge. Diese hauptsächlich innerbürgerliche Aktivierung fällt im allgemeinen mit der Aktivierung von Volksbewegungen und auch Bewegungen des Proletariats zusammen, wie es in Chile zur Zeit der Christdemokratie der Fall war. Diese Mobilisierung des Volks ist nicht rein spontan. Dieselben Fraktionen der Bourgeoisie suchen mit ihren politischen Organisationen die Unterstützung der Massen und initiieren populistische Bewegungen, um einen Machtzuwachs zu erreichen – sei es bei den Wahlen oder zu ihrer Legitimation. In den Fällen, in denen diese Massen über gewerkschaftliche und/oder politische Organisationen verfügen, die bereits vor den innerbürgerlichen Auseinandersetzungen bestanden – wie in Argentinien, Chile und Bolivien –, ist die Tendenz erkennbar, daß die Massenbewegungen in ihrem Kampf über die innerbürgerliche Krise hinausgelangen. Damit tritt eine Phase ein, in der die Gesamtheit der Bourgeoisie sich in einer neuen Situation befindet: sie steht Volksbewegungen gegenüber, die sich in proletarische Bewegungen zu verwandeln drohen. Das erklärt zum Teil die anhaltenden Krisen in Ländern mit sehr unterschiedlichen Wirtschaftsstrukturen wie Bolivien und Argentinien. Hier zeigt sich für die bürgerlichen Fraktionen die Notwendigkeit, die Massenbewegung zu manipulieren, gleichzeitig aber die Unmöglichkeit, sie völlig zu manipulieren. Im Falle des heutigen Argentiniens, genauer: nach Perons Tod können wir beobachten, daß der Staat, die mächtigsten Fraktionen der Bourgeoisie, die Volksbewegung und die proletarische Bewegung nicht imstande sind, die Krise zu überwinden. Dadurch entsteht eine Situation, die von *labilen Gleichgewichten oder stabilen Ungleichgewichten* gekennzeichnet ist.

Die größten Fortschritte bei der Lösung der innerbürgerlichen Krise hat es dort gegeben, wo der gewerkschaftliche und politische Organisationsgrad der Bewegung des Volkes und des Proletariats sehr gering war. Im Falle Perus »ersetzt« der Staat, d. h. die Militärs, mit Mechanismen der Volksmanipulation eine modernisierende Klasse, die politisch ohnmächtig ist. Im Falle Brasiliens kommt es zu einer wirtschaftlichen und politischen Allianz des Staates – der Militärs – mit dem Imperialismus und den beiden entscheidenden Fraktionen der Bourgeoisie, wobei die modernisierende Bourgeoisie eine Hegemonialstellung einnimmt gegen die Gesamtheit der Bewegung des Volkes und des Proletariats.

Auf jeden Fall wird die tendenzielle Unvereinbarkeit zwischen der abhängigen Industrialisierung und der bürgerlichen Demokratie immer stärker. Bis schließlich, an einem bestimmten Punkt dieses

Prozesses, die Militärs in Vertretung des Staates bzw. der Staat mit seiner bewaffneten Macht die Rolle des Schiedsrichters in der Krise übernehmen – wie das Gewichtstück, das auf die Waagschale der Macht gelegt wird und das Gleichgewicht zugunsten einer der Fraktionen der Bourgeoisie oder des Kapitals aufhebt.
Wir schließen uns hier jedoch nicht der weit verbreiteten Meinung an, daß die Militärs die politische Szene nur dann betreten, wenn sich ein »Machtvakuum« einstellt. Das ist zwar wahr, aber nur teilweise wahr. Denn die Machtergreifung ist keine mechanische Bewegung, etwa so, wie ein Vakuum feste Materie anzieht, in diesem Fall die Waffen. Zur Inbesitznahme der Macht bedarf es derer, die bereit sind, die Macht auch zu besitzen. Die Eignung der Militärs dazu bedarf einer Erklärung. Einen politischen Grund haben wir schon genannt: die Identifikation der Militärs mit dem Staat und über den Staat mit der oder den herrschenden Klassen. Aber dies ist nur eine ideologische Antwort, obwohl sie ideologisch richtig ist. Wir halten es für notwendig, hier zwei andere Vorbedingungen zu erwähnen, deren Entstehung mit dem Prozeß der abhängigen Industrialisierung verknüpft ist.
Die erste dieser Bedingungen ist die Identifikation des gesamten staatlichen Personals mit den Entwicklungsideologien. Der »desarrollismo« wendet sich ja nicht an Klassen oder soziale Bewegungen als Träger der Reformen, sondern an Technokratien und Bürokratien, das heißt: an den Staat. So nehmen die einzelnen Teile des Staates an einem Erziehungsprozeß teil, der sie auf ihre Trägerrolle vorbereitet. Und dieser Erziehungsprozeß ist nicht etwa Folge ihrer autodidaktischen Bemühungen, sondern er wird initiiert von den multinationalen Unternehmen und der sie auf lokaler Ebene unterstützenden Klassen, die daran interessiert sind, den Staat für ihre expansiven Ziele zu gewinnen. Die »Anziehungskraft« des durch die Radikalisierung der sozialen Bewegungen entstandenen »Macht-Vakuums« auf die Militärs erklärt sich daher, daß sie ideologisch schon auf die Inbesitznahme der Macht vorbereitet sind. Sie identifizieren sich nämlich mit der »Modernisierung« und den »Veränderungen« als nationaler Alternative, auch wenn sie in Wirklichkeit nur ein Instrument des größtmöglichen Ausverkaufs der Nation sind. Es gilt jedoch hervorzuheben, daß – wenigstens im Fall der lateinamerikanischen Militärs – diese *ideologische Bereitschaft nicht entscheidend ist.* Die Situation der Militärs, deren politische Intervention längere Zeit zurückliegt, und die täglichen Kontakt mit der politischen und ökonomischen Realität haben, die also Erfahrungen in der »Staatsführung« sammeln konnten, ist eine grundsätzlich andere als die jener Militärs, die nach langer Zeit der Isolierung im Staatsapparat plötzlich in die politische Szene einbrechen. Bei den letzteren können verwandtschaftliche und andere Beziehungen zu den herrschenden Klassen eine viel wichtigere

Rolle spielen. Ihr Verhalten ist viel irrationaler, ihre Ideologie ist die des Kasernenhofes: Sie würden am liebsten die ganze Gesellschaft militarisieren. In Wirklichkeit ist ihre Führungsrolle, etwa im Vergleich zu den herrschenden Klassen, minimal, und ihre anfängliche Regierungstätigkeit ist nicht mehr als ein Werkzeug in der Hand der mächtigsten gesellschaftlichen Gruppen, unabhängig davon, ob diese modern oder rückständig sind. Ein Beispiel dafür ist die Diktatur Pinochets, der die Macht ohne Machtstrategie erobert hat, keine andere Ideologie als die der Repression kennt, und selbst die institutionelle Macht zu zerstören beginnt. Auf ökonomischem Gebiet können sie nichts anderes tun, als verlorene Privilegien wiederherzustellen, obwohl doch der pro-imperialistische »desarrollismo«, wie wir gezeigt haben, die Privilegien einiger einheimischer Klassen brechen muß, weil sie sich gegen die dynamische Integration in das imperialistische Kapital sperren. Im Gegensatz dazu gelang es den aus kapitalistischer Sicht modernen Bourgeoisien in Brasilien, den Militärs manipulativ ihre wirtschaftlichen und politischen Machtstrategien zu vermitteln. Diese Manipulation erzeugte mit der Zeit Identifikationen und bewirkte sogar eine *politische und ökonomische Assoziierung* von modernisierender Bourgeoisie und Militärs. Ganz anders ist auch das Verhalten der peruanischen Militärs, die sich schon vor der Eroberung der Macht mit einer ideologischen Position identifizierten, die sowohl nationalistisch war als auch gleichzeitig das Konzept des »desarrollismo« beinhaltete.

Die andere Bedingung ist vorwiegend ökonomischer Art. Wie eine große Zahl von Studien hervorgehoben hat, nimmt die *Produktion von Rüstungsgütern* augenblicklich innerhalb des Prozesses der imperialistischen Expansion eine Vorrangstellung ein. Deshalb sind die Militärs, die durch ihre bloße Existenz zu der technologisch-militärischen Erneuerung in den Metropolen beitragen, indem sie veraltetes Kriegsmaterial übernehmen, im Unterschied zu der Bürokratie des Staatsapparats, nicht nur Garanten des status quo: sie erfüllen außerdem noch eine *wirtschaftliche Funktion* für die imperialistische Expansion. Sie erfüllen also die Rolle eines »Fußtrupps« nicht nur in den politischen, sondern auch in den ökonomischen Strategien des Imperialismus. Mit anderen Worten: Sie sind nicht nur mit der »Vermittlung« betraute Agenten, sondern sie sind selbst auch Empfänger von Waren. Wegen ihrer politisch-ökonomischen Dualität sind sie für den Imperialismus das »Schlüssel«-Element im Staatsapparat. Da die Verteidigung der imperialistischen Interessen für sie die Verteidigung des Staats ist und umgekehrt, identifizieren sie die Verteidigung des ausländischen Kapitals mit den nationalen und staatlichen Interessen. Wenn die Identifikation der Militärs mit dem Staat total ist, wenn sie der Staat sind und der Staat »militärisch« ist, dann überrascht es nicht, wenn sie nach der Machtergreifung sich gerade mit den Sektoren verbünden, die in ihren Ländern am entschiedensten im Sold des Imperialismus stehen. Dies ist ein weiterer Grund, der die Verknüpfung zwischen der »abhängigen Industrialisierung« und den Militärs erklärt, eine Verknüpfung, die so weit geht, daß die Militärs als Interessenvertreter der »modernen« Industriellen oder aufgrund ihrer Assimilierung mit ihnen als »Unternehmer in Uniform« in Erscheinung treten. Sie besiegeln damit die immer offensichtlichere Unvereinbarkeit zwischen einer integrierten wirtschaftlichen Entwicklung und der bürgerlichen Demokratie.

5. *»agrarismo«*

Oft wird der »desarrollismo« mit den Agrarreformen oder den Versuchen einer Rationalisierung der Agrarproduktion gleichgesetzt. Der Teil des Programms des »desarrollismo«, der die Landwirtschaft betrifft, der sogenannte »agrarismo«, ist einer der Gründe für den progressiven Anschein dieser Entwicklungsideologien.
Unabhängig von ihren Erscheinungsformen erfordern die neuen Kräfte, die im Zusammenhang mit der imperialistischen Entwicklung entstehen, eine Reihe von Reformen in den Agrarstrukturen der lateinamerikanischen Länder. Welche Funktion haben diese Reformen und welchen Zwecken sollen sie dienen? Fassen wir hier diejenigen zusammen, die uns am wichtigsten erscheinen.

a) *Diese Reformen sind nicht unabhängig von dem Prozeß der von »außen bestimmten Industrialisierung«, sondern sind ihm untergeordnet*
Die Rationalisierung der Landwirtschaft wird in der Konzeption des »desarrollismo« nicht als Notwendigkeit des Agrarsektors »an sich« gefordert, sondern sie ergibt sich vielmehr aus den objektiven Notwendigkeiten des allgemeinen Prozesses der abhängigen Industrialisierung. Entscheidend ist die Notwendigkeit einer Steigerung der landwirtschaftlichen Produktion. Warum?
Erstens sind die »modernen Industriellen« an einer Verminderung der staatlichen Ausgaben für Agrarimporte interessiert, die die grundlegenden Ernährungsbedürfnisse der Bevölkerung befriedigen, das heißt über den Staat für die Reproduktion der industriellen Arbeitskraft sorgen. Zweitens kann eine Steigerung des Angebots von landwirtschaftlichen Produkten auf dem internen Markt eine Verringerung der Reallöhne der städtischen Arbeiter und Angestellten verhindern und damit auch den Lohndruck bzw. die Lohnverhandlungen, die sich gegen die Industriellen richten würden. Weiterhin sind dadurch die – wenn auch geringen – Stützen eines internen Marktes mit relativer Selbstversorgung gewährleistet; auf

diese Weise werden Komplikationen zwischen verschiedenen Gruppen der einheimischen Bourgeoisie vermieden, die wegen einer geringen effektiven Binnennachfrage entstehen könnten. Dahinter steht natürlich auch die verschleierte politische Absicht, in der Arbeiterklasse privilegierte Gruppen zu schaffen, damit die Unternehmer mit einer ökonomisch gespaltenen Klasse leichter umgehen können.

b) *Entwicklung der kapitalistischen Landwirtschaft*

Die Intensivierung der kapitalistischen Landwirtschaft ist eng verknüpft mit dem besonderen Interesse des imperialistischen Kapitals an der Schaffung neuer Märkte. Einmal um den Weg freizumachen für die technologische Erneuerung des Kapitals in der mechanisierten landwirtschaftlichen Produktion, zum anderen um den Verbrauch von Konsumgütern über die traditionellen Zonen hinaus auszudehnen (z. B. Coca Cola auf die Dörfer). Die »Modernisierungs«-Interessen verlangen also die Schaffung von »Klassen auf dem Lande« mit einer bestimmten Verbrauchskapazität, die über das Existenzminimum hinausgeht.
Für die »Erzeugung dieser Nachfrage« stehen hauptsächlich zwei Mittel zur Verfügung: Eines ist die graduelle *Proletarisierung* umfassender Sektoren der Landarbeiter, indem ihr Einkommen in Form von Naturalien durch die Entlohnung in Geld ersetzt wird. Das andere Mittel ist die Schaffung einer ländlichen Groß- und Kleinbourgeoisie, die auf Kredit Maschinen und Erzeugnisse wie Düngemittel u. ä. kaufen, die für die beschleunigte Modernisierung der Landwirtschaft notwendig sind. Natürlich geht die »Schaffung« dieser sozialen Sektoren einher mit einer bestimmten Form der Teilung und Unterteilung des Bodens. In diesem Fall sind es also nicht die Eigentumsverhältnisse, die neue soziale Produktionsverhältnisse erzeugen, sondern es verhält sich genau umgekehrt: letztere erzeugen erstere.

c) *Integration regionaler Märkte*

Die multinationalen Unternehmen sind immer weniger abhängig von den Strukturen, wie sie bis vor kurzem für die lateinamerikanische Wirtschaft kennzeichnend waren. Der Imperialismus braucht die Befreiung von den Fesseln eines wirtschaftlichen Protektionismus, den Austausch zwischen verschiedenen Unternehmen in Form des Handels zwischen Nationen – wir werden darauf im Folgenden näher eingehen. Es soll hier zunächst festgestellt werden, daß die Reformen der Produktions- und Eigentumsverhältnisse, vor allem in der Landwirtschaft, im Sinne des Imperialismus notwendig erscheinen. Sie ermöglichen die Diversifizierung der Nahrungsmittelprodukte, eine allgemeine Senkung der Preise durch die überregionale Konkurrenz und die Nahrungsmittelversorgung in den nicht überwiegend landwirtschaftlichen Gebieten, wo sich das industrielle Kapital angesiedelt hat bzw. sich ansiedeln will. Hier wird noch einmal der Widerspruch zwischen der traditionellen und der modernen Form der imperialistischen Penetration deutlich: Während die erstere »nationale Arbeitsteilungen« verlangt, fordert die zweite die Internationalisierung der Arbeitskraft.

Wir können also feststellen, daß im Konzept des »desarrollismo« die Reformen der Agrarstruktur der abhängigen Industrialisierung untergeordnet sind, aber gleichzeitig eine strukturelle Vorbedingung für diese Industrialisierung darstellen. Sie sind eine Grundlage für die Erweiterung und Reproduktion der kapitalistischen und imperialistischen Produktionsverhältnisse und für die Reproduktion des Kapitals auf internationaler Ebene.

Diese Verschränkung von abhängiger Industrialisierung und Agrarreform ist wahrscheinlich der Hauptwiderspruch neben den vielfältigen Nebenwidersprüchen, die den politischen Verlauf der Geschichte der lateinamerikanischen Länder in den letzten Jahren kennzeichnen. Dieser Widerspruch äußert sich – vom Standpunkt der kapitalistischen Entwicklung aus gesehen – in dem Widerstand, den die rückständigen Schichten des herrschenden Blocks der beschleunigten und bis zu einem gewissen Grade gewaltsamen Ausbreitung der kapitalistischen Produktionsverhältnisse entgegenstellen.

Damit wollen wir uns nicht jener mechanischen Auffassung anschließen, die dazu neigt, den Klassenkampf in den lateinamerikanischen Ländern nur durch den Widerspruch zwischen Industriellen und Agrariern zu erklären. Im Gegenteil: Wir meinen, daß dies nicht der vorherrschende Widerspruch ist, weil das Klassengewebe insgesamt außerordentlich komplex ist, vor allem wenn man die Verflechtungen zwischen der Industrie, den Banken und dem landwirtschaftlichen Besitz berücksichtigt, die in den letzten Jahren eine besondere Bedeutung erlangt haben. Dennoch ist es eine Tatsache, daß diejenigen herrschenden Schichten, die aus kapitalistischer Sicht am wenigsten entwickelt, aber manchmal, und vielleicht gerade deswegen, politisch und ökonomisch stärker sind, auf dem Lande ihr hauptsächliches Operationszentrum haben. Daher erklärt sich, daß der Widerstand, den diese Sektoren der Umwandlung der Grundrente in Mehrwert entgegensetzen, überwiegend die *Erscheinung* eines Widerspruchs zwischen Stadt und Land angenommen hat, was viele dazu geführt hat, die Erscheinung mit der Wirklichkeit zu verwechseln.

Die neuen kapitalistischen Verhältnisse zerstören in der Regel das wirtschaftliche und politische Gleichgewicht innerhalb des herrschenden Blocks, da ihre Haupttendenz die beschleunigte Reproduktion der kapitalistischen Produktionsverhältnisse ist. Sie bre-

chen den »sozialen Pakt« zwischen den modernen und rückständigen Kapitalisten.
Die Zerstörung dieses Gleichgewichts läßt häufig soziale und politische Bewegungen mit populistischer Ausrichtung, aber auch Volksbewegungen entstehen, die jedoch in den meisten Fällen den Interessen der einen oder anderen Fraktion der Bourgeoisie untergeordnet bleiben. Die gewaltsame Veränderung der Eigentumsverhältnisse zeigt sich am deutlichsten in der Landwirtschaft. Jede Reform der Agrarstrukturen, auch die in ihren Zielsetzungen »rein« kapitalistische, tendiert zur Auflösung bestimmter Eigentumsbindungen. Der »desarrollismo« verursacht also einen Widerspruch »nach oben« und »nach unten« – wenn wir aus didaktischen Gründen schematisch vorgehen.
Nach oben – denn die mit den unmittelbaren Interessen des abhängigen Kapitalismus verknüpfte Agrarbourgeoisie versucht, sich den Sektor zu unterwerfen, dem es nur auf die Aneignung der Grundrente ankommt. Im allgemeinen handelt es sich dabei um den Großgrundbesitz. Diese Unterwerfung vollzieht sich in unterschiedlicher Weise: entweder der Großgrundbesitz wird verdrängt, wie früher in Mexiko und Bolivien, gegenwärtig in Peru – oder er wird assoziiert, das heißt die Grundrente oder ein Teil davon wird »freiwillig« an die modernen Industriellen abgetreten als letzte Möglichkeit des sozialen Überlebens – wie in Argentinien und Brasilien. »Nach oben« schließlich, weil es sich um die beschleunigte Entwicklung einer Bourgeoisie handelt.
Nach unten – weil die Unterteilung des Eigentums zu einem Kampf um das Kleineigentum führt, vor allem also zu der Bildung einer landwirtschaftlichen Kleinbourgeoisie. Die Einführung entwickelter kapitalistischer Produktionsverhältnisse führt auf dem Lande außerdem zu einer beschleunigten Konzentration der Arbeitskraft. Damit eröffnet sich für viele Landarbeiter, die bis zu diesem Zeitpunkt von den sozialen und politischen Kämpfen ausgeschlossen waren, die Möglichkeit von Lohnkämpfen. Der gewerkschaftliche Kampf entfaltet sich und ersetzt die früheren isolierten Rebellionen, bei denen die Landarbeiter den Großgrundbesitzern nur als Kanonenfutter dienten. »Nach unten« entwickelt sich ein Prozeß der Proletarisierung.
Wie wir schon gesagt haben, gehören unserer Meinung nach die von der Expansion des Kapitalismus verursachten Widersprüche in der Landwirtschaft zu den entscheidenden »Faktoren« bei der Transformation des Staates.
Die Veränderungen in der Agrarstruktur und deren Auswirkungen auf das Verhältnis des Agrarsektors zum Staat werden, wie wir meinen, nach folgenden Varianten verlaufen:
1. Die moderne industrielle Bourgeoisie und die Agrarbourgeoisie erreichen die Entmachtung und/oder die Unterwerfung der Groß-

grundbesitzer. Diese Variante spielt unserer Auffassung nach in Lateinamerika praktisch keine Rolle, da die »Vertreibung« der Großgrundbesitzer aus Politik und Wirtschaft – im Unterschied etwa zu den Vereinigten Staaten während des 19. Jahrhunderts – so gut wie nie praktiziert wurde. Die Agrarbewegungen in Mexiko, Bolivien und Peru scheinen eher die Ausnahme als die Regel zu sein. Das, was den modernen Kapitalisten unmöglich scheint, nämlich die Entmachtung der aus kapitalistischer Sicht rückständigen Klassen, liegt unserer Meinung nach an der Abhängigkeit der beiden herrschenden Fraktionen der lateinamerikanischen Bourgeoisien. Diese Außenabhängigkeit beider Fraktionen führt zwischen ihnen zu einer ganzen Reihe von Interaktionen und Kompromissen. Der Imperialismus entscheidet sich aus politischen Gründen dagegen, diesen Block aufzubrechen, weil er Volksbewegungen oder -erhebungen vermeiden will, die sich in proletarische verwandeln könnten.

2. Das Unvermögen der »modernen« Kapitalisten in der Stadt und auf dem Lande, eine wirksame politische Organisation zu schaffen, die ihre Interessen vertreten könnte, führt dazu, daß der Staat diese wichtige Rolle übernimmt. Der Staatsapparat mit seinem Personal stellt die Verbindungen zu den objektiven Interessen des Weltkapitalismus her. Das ist das kennzeichnende Merkmal der »Peruanischen Revolution« des Velasco Alvarado.[10]

3. Die »rückständige Bourgeoisie« kann zwar ihre Positionen halten, aber die Hegemonie über den Staat üben die moderne Bourgeoisie und der Imperialismus gemeinsam aus. Das bedeutet, daß die Einheit des herrschenden Blocks aufrechterhalten bleibt, aber eine *Ablösung in der Hegemonie erfolgt.* Einerseits hat dies eine Verminderung der Widersprüche »nach oben« zur Folge, andererseits folgt daraus eine Überausbeutung der Arbeitskraft auf dem Lande. Diese Variante tritt im allgemeinen dann auf, wenn bereits mit verschiedenen anderen Modellen experimentiert wurde, die jeweils dem Staatsapparat unterschiedliche ökonomische und politische Funktionen zugewiesen hatten. Wir meinen, daß dies nicht so sehr nur einer von mehreren »möglichen Wegen« ist, sondern daß sich hier das prinzipielle Scheitern des republikanisch-bürgerlichen Staates zeigt bei dem Versuch, die Spannungen auszuhalten und zu überwinden, die die Entwicklung des abhängigen Kapitalismus auf allen Ebenen verursacht.

4. Eine vierte Variante ist die, daß die Militärs nicht einmal eine Ablösung in der Hegemonie-Fraktion innerhalb der Bourgeoisie durchsetzen, daß sie also den innerbürgerlichen Konflikt nicht lösen, sondern – über die Risse innerhalb der Bourgeoisie hinweg – mit Terror gegen das Proletariat und die armen Volksschichten vorgehen. Diese Variante kann nur vorübergehend sein, da sie auf der Ungelöstheit der innerbürgerlichen Krise aufbaut und nicht auf

deren Überwindung. Der typische Fall eines solchen Staates ist die Pinochet-Diktatur in Chile, die alle möglichen und erdenklichen Repressionsgewalten gegen die Arbeiter, Bauern und die armen Volksschichten richtet, ohne jedoch die innerbürgerliche Krise lösen zu können.

6. Der Staat als Subjekt der Entwicklung – die Militärs als Subjekte des Staates

Daß die Verwirklichung einer »Industrie-Reform« nicht bis zu den letzten Konsequenzen möglich war, liegt unserer Meinung nach daran, daß die modernen Sektoren der Bourgeoisie im Innern des herrschenden Blocks in den lateinamerikanischen Ländern ein sehr geringes Gewicht haben.

Die neuen Kräfte, die die Entwicklung des Imperialismus vorantreiben, stoßen auf ernsthafte Hindernisse, wenn sie die herrschenden, aus kapitalistischer Sicht rückständigen Sektoren entmachten wollen, mit denen der Imperialismus länger als ein Jahrhundert einen »Kolonialpakt« eingegangen war.

Aus diesen Gründen und angesichts ihrer nicht ausreichenden Macht suchen die modernen Bourgeoisien zusammen mit dem Imperialismus Unterstützung beim Staat als dem wichtigsten Instrument für die von ihnen angestrebten Strukturreformen.

Dieser Rückgriff auf den Staatsapparat ist gleichzeitig ein Versuch, die Massen »von oben« für ihre Ziele zu gewinnen und sie gegen die »widerspenstigen Oligarchien« zu mobilisieren. Wegen ihres geringen Gewichts innerhalb des lateinamerikanischen Sozialgefüges versuchen die modernen Bourgeoisien, gleichzeitig »etatistisch« und »populistisch« zu handeln. Dabei haben sie häufig Volksbewegungen ausgelöst, die ihrer Kontrolle entglitten sind. Diese Doppelstrategie – einerseits mit den Massen, andererseits mit dem Staat – wird zum Widerspruch, und angesichts dieses Widerspruchs entscheiden die modernen Bourgeoisien sich für die Verteidigung des bestehenden Staates gegen die Massenbewegungen, die von ihnen selbst hervorgerufen worden waren. Auf diese Weise wird die Allianz der modernen Bourgeoisien mit den Militärs im Staat geschmiedet.

Aber der Staatsapparat ist nicht abstrakt. Er muß bestimmte Funktionen übernehmen und kann der historischen Bestimmung nicht »entrinnen«, die sich aus dem Gewicht der kapitalistisch rückständigen Sektoren in den lateinamerikanischen Gesellschaften ergibt. Welches Gewicht diese Sektoren haben, zeigt sich zum Beispiel an der Existenz eines Kompromisses zwischen dem Personal des Staates (Bürokratie und Militär) und den »oligarchischen« Sektoren der Gesellschaft. Genau dieser Kompromiß war der Grund dafür, daß die modernen Sektoren der Bourgeoisie nicht die Wirksamkeit

erreichten, die sie sich vom Staatsapparat für ihre sogenannten »Strukturreformen« erhofften. So ungeheure Anstrengungen die USA auch in den letzten Jahren unternommen haben und bis heute unternehmen, um das Militär auf den Weg des »desarrollismo« zu bringen, es fällt ihnen schwer, die Identität der Militärs und deren Verbindungen mit den sogenannten »oligarchischen« Sektoren zu brechen. Diese Verbindungen haben ihren historischen Ursprung in der Sozialstruktur, die sich zur Zeit der kolonialen Abhängigkeit herausbildete. Die Mitglieder der herrschenden Klassen suchten sich für ihre Berufskarrieren vorzugsweise die Streitkräfte und die Kirche aus (letztere mit der Zeit immer weniger). Deshalb herrschen bei den Streitkräften, insbesondere in den Bereichen, die sich dem Einfluß der modernen Kriegstechnologie am längsten entziehen können, wie zum Beispiel der Marine, aristokratische Verkehrsformen, die sich weitgehend den von der Entwicklung des Kapitalismus geforderten Veränderungen widersetzen. Anders ist dies bei den nicht-militärischen Institutionen des Staates, vor allem der Verwaltungsbürokratie, die im allgemeinen einem wahren Ansturm von seiten der Bourgeoisie, der »plebejischen« Kleinbourgeoisie und auch von Sektoren des Volkes (über politische Protektion) ausgesetzt waren, eine normale Konsequenz der bürgerlichen Demokratie. Deswegen versuchen die Militärs jedes Mal, wenn sie die Macht im Staat an sich reißen, die zivile Bürokratie zu verdrängen. Der Antagonismus im Innern des Staatsapparates, der dabei sichtbar wird, ist letzten Endes ein sozialer Antagonismus.
Als Folge der Verknüpfung mit der Oligarchie, die für die lateinamerikanischen Militärs kennzeichnend ist, kommt ihre Verbindung zu den modernen Sektoren der lokalen Bourgeoisien nicht unmittelbar zustande. Diese Bourgeoisien müssen bei der Verfolgung ihrer kurz- und mittelfristigen Interessen »einige Kosten in Kauf nehmen«, denn es vergeht eine gewisse Zeit, bevor die Militärs ihre Erfahrung in Wirtschaft und Politik machen und diejenigen Sektoren »entdecken«, deren Interessen auf Strukturveränderungen ausgerichtet sind. Wenn die Militärs die Macht in einer »Präventivaktion« gegen die Massenbewegung ergreifen, wie im Fall Chiles, dann vertreten sie die *Gesamtheit einer geeinten Bourgeoisie,* die sich angesichts des Vormarsches der Massen zur Verteidigung des Staates zusammengeschlossen hat. Durch diese geschlossene Einheit des herrschenden Blocks der Bourgeoisie wird der Lernprozeß der Militärs im Lehrgang des »desarrollismo« verzögert.
Unter diesem Gesichtspunkt fällt zum Beispiel auf, daß in Ländern wie Peru und Brasilien, in denen die Militärs keine so engen Verbindungen zu den kapitalistisch rückständigen Sektoren der Bourgeoisie hatten, eine schnellere Durchführung der Projekte des »desarrollismo« möglich war.

Die weiter oben angeführten Grenzen, die dem Personal des Staatsapparats bei der Inangriffnahme der Strukturveränderungen gesetzt sind, haben im allgemeinen dazu geführt, daß der herrschende Block erhalten blieb, ohne daß sich in seinem Innern radikale Veränderungen wie zum Beispiel die Ablösung einer Fraktion der Bourgeoisie durch die andere ergeben hätten. Es kam höchstens zu gewissen Hegemonieverschiebungen oder zur Assoziierung der kapitalistisch rückständigen mit den modernen Sektoren. Die Schläge, die die »oligarchische« Bourgeoisie in Peru von den Militärs einstecken mußte, scheinen eher die Ausnahme als die Regel zu sein.

Da die Veränderungen, die die Entwicklungsideologien des »desarrollismo« beinhalten, wegen der Macht der kapitalistisch rückständigen Sektoren unmöglich sind, andererseits die Entmachtung dieser rückständigen Sektoren wegen der Kompromisse zwischen ihnen und den modernen Fraktionen der Bourgeoisie und auch dem Staatsapparat scheitert, richtet sich die ganze Macht des Militärstaates, diese geballte wirtschaftliche und politische Repressionsgewalt, gegen die Volksbewegung, das städtische und ländliche Proletariat. In der Realität hat sich der »desarrollismo« als identisch mit der Überausbeutung der Arbeitskraft gezeigt. Daher erklärt sich auch die immer deutlicher werdende Unvereinbarkeit zwischen bürgerlich-demokratischen Regierungen und den Verwirklichungen der Ideologien des »desarrollismo«. Nur brutale Diktaturen wie Brasilien, Bolivien, Uruguay und Chile scheinen den »sozialen Pakt« zwischen den herrschenden Fraktionen der einheimischen Bourgeoisien und dem Imperialismus zu sichern. Die demokratischen Bewegungen mit dem Ziel der wirtschaftlichen Entwicklung waren bis jetzt nur das Vorzimmer zur grausamsten politischen Hölle. Peru scheint die Ausnahme zu bilden. Und auch da ist die Frage: ist Peru die Ausnahme der Hölle oder nur das Fegefeuer? Die Zeit wird das letzte Wort haben.

7. *Schlußbemerkung*

Der »desarrollismo« ist gegenwärtig eine der herrschenden Ideologien im politischen Spektrum Lateinamerikas. Im wesentlichen fordert er ein Bündel von Reformen, die die rückständigen kapitalistischen Produktionsverhältnisse zugunsten der Entwicklung des Imperialismus verdrängen. Man darf den »desarrollismo« nicht mit dem einfachen bürgerlichen Reformismus verwechseln. Die Vertreter des »desarrollismo« schlagen – im Unterschied zu den bürgerlichen Reformisten – nicht vereinzelte politische und wirtschaftliche Reformen vor, sondern sie haben ein vollständiges Projekt der abhängigen kapitalistischen Entwicklung ausgearbeitet, in dem die

vorgeschlagenen Reformen organische, miteinander verknüpfte Bestandteile sind.
Der »desarrollismo« ist vor allem das ideologische Produkt eines historischen Widerspruchs zwischen zwei Formen der imperialistischen Penetration: einer einfachen oder traditionellen Form, mit dem Schwergewicht auf der Ausbeutung von Rohstoffen, und einer modernen Form, die das Schwergewicht auf den Kapitalexport, die technologisch-kommerzielle Abhängigkeit und die Erweiterung der Märkte legt, um so die Produktionsüberschüsse absetzen zu können, die sich in den zentralen kapitalistischen Ländern ansammeln.
Aus Sicht der ökonomischen Theorie ähnelt der »desarrollismo« einer Verwirklichung des »Keynesianismus« auf Weltebene.
Die hauptsächlichen Träger der abhängigen kapitalistischen Entwicklung sind die sogenannten multinationalen Konzerne, die die Kapitalsektoren der verschiedensten Länder integrieren und assoziieren und so zur Bildung einer internationalen wirtschaftlichen und politischen Allianz der Bourgeoisie beitragen.
Die Verwirklichung der im Konzept des »desarrollismo« vorgesehenen Strukturreformen beschleunigt und vertieft den vorhandenen chronischen Widerspruch zwischen zwei Fraktionen der herrschenden Klasse und versucht, ihn zugunsten der kapitalistisch entwickelteren Sektoren der lateinamerikanischen Gesellschaften zu lösen, jener Sektoren, die am stärksten mit den neuen Formen der imperialistischen Penetration verknüpft sind.
Während der ersten Phasen der Verwirklichung dieser integrierten wirtschaftlichen Strukturreformen war die vorherrschende Tendenz, daß die Massenbewegungen als Element des Drucks und der Staatsapparat als Träger der »Veränderungen« auftraten. Dieser doppelte Weg, Massen und Staat, führte politisch zu der Entwicklung populistischer Bewegungen und zur Festigung der bürgerlich-republikanischen Staaten. Die Entscheidung, diesen doppelten Weg zu beschreiten, ist die Folge des geringen Gewichts, das die modernen Sektoren der Bourgeoisie innerhalb der herrschenden Klassen in Lateinamerika besitzen.
Da der Staat der entscheidende Hebel bei der Verwirklichung der Strukturreformen des »desarrollismo« ist, gerät der gesamte Staatsapparat in einen schnellen Prozeß der institutionellen Festigung, wobei auch die staatliche Repressionsgewalt gestärkt wird. Diese Festigung des Staats tendiert in die Richtung einer Militarisierung. Es öffnet sich damit ein Kreis von Widersprüchen zwischen dem zunehmend militarisierten Staat und der »Zivilgesellschaft«. Dieser Widerspruch löst sich tendenziell zugunsten des Militär-Staats, so daß die Militärs zu den zentralen Subjekten der abhängigen wirtschaftlichen Entwicklung werden. Die modernen Fraktionen der Bourgeoisie unterstützen die Militärs in ihrer Hegemonie oder

werden von den Militärs verdrängt, oder aber die Militärs identifizieren sich mit diesen Fraktionen.

Wenn jedoch der Versuch der abhängigen kapitalistischen Entwicklung trotz der brutalsten Methoden der Kapitalakkumulation und der Ausbeutung der Arbeitskraft scheitert;

wenn innerhalb des herrschenden Blocks die aus der Sicht der kapitalistischen Entwicklung rückständigen Sektoren sich die Hegemonie nicht entreißen lassen;

wenn die Militärs ihre engen Verbindungen zu den »Oligarchien«, insbesondere den Großgrundbesitzern, nicht lösen;

oder wenn angesichts der Bedrohung durch die Massenbewegungen die geteilte herrschende Klasse es »nicht wagt«, ihren Zusammenhalt zu brechen – dann kann sich die Krise der Wirtschaft und der Macht im Militärstaat in die Länge ziehen.

Die Militärs haben die Krise in Argentinien nicht gelöst. In Bolivien verlängern sie die Krise nur. In Chile weist alles darauf hin, daß sie auch hier keine Lösung gefunden haben. Angesichts der Unwirksamkeit der letzten Bastion der Bourgeoisie, des Militärstaats, bleibt nur die Antwort der Massenbewegung und des Proletariats. Aber wenn das Proletariat und die Massen ihre Unterdrükkung nicht überwinden können, wenn sie die grundlegenden Elemente für ihren inneren Zusammenhalt nicht finden, dann werden sich die Krisen fortsetzen, dann wird der Staatsapparat in einen Prozeß des Zerfalls eintreten und einen dauernden Kreislauf beginnen: von der Diktatur zur Demokratie, von der Demokratie zur Diktatur.

Anmerkungen

Erstes Kapitel
Die Keime des Putsches

1 Siehe letztes Kapitel.
2 Das Wahlverhalten der Unternehmer ist von dem nordamerikanischen Soziologen James Petras untersucht worden.
3 Der »Ideologe« der Randgruppentheorie innerhalb der Christdemokratischen Partei war der Jesuitenpater Roger Vekemans.
4 Fidel Castro sagte: »Er versprach ihnen Revolution ohne Blut und gab ihnen Blut ohne Revolution.«
5 Vgl. Sergio Molina, *El Proceso de Cambio en Chile,* Santiago, Editorial Siglo XXI, 1972.
6 Das war der Kampf gegen die »chiribonos«, einer populären Bezeichnung für Scheckfälschungen in Chile.
7 »Armen der Stadt und des Landes«: es fehlt eine genaue Kategorie zur Bestimmung der großen Zahl von Arbeitern, die aufgrund ihrer geringen Verbindung zu den Produktionsmitteln nicht einfach als Proletarier bezeichnet werden können. Das Fehlen dieser Kategorie ist zurückzuführen auf die noch ausstehende Analyse der Produktionsverhältnisse und der Sozialstrukturen in den Ländern Lateinamerikas.
8 Auf dem Gebiet der Folterungen war Frei auf seine Weise Vorläufer Pinochets.
9 Eine Folge dieser Politik der »harten Hand« war das Massaker an den Bewohnern der Elendsviertel in Puerto Montt.
10 Die Ohnmacht eines Teils der chilenischen Arbeiter gegenüber dem Staat ist der Grund dafür, daß selbst die Perioden größter proletarischer Mobilisierungen nicht als revolutionär bezeichnet werden können.
11 Wie Allende später Regis Debray gegenüber sagte: »Vom 4. September, dem Tag, an dem ich zum Präsidenten gewählt wurde, bis zum 3. November, dem Tag, an dem ich die Präsidentschaft antrat, bereitete ich mich nicht auf die Regierungsübernahme vor. Ich war praktisch der Direktor der Kriminal- und Sicherheitspolizei.« Regis Debray, *Conversaciones con Allende,* Chile 1971.

Zweites Kapitel
Die Streitkräfte im chilenischen Staat – eine kurze historische Zusammenfassung

1 Luis Vitale, *Interpretación Marxista de la Historia de Chile*, Bd. II, und Hernan Ramirez Necochea, *Antecedentes Economicos de la Independencia.*
2 Luis Vitale hat diesen Punkt besonders hervorgehoben.
3 Der »O'Higginist« Luis Zanartu schrieb 1820 an den Minister Echeverría: »Werft um Gottes Willen das Heer hinaus, damit es auf Kosten eines anderen Landes lebt . . . Wie soll das arme Chile ein Heer und eine Flotte unterhalten?« René Balart Contreras, »Las Fuerzas Armadas y la Política Chilena«, in: *Punto Final,* Chile 1973.
4 Zwischen 1830 und 1840 kam es zu mehreren Rebellionen der Arbeiter in den Salpeterbergwerken. Vgl. Vitale, Bd. III.
5 Im Dezember 1878 erreichte die Krise ihren Höhepunkt: es war kein Gold mehr vorhanden. Die Zahlungen der Beamtengehälter wurden ausgesetzt und für die Streitkräfte um 50% verringert. René Balart, a.a.O.
6 Die chilenische Bourgeoisie hat dem Buch von Gonzalo Bulnes, *La Guerra del Pacífico,* ihren Segen gegeben; ganz unbestreitbar seien die Grenzprobleme die erste und letzte Ursache des Krieges gewesen.
7 Um eine Webersche Terminologie zu benutzen.
8 Die angeblichen Verstaatlichungen Balmacedas sind im wesentlichen das Ergebnis einer gewissen Propaganda der traditionellen chilenischen Linken, die in der Vergangenheit einige Legitimationen für die Gegenwart zu finden meinte.
9 Hernán Ramirez Necochea hat in seinem ausgezeichneten Buch *Balmaceda y la Contrarevolución de 1891* nachgewiesen, daß für die Bourgeoisie historische Persönlichkeiten wie Enrique McIver, Zegers und andere, denen man Denkmäler gebaut und nach denen man wichtige Straßen in Chile benannt hat, nichts anderes waren als Söldner der englischen Salpeterbesitzer.
10 Siehe Crisóstomo Pizarro, *La Revolución de 1891,* 1971.
11 Die Ähnlichkeit mit der Regierung Allende ist auffallend.

12 Dort entstanden nicht nur die ersten Formen der gewerkschaftlichen, sondern auch der politischen Organisation des chilenischen Proletariats. Dort entwickelte sich auch, unter der Führung von Recabarren, der linke Flügel der Demokratischen Partei, der späteren Kommunistischen Partei.

13 Das Verhältnis von Mittelklasse und Militärs hat José Nun untersucht: »Crisis Hegemónica y golpe militar de clase media«, in: *Desarrollo Económico,* Buenos Aires, No. 22-23.

14 Alain Joxe, *Las Fuerzas Armadas en el Sistema Politico Chileno.* Santiago 1970.

15 In Argentinien siegte 1918 die Radikale Partei Irigoyens, in Brasilien entstand die »Bewegung der Leutnants« (»Movimento tenentista«).

16 Fernando Mires, »Bréve histoire du populisme«, in: *Les Temps Modernes,* Juni 1973.

17 Das sollte man berücksichtigen bei der ungewissen Zukunft des heutigen Chile, die für das Volk und die Arbeiter nur durch eine Spaltung der Streitkräfte entschieden werden kann.

18 Zum Beispiel: Amnestie für alle politischen Häftlinge, Verpflegung der Arbeitslosen auf Kosten des Staates, Einziehung des Goldes, Gründung der Volkskreditbank, Förderung der gewerkschaftlichen Organisation der Arbeiter, Gesetzgebung zur Politik der Verstaatlichungen, usw. Fernando Mires, *Del Frente Popular a la Unidad Popular,* Chile 1971.

19 Gegenüber diesem echten Ausdruck der Massenbewegung, der die revolutionäre Führung fehlte, reagierte die Kommunistische Partei mit offenem Sektierertum. Sie bezeichnete die Junta als konterrevolutionär und rief in Flugblättern zur Bildung von »Sowjets« auf. Wie die Junta eine Sozialistische Republik mittels Dekreten schaffen wollte, so wollte die Kommunistische Partei Sowjets mittels Flugblättern schaffen.

20 Die stillschweigende oder passive Intervention ist von Alain Joxe analysiert worden, a.a.O.

21 Man muß berücksichtigen, daß die vier Mitglieder der Militärjunta von 1973 ihre »ideologische« Ausbildung in der Ära des Kalten Kriegs erhielten. Das erklärt viele ihrer Verirrungen und Dummheiten.

22 Dank dieser Öffnung erreichte die chilenische Gewerkschaftsbewegung unter der Leitung von Clotario Blest in der Klassenkampferfahrung den Höhepunkt ihrer Geschichte. Vgl.: Jorge Barría, *Historia de la CUT,* Chile 1971. Luis Vitale, *Historia del Movimiento Obrero,* Chile. Fernando Mires, *Die Arbeiterbewegung von Ibañez bis Allende,* Buenos Aires 1974.

23 Einige Massaker: Alessandri – Siedlung San Gregorio. Frei – Arbeiter der Kupfermine Salvador; Obdachlose von Puerto Montt.

Drittes Kapitel
Militarismus und Antikommunismus

1 Horacio L. Veneroni, *Estados Unidos y las Fuerzas Armadas en América Latina,* Buenos Aires/Argentinien 1973, S. 64.

2 Vgl. Alain Joxe: »Zwischen 1950 und 1965 wurden in den USA 2064, außerhalb der USA 549 chilenische Militärs ausgebildet; bezüglich der in den USA ausgebildeten Militärs steht Chile an dritter Stelle hinter Brasilien (3632) und Peru (2306). Bezüglich der in Panama im Anti-Guerilla-Kampf ausgebildeten Militärs nimmt Chile einen sehr viel niedrigeren Rang ein.« Alain Joxe, a.a.O.

3 Robert McNamara, Verteidigungsminister der USA bis 1968, schrieb:
». . . wir sehen überhaupt keine Notwendigkeit, daß die lateinamerikanischen Länder umfangreiche konventionelle Streitkräfte besitzen, insbesondere nicht solche, die eine teure und komplizierte Ausrüstung erheischen. Der Aufwand für derartige Streitkräfte bedeutet ungerechtfertigt hohe Ausgaben der Mittel, die für die dringendsten und wichtigsten Ziele der wirtschaftlichen und sozialen Entwicklung notwendig sind.« Zitiert von: H. L. Veneroni, a.a.O.

4 Raul Ampuero: »El Poder Politico y las Fuerzas Armadas«, in: *Punto Final.* April 1973, Dokumente, Santiago/Chile.

5 Dazu schreibt Raul Ampuero:
»Das Wahlrecht ist, wie man weiß, den Offizieren zuerkannt, aber nicht den Unteroffizieren, eine auffallende Inkongruenz, denn wenn man annimmt, daß das Wahlrecht von dem moralischen Einfluß der Vorgesetzten bedroht ist, dann gilt dies für beide, Offiziere wie Unteroffiziere. Mit dem Unterschied, daß die Unteroffiziere, da sie ein höheres Durchschnittsalter haben, vermutlich auch eine reifere Persönlichkeit besitzen.« Raul Ampuero, a.a.O.
Von demselben Autor: *Los Militares y la Seguridad Nacional,* Santiago/Chile 1971.

Viertes Kapitel
Die Karten auf dem Tisch

1 Benjamín Matte, Präsident der Nationalen Landwirtschaftsgesellschaft, später führender Vertreter der faschistischen Organisation Patria y Libertad, reiste nach Kuba, um dort nach neuen Märkten für die chilenischen Agrarprodukte zu suchen.
2 *Política y Espíritu,* Mai 1972, Santiago/Chile, S. 12.
3 Vgl. Erstes Kapitel.
4 *El Mercurio,* 3. Juni 1971.
5 Dies hat in mehreren Artikeln Eduardo Novoa Monreal nachgewiesen, der wohl fähigste chilenische Jurist.
6 In einem gefährlichen Schachzug ernannte Allende José Toha zum Verteidigungsminister mit dem Ziel, die Autorität Tohas durch die Streitkräfte zu stärken. Es war das erste Mal, daß Allende bei einem Angriff der Rechten den Schutz der Streitkräfte in Anspruch nahm.
7 *El Mercurio,* 23. Mai 1972.

Fünftes Kapitel
Politische Macht, Macht der Verbände und Macht der Militärs

1 Das war das »Wesentliche« am Plan des Ministers Vuscovic. Die Varianten, die die anderen Wirtschaftsminister wie Matus und Millas zu diesem Plan entwickelten, bezogen sich auf den Zeitraum der Durchführung des Plans, stellten aber die Grundsätze der Wirtschaftspolitik nicht in Frage.
2 Joan Garcés, *Revolución, Congreso y Constitución. El Caso Tohá,* Santiago/Chile 1972.
3 *El Mercurio,* 10. März 1972.
4 A.a. O., 10. März 1972.
5 *La Segunda,* 31. August 1972.
6 *La Tercera,* 1. September 1972.
7 A.a.O., 1. September 1972.
8 *Chile Hoy,* No. 14, September 1972.
9 *La Segunda,* zitiert in: *Chile Hoy,* No. 14, September 1972.
10 *Chile Hoy,* a.a.O.
11 Vgl. Erstes Kapitel.
12 *El Mercurio,* 10. Oktober 1972.
13 A.a.O., 10. Oktober 1972.
14 Vgl. zum Problem der Klassenallianzen während der Regierung der Unidad Popular: Urs Müller-Plantenberg, »Grundzüge und Ergebnisse der Bündnispolitik der Chilenischen Linken 1970-1973«, in: *Chile-Nachrichten,* Sondernummer 2, 20. 6. 1974.
15 Die Widersprüche des Kleinbürgertums und der Mittelschichten zur Regierung Allende waren mehr politischer als wirtschaftlicher Art. Die Regierung der Unidad Popular sicherte ihnen Gewinne und Einkommen, aber weder eine »stabile Zukunft« noch »eine leistungsfähige Verwaltung«. So ist es zu mechanisch gedacht, wenn man meint, daß die Diktatur Pinochets diese Sektoren nur aus wirtschaftlichen Gründen verloren habe. Es stimmt zwar, daß diese Gründe entscheidend sind, aber die totale Isolierung tritt dann ein, wenn die Diktatur nicht einmal mehr »Sicherheit« und »Ordnung« anzubieten hat. Dies sind zwar abstrakte Begriffe für das Proletariat und die Bourgeoisie, nicht aber für das Kleinbürgertum und die Mittelschichten, die solche Abstraktionen zum Inhalt ihres Kampfes machen.

Sechstes Kapitel
Der Oktober der Generäle

1 Die Partei der Radikalen Linken, PIR, war eine Fraktion der Radikalen Partei, die der Unidad Popular zugehörte, aber im Verlauf des politischen Prozesses ins Lager der Konterrevolution überschwenkte. Auch dies war ein Zeichen für die Unfähigkeit der Unidad Popular, bei der Proletarisierung des Prozesses Sektoren der Bourgeoisie als Bündnispartner zu halten. Die Vertreter des Kleinbürgertums und der demokratischen Bourgeoisie in der Unidad Popular schlugen zwei Wege ein. Sie gingen entweder zur Konterrevolution über oder versuchten, proletarische Parteien zu werden wie die Kommunistische und die Sozialistische Partei, indem sie sich formal dem Marxismus-Leninismus verschrieben, was das Mißfallen der Kommunistischen Partei und Allendes erregte, die im Block der Unidad Popular, wenn auch nur formal, die Anwesenheit der Bourgeoisie brauchten, um den Eindruck der Pluralität und Offenheit zu wahren.

2 Vgl. zu diesem Punkt Klaus Meschkat, »Neue Organisationsformen der chilenischen Arbeiterklasse während der Unidad Popular«, in: *Chile-Nachrichten,* Sondernummer 2, 20. 6. 1974.

3 *El Mercurio,* 27. Dezember 1972.

4 *El Mercurio,* 28. Dezember 1972.

5 Dieses entscheidende Ereignis wurde von der Linken kaum analysiert, vielleicht aus Furcht, in den Streitkräften »Empfindlichkeiten zu verletzen«. Aber damit steckte man nur den Kopf in den Sand.

6 »Chile-América«, *Centro de Estudios y Documentación,* No. 5, Rom 1975, S. 20.

7 Der stellvertretende Generalsekretär der Sozialistischen Partei und Vertreter des »linken Flügels« seiner Partei, Senator Adonis Sepúlveda, erklärte:
»Wir glauben, daß wir eine Veränderung der jetzigen Institutionen anstreben müssen, da sie nicht den Bedürfnissen der sozialen Kräfte entsprechen, die an diesem revolutionären Prozeß beteiligt sind, so daß eine wirkliche Beteiligung der Arbeiter an der Macht möglich wird. Es ist notwendig, Organe zu schaffen, durch die das Volk die Macht ausüben kann, und jene Organe offiziell anerkennen, die die Massen selbst entwickelt haben.« (*Punto Final,* 24. April 1972, Santiago/Chile)

8 Das ist weder eine Kritik an General Prats noch an General Bachelet. Ihre Funktion als verfassungstreue Militärs lag darin, die Entwicklung der JAP einzugrenzen. Sie waren ohne jeden Zweifel der Regierung gegenüber absolut loyale Generäle. Aber das machte sie nicht zu sozialistischen Generälen. Die Militärs sind nach ihrer Loyalität zu beurteilen, die Linken nach ihrer revolutionären Konsequenz.

9 *El Mercurio,* 2. Januar 1973.

10 Nur der MIR warnte öffentlich vor den wahren Absichten dieses Gesetzes.

11 Das war im wesentlichen die Auffassung des MIR.

12 Das leugnet nicht die Bedeutung der nicht-proletarischen Parteien der Unidad Popular, hauptsächlich der Radikalen Partei. Auf den ersten Blick könnte man meinen, daß die Radikale Partei überhaupt keine Bedeutung hatte, daß sie ein bloßes »Anhängsel« der Bourgeoisie in einer proletarischen Koalition war. Aber die Beteiligung der Radikalen ging über ihre Bedeutung als einzelne Partei weit hinaus. Sie war der symbolische Ausdruck eines Klassenbündnisses im Rahmen eines nicht-proletarischen historischen Projekts, das von einer Arbeiterpartei getragen wurde, der Kommunistischen Partei. Ohne die nicht-proletarischen Parteien hätte das historische Projekt der Unidad Popular keinen praktischen Sinn gehabt. Durch Parteien wie die Radikale Partei versuchte die Unidad Popular, die Ideologie der Unterordnung des Proletariats zu »stützen«.

13 Hierzu gibt es eine umfangreiche Literatur. Wir wollen nur drei Arbeiten zu diesem Thema nennen: A. G. Frank, *El desarrolle del subdesarrollo;* Luis Vitale, *América Latina, Feudal o Capitalista?* Ruy Mauro Marini, *Subdesarrollo y Revolución* (deutsch in: A. G. Frank u. a., *Kritik des bürgerlichen Anti-Imperialismus,* Berlin 1969).

14 Aus der Sicht der historischen Tradition des Marxismus neigen wir dazu, die Politik der Kommunistischen Partei als revisionistisch zu bezeichnen und nicht als reformistisch, wie dies in Chile geschah. Das Konzept des Reformismus bezieht sich hauptsächlich auf die Beschaffenheit der Klasse oder, besser gesagt, auf den Einfluß von Ideen im Proletariat, die von außen, von der Kleinbourgeoisie und der Bourgeoisie kommen und soziale Veränderungen über stufenweise Reformen in Wirtschaft und Gesellschaft anzielen. Dagegen ist der Revisionismus der politisch-ideologische Ausdruck marxistischer Führungen, die auf der Ebene der Orthodoxie und der marxistischen Tradition die Worte oder den Inhalt der klassischen Theorien verfälschen müssen, um sie einem bestimmten historischen Projekt anzupassen. Ein Arbeiter in einer Gewerkschaft kann Reformist sein, aber das macht ihn nicht zum Revisionisten. Es stimmt, daß in den meisten Fällen der theoretische Revisionismus seine Wurzeln im Reformismus der Klasse hat. Aber das muß nicht notwendig so sein. Der Marxismus kann auch mit Rücksicht auf historische Projekte verfälscht werden, die nicht unbedingt auf dem ökonomischen oder politischen Reformismus basieren. Das ist der Fall beim Revisionismus der Linken, insbesondere bei den Abweichungen des Trotzkismus und den avantgardistischen Formeln, die ihre Blütezeit in Lateinamerika während der sechziger Jahre erlebten.

15 Die Positionen der Kommunistischen Partei haben ihren Ursprung zwar in einer bestimmten organisatorischen und politischen Entwicklung der chilenischen Arbeiterklasse, aber auch in den internationalen Kräfteverhältnissen, ein entscheidender und wichtiger Punkt, der jedoch den Rahmen dieser Arbeit weit überschreitet.

16 In dieser Richtung formulierte zum Beispiel die Kommunistische Partei Frankreichs ihre Kritik und Analyse des politischen Prozesses in Chile.

17 Die Lateinamerikanische Solidaritätsorganisation OLAS (Organización Latinoamericana de Solidaridad) ist eine Regionalorganisation der OSPAAAL, der Solidaritätsorganisation Asiens, Afrikas und Amerikas (Organización de Solidaridad de Asia, Africa y América), die auf der 1. Konferenz der Trikontinental in Kuba im Januar 1966 gegründet wurde.

18 *Chile Hoy,* No. 54, Juni 1973.

Siebtes Kapitel
Die politischen Vorstellungen des General Prats

1 Siehe Fünftes Kapitel – die »Interpretationen« des General Canales und des Oberst Labbé.
2 *Chile Hoy,* Nr. 22, November 1972.
3 A.a.O.
4 A.a.O.
5 A.a.O.
6 *Chile Combatiente,* Nr. 7, Berlin-West, November 1974.
7 A.a.O.
8 »Chile-América, Nr. 5, Rom 1975.
9 Man muß zum Zweck der genaueren Differenzierung zum einen unterscheiden zwischen denjenigen, die sich gegen Allende stellten, und den Befürwortern des Putsches, zum andern zwischen den Befürwortern des Putsches und denjenigen, die die Form des Putsches vom 11. September wollten.
10 Brief des General Prats vom 29. September 1972 an María Eugenia Oyarzun, Vizepräsidentin des Nationalen Journalistenverbandes.
11 A.a.O.
12 Nach einem in der französischen Zeitung »Le Monde« von Joan Garcés veröffentlichten Artikel und einem Gespräch, das Garcés mit dem General Prats im Exil führte, hielt Prats die »mittleren Ränge« des Heeres für den Sektor, der am ehesten empfänglich war für eine Spaltung innerhalb der Streitkräfte, weil seiner Meinung nach dieser Sektor aufgrund seiner sozialen Herkunft den Arbeitern nahestand und täglichen Kontakt mit ihnen hatte.

Achtes Kapitel
Vom März-Sieg zum Juni-Putsch

1 Der »rechte Flügel« der Unidad Popular nutzte den März-Sieg dazu, Ordnung in die eigenen Reihen zu bringen. Ein Ergebnis davon war die Spaltung des MAPU. Aber die »Linke« des MAPU brach – entgegen den Erwartungen – nicht mit der Unidad Popular. Später wurden ähnliche Versuche in der Sozialistischen Partei unternommen. Das Ergebnis war mager. Der rechte Flügel der Unidad Popular konnte die »Unordnung« nicht nur nicht verhindern, im Gegenteil, er verstärkte sie noch. Die Gegensätze zwischen den Tendenzen innerhalb der Unidad Popular wurden noch vertieft, seine Handlungsunfähigkeit verstärkt.
2 Die antiautoritäre Strömung könnte sich in naher Zukunft gegen den grotesken Autoritarismus der Diktatur Pinochets richten, wenn diese nicht imstande ist, eine Mythologie zu schaffen, die einen solchen Autoritarismus rechtfertigt.
3 *El Mercurio,* 4. April 1973.
4 A.a.O., 11. Mai 1973.
5 A.a.O., 25. Mai 1973.
6 Als Lenin und Trotzki die »Theorie der ungleichmäßigen Entwicklung« ausarbeiteten, die mehr eine Feststellung als eine Theorie ist, beriefen sie sich nicht nur auf die ökonomischen Beziehungen. Das Konzept der sozialen Heterogenität steht in enger Beziehung zur ungleichmäßigen Entwicklung der Produktivkräfte.
7 Alain Touraine, *Vie et Mort du Chili Populaire,* Paris 1973.
8 *El Mercurio,* 16. Juni 1973.
9 *Patria y Libertad,* Juni 1973.
10 *La Segunda,* 15. Juni 1973.
11 *La Tribuna,* 23. Juni 1973.
12 *El Mercurio,* 27. Juni 1973.

Neuntes Kapitel
Die Agonie der Unidad Popular

1 Der Unterschied ist, daß in konterrevolutionären Prozessen gewöhnlich die politische Krise mit einer Verstärkung des gesamten Staatsapparats einhergeht.
2 *El Mercurio,* 6. Juli 1973.
3 A.a.O., 7. Juli 1973.
4 A.a.O., 9. Juli 1973.
5 Hier wird von einem Pakt, nicht von einem Bündnis gesprochen.
6 *Chile Hoy,* No. 64, 1973.

7 *El Mercurio,* 15. August 1973.
8 A.a.O., 17. August 1973.
9 *Chile Hoy,* a.a.O.
10 A.a.O.
11 *Chile Hoy,* No. 62, 1973.
12 A.a.O., No. 62, 1973.
13 Demokratischer Kampf heißt nicht friedlicher Kampf.
14 Der MIR hatte eine andere Politik. Er faßte die Periode als vorrevolutionär auf und versuchte, zur allgemeinen Mobilisierung mit Land- und Fabrikbesetzungen aufzurufen. Aber aufgrund seiner sehr begrenzten physischen Präsenz in der Klasse mußte er die Unidad Popular bzw. deren Parteileitungen von seiner Strategie überzeugen, womit seine Politik letztlich an die Kommunistische Partei gebunden war, ohne die eine allgemeine Mobilisierung unmöglich war. Das heißt: die Mobilisierung, zu der der MIR aufrief, war nur durch den Verlust seiner politischen Unabhängigkeit möglich, womit diese Mobilisierung, wenn sie stattgefunden hätte, einen anderen Charakter gehabt hätte, als der MIR beabsichtigte.
15 *3. Juli:* Die Studenten der Katholischen Universität fordern den Rücktritt Allendes.
5. Juli: Die rechtsgerichteten Bischöfe geben Erklärungen gegen die Regierung ab.
14./15. Juli: Eine Gruppe christdemokratischer Parlamentarier und, einen Tag später, die Nationale Partei beschuldigen die Regierung illegaler Handlungen.
17. Juli: Jaime del Valle, Professor der Katholischen Universität behauptet mit großem publizistischem Aufwand, die Regierung hätte die März-Wahlen gefälscht, obwohl er keine konkreten Beweise vorlegt.
18. Juli: Der Industriellenverband SOFOFA bezeichnet die Regierung als illegal.
22. August: In einer Erklärung bezichtigt das Abgeordnetenhaus die Regierung schwerer Verletzungen der Verfassung.
25. August: Der Ärzte-Verband fordert Allendes Rücktritt.
30. August: Die Katholische Universität fordert Allendes Rücktritt.
3. September: Der Verband der Techniker fordert die »Korrektur der Regierung«.
5. September: Der Priester Raul Hasbun fordert den Rücktritt Allendes.
6. September: Die Frauen aus dem Lager der Verbände fordern den Rücktritt Allendes.
10. September: Das »Generalkommando der Verbände« fordert den Rücktritt Allendes.

Zehntes Kapitel
Wirtschaftliche Entwicklung und Militärstaat in Lateinamerika

1 Die wichtigsten Autoren in Lateinamerika sind A. G. Frank, Ruy Mauro Marini, Theotonio Dos Santos und (in Zentralamerika) Edelberto Torres Rivas.
2 Selbst Paul Baran benennt das in seiner berühmten *Politischen Ökonomie des Wachstums* als das wesentliche Charakteristikum der Beziehungen der Abhängigkeit vom Imperialismus.
3 Vgl.: Ruy Mauro Marini, »Dialectica de la Dependencia: La Economia Exportadora«, in: *Revista Sociedad y Desarrollo,* Januar-März 1972, Santiago/Chile.
4 Vgl. O. Sunkel, »Intégration capitaliste transnationale et Desintégration nationale en Amérique Latine«, in: *Politique Etrangère,* No. 6.
5 Es wäre nicht auszuschließen, daß sich eines Tages das Stammhaus eines multinationalen Unternehmens in einem sozialistischen Land niederließe. Das Wichtige wäre, herauszufinden, welche soziale Allianz sich auf internationaler Ebene herstellen würde.
6 Siehe A. G. Frank, »Reflexiones sobre la crisis económica«, in: *marxismo y revolución,* No. 1, Juni-September 1973, Santiago/Chile.
7 Natürlich sind sie nicht fortschrittlich, aber trotzdem erfüllen sie eine fortschrittliche Funktion: (a) Sie fördern tendenziell die Entwicklung der kapitalistischen Produktionsverhältnisse in nicht entwickelten Gebieten mit dem Ergebnis einer Proletarisierung der Arbeitskraft und ihrer Konzentration. (b) Sie tragen bei zu einer Verschärfung der sozialen Widersprüche zwischen und innerhalb der Klassen. (c) Im allgemeinen bewirken sie eine Dynamik der Volksbewegungen, die sie selbst nicht unter Kontrolle halten können, womit die Möglichkeit einer Führung dieser Bewegungen durch proletarische Avantgarden gegeben ist. Das heißt: sie schaffen die objektiven Bedingungen für die Aktivierung des Klassenkampfes.
8 Es wäre interessant, die Beziehung zwischen den populistischen Bewegungen und Regierungen einerseits und der Zunahme der äußeren Abhängigkeit andererseits zu untersuchen. Vgl. auch: Fernando Mires: »Brève Histoire du Populisme«, in: *Les Temps Modernes,* Juni 1973.
9 Vgl. Alain Joxe: »L'Armee Chilienne et les Avatars de la Transition«, in: *Les Temps Modernes,* Juni 1973.
10 Vgl. Anibal Quijano, »Imperialismo y Capitalismo de Estado«, in: *marxismo y revolución,* No. 1, Juni-September 1973, Santiago/Chile.

Bernd Rabehl · *Geschichte und Klassenkampf* · Einführung in die marxistische Geschichtsbetrachtung der Arbeiterbewegung · Rotbuch 100 · 192 Seiten · 7 Mark

Aras Ören · *Was will Niyazi in der Naunynstraße*
Ein Poem · Rotbuch 101 · 72 Seiten · 5 Mark

F. C. Delius · *Unsere Siemens-Welt* · Eine Festschrift
Rotbuch 102 · 112 Seiten · 6 Mark

Jahrbuch zum Klassenkampf · Sozialistische Initiativen im kapitalistischen Deutschland
Hrsg. Harald Wieser · Rotbuch 103 · 192 Seiten · 7 Mark

Peter Schneider · *Lenz* · Eine Erzählung
Rotbuch 104 · 96 Seiten · 6 Mark

D. Rjazanov · *Marx und Engels (nicht nur) für Anfänger*
Nachwort von Bernd Rabehl · Rotbuch 105 · 192 Seiten · 7 Mark

Yaak Karsunke · *Josef Bachmann / Sonny Liston* · Versuche aus der Unterklasse auszusteigen · Rotbuch 106 · 72 Seiten · 5 Mark

Eschen/Plogstedt/Sami/Serge
Wie man gegen Polizei und Justiz die Nerven behält
Rotbuch 107 · 96 Seiten · 5 Mark

Heiner Müller · *Geschichten aus der Produktion 1*
Prosa/Stücke/Gedichte/Protokolle · Rotbuch 108 · 160 Seiten · 9 Mark

Hoffmanns Comic Teater · *Will dein Chef von dir mal Feuer*
Rollenspiele und was man damit machen kann
Rotbuch 109 · 96 Seiten · 6 Mark

Kurt Mandelbaum · *Sozialdemokratie und Leninismus*
Zwei Aufsätze. Mit einem Nachwort von B. Rabehl, W. Spohn und U. Wolter
Rotbuch 110 · 120 Seiten · 6 Mark

Arno Münster · *Der Kampf bei LIP*
Arbeiterselbstverwaltung · Rotbuch 111 · 192 Seiten · 8 Mark

Alfred Behrens · *Die Fernsehliga* · Spielberichte vom Fußballgeschäft der Zukunft
Rotbuch 112 · 96 Seiten · 7 Mark

Amilcar Cabral · *Die Revolution der Verdammten*
Der Befreiungskampf in Guinea-Bissao · Rotbuch 113 · 144 Seiten · 6 Mark

Gerd Höhne · *Wir gehn nach vorn!*
Erfahrungsbericht über die Arbeitskämpfe bei Mannesmann
Rotbuch 114 · 96 Seiten · 5 Mark

E. Preobrashenskij · *Die sozialistische Alternative*
Marx, Lenin und die Anarchisten über die Abschaffung des Kapitalismus
Rotbuch 115 · 144 Seiten · 6 Mark

Karl Mickel · *Einstein / Nausikaa* · Die Schrecken des Humanismus in zwei Stücken
Rotbuch 116 · 96 Seiten · 7 Mark

Lateinamerika: Faschismus oder Revolution
Hrsg. Heinz Rudolf Sonntag · Rotbuch 117 · 168 Seiten · 8 Mark

Schulkampf · Hrsg. Harald Wieser · Rotbuch 118 · 96 Seiten · 5 Mark

Alberts/Klinger/Ludwig/Peter · *Mit IBM in die Zukunft*
Berichte und Analysen über die »Fortschritte« des Kapitalismus
Rotbuch 119 · 112 Seiten · 6 Mark

Aras Ören · *Der kurze Traum aus Kagithane*
Ein Poem · Rotbuch 120 · 96 Seiten · 6 Mark

Glyn/Sutcliffe · *Die Profitklemme*
Arbeitskampf und Kapitalkrise am Beispiel Englands
Rotbuch 121 · 192 Seiten · 8 Mark

Karl Otto Mühl · *Rheinpromenade / Rosenmontag*
Zwei Stücke aus dem Westen · Rotbuch 122 · 112 Seiten · 8 Mark

Feuer unterm Pfauenthron
Verbotene Geschichten aus dem persischen Widerstand
Hrsg. Bahman Nirumand · Rotbuch 124 · 96 Seiten · 6 Mark

Heiner Müller · *Geschichten aus der Produktion 2*
Stücke/Prosa/Gedichte · Rotbuch 126 · 136 Seiten · 8 Mark

Pellizzi, Mali & Werner · *Bernie der Milliardenflipper*
Ein tragischer Comic aus der Hochfinanz
Rotbuch 128 · 96 Seiten · 8 Mark

E. Preobrashenskij · UdSSR 1975
Ein Rückblick in die Zukunft · Nachwort von B. Rabehl
Rotbuch 129 · 160 Seiten · 8 Mark

Miklós Haraszti · *Stücklohn*
Vorwort v. Heinrich Böll · Rotbuch 130 · 120 Seiten · 7 Mark

Henning Kuhlmann · *Klassengemeinschaft*
Über Hauptschüler und Hauptschullehrer und den Versuch herauszufinden wann Schule Spaß machen kann · Rotbuch 131 · 120 Seiten · 7 Mark

Peter Paul Zahl · *Schutzimpfung* · Gedichte · Rotbuch 132 · 64 Seiten · 6 Mark

Kurt Brandis · *Der Anfang vom Ende der Sozialdemokratie*
Die SPD bis zum Fall der Sozialistengesetze
Rotbuch 133 · 112 Seiten · 7 Mark

Heiner Müller · *Die Umsiedlerin oder Das Leben auf dem Lande*
Stücke/Prosa/Gedichte · Rotbuch 134 · 136 Seiten · 8 Mark

Das Trojanische Pferd – Die »Auslandshilfe« der USA
Hrsg. Steve Weissman · Rotbuch 135 · 192 Seiten · 9 Mark

Sergio Stuparich · *Wer uns nicht kennt, kennt Chile nicht*
Ein Roman in Verhören · Rotbuch 136 · 144 Seiten · 10 Mark

Helga M. Novak · *Balladen vom kurzen Prozeß* · Rotbuch 138 · 72 Seiten · 7 Mark

Arno Münster · *Portugal im Jahr 1 der Revolution*
Eine analytische Reportage · Rotbuch 139 · 144 Seiten · 8 Mark

Peter Schneider · *... schon bist du ein Verfassungsfeind*
Rotbuch 140 · 112 Seiten · 8 Mark

R. Duhm / H. Wieser · *Krise und Gegenwehr*
Ein Arbeitsbuch zum politischen Alltag in den Betrieben
Rotbuch 141 · 160 Seiten · 7 Mark

Heiner Müller · *Theater-Arbeit* · Rotbuch 142 · 128 Seiten · 9 Mark

F. C. Delius · *Ein Bankier auf der Flucht*
Gedichte und Reisebilder · Rotbuch 144 · 72 Seiten · 7 Mark

Die Linke im Rechtsstaat
Bd. 1: Zwischenbilanz sozialistischer Politik in der BRD 1945–1965
Rotbuch 145 · ca. 140 Seiten · ca. 7 Mark